现代经济与管理类系列教材

组织行为学

主编 李红星　顾福珍

清华大学出版社
北京交通大学出版社
·北京·

内 容 简 介

本书以 21 世纪新型组织行为特征为背景,系统地论述了组织行为学的基本概念、基本理论和基本方法。首先从个体的视角详尽阐述了组织中个体的个性、态度、价值观、需要、动机、内涵及与行为的关系;其次,从群体的视角阐述了群体的心理、群体内人际关系、激励措施及群体内领导活动的理论与实践;最后,从组织的视角阐述了组织的结构、文化建设及组织变革与发展路径。

本书适合作为高等学校工商管理、公共管理及相关专业本科教材,也可供从事管理工作的实践者学习参考。

本书封面贴有清华大学出版社防伪标签,无标签者不得销售。
版权所有,侵权必究。侵权举报电话: 010-62782989　13501256678　13801310933

图书在版编目(CIP)数据

组织行为学/李红星,顾福珍主编.—北京:北京交通大学出版社:清华大学出版社,2021.6
 ISBN 978-7-5121-4475-0

Ⅰ.①组…　Ⅱ.①李…②顾…　Ⅲ.①组织行为学-高等学校-教材　Ⅳ.①C936

中国版本图书馆 CIP 数据核字(2021)第 110968 号

组织行为学

ZUZHI XINGWEIXUE

责任编辑:	赵彩云
出版发行:	清华大学出版社　邮编:100084　电话:010-62776969　http://www.tup.com.cn
	北京交通大学出版社　邮编:100044　电话:010-51686414　http://www.bjtup.com.cn
印　刷　者:	北京鑫海金澳胶印有限公司
经　　　销:	全国新华书店
开　　　本:	185 mm×260 mm　印张:13　字数:333 千字
版 印 次:	2021 年 6 月第 1 版　2021 年 6 月第 1 次印刷
定　　　价:	39.00 元

本书如有质量问题,请向北京交通大学出版社质监组反映。对您的意见和批评,我们表示欢迎和感谢。
投诉电话: 010-51686043,51686008;传真: 010-62225406;E-mail:press@bjtu.edu.cn。

前　言

组织行为学起源于20世纪初，于20世纪40年代末50年代初形成一门独立学科。组织行为学具有较强的应用性，其产生和发展源于实践的需要。当前，我国提倡以人为本的组织管理理念，人们越来越认识到人对于组织发展的重要作用，组织行为学也因此得到了各界的高度重视。为了满足我国管理教育、研究和实践等各方人士的需要，我们根据多年的教学实践和研究，撰写了《组织行为学》一书。

本书在借鉴西方组织行为学理论研究的基础上，结合中国实际，深入而系统地分析了影响组织效能的个体、群体和组织系统等方面的因素，对组织行为学的理论体系及其内容进行研究和阐述，是一本中国与西方接轨、理论与实践结合的组织行为学教材。其特点主要体现在以下方面。

第一，注重组织行为学实践案例的运用。我们在编写教材的过程中，采用应用先导、理论其次的编排方式，在每一章的开篇都附上了一个与本章知识有关的案例，以促进读者更好地思考、理解和掌握相关内容。

第二，注重读者学习的主动性和便捷性。根据我们的写作体例，每一章的内容包括：课前案例、正文、讨论题、小测试。"讨论题"让读者通过讨论和回答问题更好地回顾和掌握本章的理论知识。"小测试"使读者将理论知识与具体实践有效结合，提高运用理论知识解决实际问题的能力。

本书由李红星教授、顾福珍副教授担任主编，于蠡、王琦、寇晨欢担任副主编。李红星教授负责教材总体设计和最终审稿；顾福珍、于蠡负责统稿编辑；王琦、寇晨欢负责文字校对。具体编写分工如下：第一章、第二章、第十章、附录A由王琦负责编写；第三章、第八章、第十一章由于蠡负责编写；第四章由寇晨欢负责编写；第六章、第七章、第九章由顾福珍负责编写；李红星负责编写第五章。本书最后由李红星定稿。

由于作者水平有限，书中难免有不妥之处，敬请读者批评指正。我们将不断改进，使其日臻完善。

作者
2021年3月

目 录

第一章 组织行为学概述 ·· 1
   第一节 组织、组织行为与组织行为学 ··· 1
   第二节 组织行为学的学科特性与研究方法 ·· 8
   第三节 学习组织行为学的重要意义 ··· 13
   讨论题 ·· 14
   【小测试】 ·· 15

第二章 个性与行为 ··· 16
   第一节 个体行为基础分析 ··· 16
   第二节 气质与行为 ·· 19
   第三节 性格与行为 ·· 22
   第四节 能力与行为 ·· 25
   第五节 知觉与行为 ·· 31
   讨论题 ·· 37
   【小测试】 ·· 37

第三章 态度、价值观与行为 ··· 40
   第一节 态度与行为 ·· 40
   第二节 价值观与行为 ··· 50
   讨论题 ·· 54
   【小测试】 ·· 54

第四章 需要、动机与行为 ·· 55
   第一节 需要 ··· 55
   第二节 动机 ··· 60
   第三节 需要、动机与行为的关系 ·· 69
   讨论题 ·· 71
   【小测试】 ·· 71

第五章 群体心理和群体行为 ··· 72
   第一节 群体的概述 ·· 72
   第二节 群体内行为 ·· 76
   第三节 群体冲突 ··· 80
   讨论题 ·· 86
   【小测试】 ·· 86

第六章 人际沟通与人际关系 ... 87
- 第一节 人际沟通 ... 87
- 第二节 人际关系 ... 96
- 讨论题 ... 103
- 【小测试】 ... 103

第七章 激励的基本理论 ... 105
- 第一节 激励 ... 105
- 第二节 激励的原则与方法 ... 108
- 第三节 激励理论 ... 113
- 第四节 激励机制与激励模式 ... 119
- 讨论题 ... 121
- 【小测试】 ... 122

第八章 有效的领导 ... 123
- 第一节 有效领导的基础 ... 123
- 第二节 有效领导的现代发展 ... 127
- 第三节 领导艺术 ... 137
- 讨论题 ... 143
- 【小测试】 ... 143

第九章 组织设计与组织结构 ... 145
- 第一节 组织设计 ... 145
- 第二节 组织结构 ... 154
- 讨论题 ... 162
- 【小测试】 ... 162

第十章 组织文化 ... 163
- 第一节 组织文化的内涵 ... 163
- 第二节 组织文化对组织行为的影响 ... 169
- 第三节 组织文化建设 ... 172
- 讨论题 ... 176
- 【小测试】 ... 177

第十一章 组织变革和组织发展 ... 178
- 第一节 有计划的组织变革 ... 178
- 第二节 组织发展 ... 188
- 讨论题 ... 193
- 【小测试】 ... 193

附录 A 部分小测试参考答案 ... 195

参考文献 ... 199

第一章
组织行为学概述

【课前案例】

Great Plain Software 公司

位于北达科他州法戈市的 Great Plain Software（GPS）公司，成立于1983年，拥有2 200名员工，年销售额为1.95亿美元，曾经从微软获得了10亿美元的销售额。管理层把公司的成功归因于"员工第一"的企业战略。

该公司首席执行官邓·伯格姆（Doug Burgum）说，企业的成长与成功可以归因于三项指导原则：第一，把公司建设成一个员工不愿意离开的理想工作场所；第二，给所有具备相应能力的员工工作自主权；第三，让员工成长——包括专业技术方面和个人发展方面。

GPS公司都做了什么来促进"员工第一"的企业文化？管理者指出，他们通过组织结构和激励措施，对员工承诺帮助其开发自己的技能和领导力。该公司设置扁平的组织结构，实现垂直层级最少化，主要以团队为单位完成工作，在这里没有传统的职位配置。激励措施包括员工参股方案、随意的着装标准、儿童入托服务、课外学习课程等。不过，令管理层最骄傲的还是他们对于员工开发的成长承诺。公司为员工提供系列培训和教育机会，旨在帮助员工提高技能水平。该公司的首推培训方案被称为"随处可以领导"方案，设计它的目标是确保公司拥有那些可以在不断变化的环境中承担新型领导角色的员工。公司强调课堂培训，它们把员工按部门划分成培训团队，这些团队中的舵手是"团队领导者"，其工作是帮助自己的成员培养新思想和新项目。他们还被期望提供面对面的工作指导和职业规划建议。

几乎所有的公司员工都有机会成为团队领导者。作为对"员工第一"信念的支持证据，公司不仅拥有了日益提高的营业收入，更是成功地保持了员工的满意度。例如，该公司的离职率极低，每年仅仅5%——远远低于信息产业18%~25%的平均数字。

第一节 组织、组织行为与组织行为学

组织作为社会构成的基本实体，无处不在，而任何组织也都有各种不同的行为表现，使得我们的社会生活丰富多彩。在研究组织行为学这门学科之前，有必要弄清楚组织和组织行为的基本概念。

一、组织的定义与分类

人的生活、工作离不开组织。组织也是经常用、经常讲的一个词语。那么什么是组织呢？这个问题的答案似乎很简单，我们所在的家庭、学校，我们接触的医院、政府等具体表现形式都是组织。随着经济、社会的发展，各种新的组织形式层出不穷，人们生活、工作、娱乐在各种各样的组织中，享受温馨和幸福，经历成功与失败，人们的体验不同，对其所在组织的定义看法也就不同，对于什么是组织也见仁见智。

（一）组织的含义

组织是对完成特定使命的人的系统性安排。组织之所以存在，是因为它能够满足人们日常生活和社会活动中的种种需要。这些需要日趋复杂化、多样化，仅仅通过孤立的个体活动无法自我满足，于是便出现了人们的群体活动。在群体活动中，为了协调不同人的行为，社会按照一定的关系建立特定的规则，这种活动正式化、稳定化的结果就导致组织的出现。家庭、学校、企业等组织无不如此。

组织管理学家杰克·邓肯（Jack Duncan）曾经给组织下过这样一个定义：组织是一个相互影响、相互依靠，为了达成某一共同目标的工作群体的集合。这一定义把组织看成是一个封闭的、内部自我循环的体系，人们之间的相互关系及组织的运行是在组织内部完成的。随着人类实践活动的发展进步，随着组织内部、组织与组织之间、组织与环境之间关系的不断变化，人们对组织现象的认识不断演变和加深。现代的组织观认为：组织是一个开放的、整合的社会—技术系统。尽管人们对组织的定义各不相同，对组织的认识也不尽一致，但任何组织都具备以下基本内涵。

（1）组织是一群相互联系、相互作用的人的集合体。在同一组织下集合的人群之间，在行为上是相互关联、相互影响的。

（2）组织都具有确定的目标。任何一个组织，无论其规模大小，存在的形态、方式如何，都具有确定的使命和目标。组织的使命和目标是组织存在的理由，决定了组织运行的方面，也是组织发展的最终目的。

（3）组织通过专业分工和协作来实现其目标。组织的存在是出于自身的使命和目标。组织必须开展实际的业务活动，而这又离不开以相应的人力资源、物力资源、财力资源和信息资源等的运用作为条件。为了保证业务活动的正常开展和有效进行，还必须开展管理活动。因此，组织的活动便按照专业化分工分成作业和管理两大类。每个人或群体负责做一些专门的工作，这样就把组织的目标、任务分解成各个层次、部门、职位的工作，委托一定的群体、个人按照相应的规则去完成，从而形成组织的分工体系。

形成分工体系的个人、群体是组织的一部分，他们要协调互动、密切配合才能保证组织整体目标的实现。这就使协作成为必需，否则组织内部各自为政的混乱在所难免。因此，分工和协作是同一个问题的两个方面。

分工和协作使组织活动形成互相联系的层次网络结构，与此相适应，组织的成员也根据各自的权利、责任制度形成正式的层级指挥体系，这就是组织的层级制的内部结构。

（4）组织是一个开放的社会—技术系统。组织的有效运行受到多种因素的影响，如图1-1所示，这一点对于现代组织更为重要。

综合以上四个方面的含义，我们可以将现代组织定义为：组织是一个具有层级结构、明确的目标导向的开放社会—技术系统。

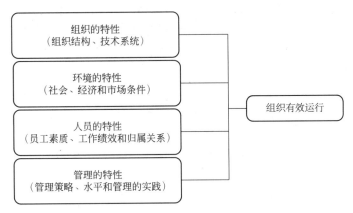

图 1-1 影响组织有效运行的因素

现代组织的有效性主要受到组织的特性、环境的特性、人员的特性和管理的特性四个方面的影响，其中任何一个方面都不能够仅仅由组织的内部状态所决定。

组织的特性决定于组织的结构状态和整个组织的技术系统。组织的结构不完全是为了满足组织职能划分的需要。在外界环境的参与和作用下，组织变革的要求也需要组织结构不断地做出适应性调整，以满足组织不断变化、发展的要求。而组织的技术系统更是需要全社会的组织网络进行不断的交流、吸收，以保证组织的技术能力具有竞争性。

环境的特性是体现组织是一个开放系统的最明显的特征。决定组织是否有效，仅靠在组织内部寻求答案是远远不够的，组织所处的社会与经济环境和市场状况可以直接制约组织的运行。任何组织如果忽视了这一点，就意味着失败的开始。

人员的特性从表面上来看也许是组织内部的属性，但是，与传统的组织观念不同的是，在现代社会中，人对于组织的归属是不确定的。在社会组织网络中，不同组织的成员可以自由交换、流动，从这个意义上讲，组织的人员特性也是开放的交流系统。个人的成长既是在组织内部的成长过程，也是整合的社会化过程。况且大多数人可能同时隶属于多个不同的组织，这样，人员的社会属性就表现得更为明显。

最后，管理的特性也表现出组织开放系统的功能，它与人员的特性有着相似的含义。如果一个管理者已经从上述组织的全部内涵中了解和把握了其实施管理的那个组织的基本状况，那就标志着他对组织认识的开始。

(二) 组织和环境

任何组织的生存和发展都依赖于特定的客观物质基础和社会条件。存在于组织之外并对组织产生一定影响作用的外部事物和现象就构成通常所说的组织环境。世界是变化的，特别在现代条件下，科学技术日新月异，国际交往日趋频繁，社会联系日益密切，在全球范围内社会、经济、政治、文化、科技各种因素紧密相关，形成了有机的整体。这就必然导致环境变化空前加快，组织对环境的依赖性与日俱增。因此，组织必须正视环境存在，适应环境变化，不断调整、改革，才能获得发展。

环境包括了人、财、物、气候、市场、技术、文化、政策、法律等自然、社会、经济、政治等方面的要素，不同组织对这些要素的依赖程度各不相同。如社会环境中某一微小的政治因素可能对政党的策略产生重大影响，而抗洪指挥部则会密切关注气候变化。

组织和环境相互作用，不断进行物质、能量、信息的交换。组织依靠环境获得赖以生存的资源和发展机遇，组织的产出、服务为环境所接受的程度是限制组织活动的边界条件，组织活动的效率受制于环境条件的优劣。因此，组织活动必须适应环境的需要，许多组织失败的原因就在于不能适应环境。

组织和环境的相互作用具体表现为组织和环境中的各种要素、其他组织和个人的相互作用，这些其他组织和个人构成了组织的利益相关者。如对一个政党而言，选民、结盟的政党、有关的舆论机构等就是其利益相关者；对企业来说，供应商、股民、有关银行、中介机构、分销商、代理商、零售商和顾客等就是其利益相关者。组织和环境之间进行的物质、能量、信息的交换，实际上是通过和其利益相关者进行交换而实现的，组织适应环境的需要，本质上也是要满足其利益相关者的要求。

当然，组织也会影响环境，组织的存在本身就是为了增强人们认识和改造世界的能力，组织活动的结果必然会对环境产生或大或小的影响，组织要为优化社会物质环境和文化环境尽其"社会责任"。成功的组织会对社会产生示范效应，组织失败的教训也会增进人们对世界的认识，但在一般的意义上，组织对环境都不可能产生决定的影响，都必须以对环境的适应为前提。

(三) 组织的演变

结构和过程、存在和演变是组织的两种形态。静态地看，组织的存在表现为在某些特定目标下形成的职位、个人之间的关系网络式结构，它一经形成，便具有相对的稳定性。动态地看，组织结构形成后，必然展开活动以完成组织目标，同时要为适应环境变化而调整、提高组织的效能，这种运作、变革、发展的过程即为组织的演变过程。因此组织既是一种维持结构，又是一种创造结构，并是使结构发挥作用的过程。

在社会资源有限的约束下，同类型组织往往会为了争夺生存资源、发展机会而展开竞争，形成优胜劣汰的结局。典型的有体育比赛中球队之间的角逐、敌对军队之间的征战、市场经济中同行业企业间的竞争、世界经济一体化时代国家之间的竞争和理念不同的政党之间的竞争等。具有竞争优势的组织会发展壮大，反之则会衰落、消亡，即所谓"物竞天择，适者生存"。这种竞争给组织造成强大的外在压力，迫使组织不断创造新的优势。

竞争性的环境中，一个组织的竞争优势取决于它与环境（实际上是利益相关者）协调、适应的程度，这种适应程度决定了组织工作成果的有效性。同时组织的竞争优势也取决于组织内部的制度和工作效率，它们决定了组织能否以较少的资源耗费实现较多、较好的工作成果，即高投入产出比。

专业化和分工是提高工作效率的根本途径，也是推动技术进步、组织演变的动因。改进、提高工作效率，有效完成组织目标，必然要求组织内部分工的深化、专业化程度的提高，而分工的深化、专业化程度的提高必然导致更高的效率和技术进步。这种水涨船高的正反馈机制是组织演变中分工结构日益复杂的内在机理。当然，分工深化在促进效率的同时，也带来协调的困难，使得管理成本日益增大。这样，在技术水平相对稳定的条件下，工作效率和管理成本的边际比较就决定了分工的深度和专业化的程度，从而决定了组织内部层级结构的复杂程度。

任何性质的组织都有一个适度的规模。组织规模扩大，会带来组织活动的规模效益，即"人多力量大"；也会导致信息交流困难、积极性和灵活性下降，即"三个和尚没水吃"，使管理成本上升。因此，在一定的时期内，规模效益和管理成本的边际比较就决定了组织的适度规模。但随着管理技术的进步，在长期的组织演变中，组织规模在不断扩大。

在组织演变的不同阶段，组织的人员构成、规模、结构不同，与环境的关系也时有变化，员工的个人需要和行为、群体关系和行为就会千差万别。因此组织演变过程中如何保持满足员工需要和实现组织目标的动态平衡，保持公平和效率的平衡，就成为组织行为学研究的重要问题。

（四）组织和管理

所谓管理，就是在特定的环境下，对组织所拥有的资源进行有效的计划、组织、激励、领导和控制，以达到既定组织目标的过程。如前所述，组织活动可分为基本的两大类：直接导致组织目标完成的作业活动和确保作业活动有效进行的管理活动。由此可见，管理工作是独立进行的、有别于作业工作又为作业工作提供服务的活动，是保证组织正常运行、发展以实现组织目标的手段，二者有密不可分的关系。

（1）任何组织都需要管理。小至家庭、大到国家，所有组织都是由具有共同目标的人组成的集合，而每个人的观念、志趣、经验、能力不尽相同，组织内部矛盾在所难免。因此，组织成员之间的协调是组织存在并正常运行的前提，也是管理的基本内容之一。仅此一点，就足以证明，管理是任何组织都不可或缺的。管理的目标是保证组织目标的实现。管理是任何组织不可缺少的，但绝不是孤立存在的。管理不能成为自己的目标，不能为管理而进行管理。管理的终极目的是保证作业活动的有效进行，为实现组织目标服务。

（2）管理工作的效果通过组织效率和组织效能来衡量。管理要通过综合运用组织的各种资源来实现组织的目标。在组织活动中，管理活动负责把资源转化为成果，将投入转化为产出。由于社会资源的稀缺性，组织从环境中获得的各种资源都是有成本的，任何组织都不可能无偿使用资源。管理的成效好坏、有效性如何，集中体现在它是否使组织以较小的资源投入，取得最大的、合乎需要的成果产出。产出一定、投入最少或者投入不变、产出最多，甚至投入最少、产出最多，这些都意味着组织具有较为合理的投入产出比，有比较高的效率。同时，管理必须保证组织的产出成果能满足利益相关者的某种需要并为之所接受，从而得到环境认可并继续生存与发展，这就是组织成果的有效性问题，也称组织的效能。如果说组织效率涉及组织能否正确地做事的问题，那么能否选择"正确的事"去做就是决定组织效能的问题。管理的任务就是获取、开发和利用各种资源来确保组织效率和组织效能的不断提高，以更好、更快地实现组织目标，适应社会进步的需要。通俗地说，就是"正确地做正确的事"。从典型的经济组织——企业的角度来看，管理工作的效果体现在能否选定顾客真正需要的产品或服务进行生产以及用最少的资源耗费进行生产两个方面；就政党而言，管理工作的效果取决于能否提出合乎社会需要的政策纲领赢得公众信赖以及用较小的成本顺利付诸实施。

（3）组织的发展演变是管理思想发展、管理技术提高的源泉。随着科学技术不断进步和社会不断发展，人际交往的技术手段日益先进、多样，空间障碍越来越小，人与人之间联系的效率大大提高，地域范围越来越广。生产、服务的社会化程度与社会的组织化程度日益提高，组织影响人们生活、工作的广度、深度、强度、力度都在加强。个人与组织相互作用的形式、关联的程度呈现复杂、多样性的特点。组织本身也在不断发展演变，如组织规模不断膨胀，内部层级结构日益复杂。对企业而言，从工厂制、公司制再到跨国公司，规模成千倍、万倍地扩大，从直线制、直线职能制到事业部制，内部结构日益复杂。组织规模、结构的演变，增加了管理的难度，给管理提出新的问题。对这些问题的探索和解决便会导致管理思想的发展、管理技术方法的进步，从而使组织的管理成本降低。历史上重大的管理思想和技术突破都是由组织的发展演变引起的。离开组织、管理就成为无本之木、无源之水。因此，组织行为学的研究与管理理论是无法截然分开的，两者相辅相成。

二、组织行为的定义及分类

行为最原始的含义是指生命有机体的运动和活动。从组织的意义讨论行为的含义是把组织也同样看成是一个动态的、富有生命力的有机体。

组织行为是指在一定组织环境中，全体组织成员工作时表现出来的所有行为的总和及组织行为特质，只限定在组织成员工作时的行为表现，而不包括下班之后组织成员的行为。交友、娱乐、健身、购物等，均不属于组织行为的范畴，因此准确地说，组织行为是指组织内部的群体和个体产生的行为，以及组织与环境之间的相互关系。

从组织的角度出发研究组织行为，特别是管理领域内的组织行为，已经独立发展成为一门科学，即组织行为学。组织行为学的研究侧重于组织内部和组织之间发生的人类行为，并提出与之相应的、有效的行为管理原则，通过应用行为科学的研究结果，提高组织运行的合理性与有效性。同时，增强组织中个体和群体行为的质量是组织行为学研究的一个基本目标。

事实上，组织与组织行为的关系，就是组织与组织中人的行为关系。通过改变人的行为增强组织活力，提高工作绩效。组织行为是发生在组织中的人的行为的集中表现。其中人的行为受到两大因素的制约：一是心理因素，二是环境因素。组织中的人在行为制约因素的共同作用下表现出相应的行为输出。如果把人的投入作为一种输入因素来看，经过组织的运行，人的行为输出表现在工作绩效组织的生产力、组织成员的心理满足程度等不同方面，并由此引出评价组织的有效性。组织行为管理就是对这一全部过程的操作和控制。

三、组织行为学的定义及研究框架

（一）组织行为学的定义

迄今为止，组织行为学并没有一个统一的定义。具有代表性的主要有以下四种：威廉·迪尔（William Diehl）认为组织行为学是一门应用社会学科，研究工作组织中的个体群体和组织的行为问题。安德鲁·杜布林（Andrew J. Dubrin）认为组织行为学是系统研究组织环境中所有成员的行为，以成员、个体群体、整个组织及其与环境的相互作用，所形成的行为作为研究对象。斯蒂芬·罗宾斯（Stephen P. Robbins）认为组织行为学是一个研究领域，主要探讨个体群体以及结构对组织内部行为的影响，以便应用这些知识来改善组织绩效。乔·凯利（Joe Kelly）认为组织行为学是对组织的性质进行系统的研究，即组织是怎样产生、成长和发展起来的，它们怎样对各个成员组成这些组织的群体、其他组织以及更大些的机构发生作用。

这些定义从不同的角度，概括了组织行为学的内涵。结合上述定义，本书认为，组织行为学是一门以组织中的个体、群体及组织自身的行为及规律为研究对象的社会学科，旨在帮助管理者更好地预测、理解、引导和控制组织成员的行为，从而成就高绩效组织。

（二）组织行为学的研究对象

由于组织活动具有复杂性，因而对组织行为的分析和研究也有不同的角度，呈现出多层面的特点。首先，可以把组织看成追求组织目标而工作的个人的集合。其次，可以把重点放在组织成员在小组、群体和车间工作中的相互影响上。最后，可以把组织视为一个整体来分析组织行为。每个层面都表现出独特的观念并产生了对组织本质和功能自身的见解。

1. 个体层面

从组织由人组成这个事实，可以联想到探讨组织行为的一个有效的方法：从单个组织成员的角度出发。这种研究组织行为学的方法把重点放在心理学的发展理论和解释的规律上，这些发展理论和解释是关于个体行为以及他们对不同的组织政策、实践和过程的反映。在这种研究方法中，以心理学为基础的有关人性、需要、动机和激励等方面的理论是用来说明单个组织成员的行为和绩效的。对诸如价值观、知觉、态度、个性、意志和情感这些因素也予以考虑，并对他们在工作中的个体行为与绩效的影响进行研究。

2. 群体层面

如果要完成组织目标，组织成员就必须在工作中合作并协调他们的活动。人们在一起工作的常规方式是小组、部门、委员会这些组织形式。因此，在组织行为学中，一个可选择的富有成效的方法是分析工作群体的功能。在群体中人们是如何工作的？决定一个群体团结、富有成效或分散、一无所成的奥妙何在？领导如何影响群体成员及其能力，以便他们通力合作，以较高的效率工作？这些就是组织中有关群体有效功能所涉及的几个问题。组织行为学的一个重要部分就是把社会心理学的知识和理论应用于研究组织中的群体。在群体这个层次上分析所得的见解不同于研究个人单独工作所产生的见解。

3. 组织层面

将整个组织作为研究对象，而不仅是把重点放在组织中的个体和群体上，这种宏观方法是把重点放在社会学规律的理论和概念，研究者力求理解组织结构和组织设计如何影响组织效率和气氛，如何影响有效沟通和信息传递，认识组织与环境之间的关系及相互影响，认识组织变革和发展的规律，从而尽可能提高组织的有效性，改进组织气氛。例如，对各部门分配任务和责任的不同方法对这些部门的能力以及整个组织的工作效率的影响，组织所应用的技术组织规模、组织年限等因素对组织结构、组织效率的影响，组织如何适应环境等都在考察之列。

在上述组织行为研究的三个层面中，前两个层面——组织中个人行为和群体行为的研究构成组织行为学的微观理论，对整个组织的研究构成组织行为学的宏观理论。从不同角度对组织行为的研究并不相互矛盾，反之，它们互相补充。全面、充分地理解影响组织行为的因素，需要我们综合每个方面所获得的知识。

今天，组织活动影响我们的生活如此之深，以至于任何一个人已不能脱离组织而独立存在。组织使人们的生活工作和认识正在发生重大的变革，现代社会中的组织正在受到前所未有的挑战。因此将组织作为对象，对组织行为进行深入、系统的研究，探讨组织内部结构和演变的规律性，研究组织活动中个体、群体行为的各种因素及相互关系，对于保证人类社会活动的有序进行、增进组织活动的有效性、提高人们的生活质量和福利都是非常重要的。这正是组织行为学产生的必然所在。

第二节　组织行为学的学科特性与研究方法

一、组织行为学的学科特性

1. 跨学科性

组织行为学是在行为科学（主要指心理学、人类学、社会学）和管理学（主要指人事管理学、组织管理学）的知识基础上，吸收政治学、经济学、历史学、生物学、生理学等社会科学、自然科学中有关论述人类行为和心理的内容来诠释组织中人的行为，充分表现了这门学科的跨学科性。

2. 多层次性

组织行为学不仅具有跨学科的特点，还具有多层次的特点。它采用系统分析的方法，将组织中人的心理和行为规律分成四个层次来进行研究。

第一层：组织中个体的心理和行为，主要研究个体的知觉、个性、价值观、态度等。

第二层：组织中群体的心理和行为，主要研究群体的形成、类型、动力、特征、规模、群体建设、群体决策等。

第三层：从整个组织角度研究成员的行为，包括领导、权力、沟通和冲突、组织结构设计、组织变革与发展等内容。

第四层：研究外部环境与组织的相互关系，包括环境的变化、环境对组织的影响、组织对环境的反作用等内容。

3. 情景性

传统管理依据一种所谓的最佳原理，认为存在着一种进行组织授权以及任务分配的最佳原则与方法，且这一正确方法适用于各种类型的组织及组织的外部环境，并认为管理原理具有普遍适用性。现代管理学原理的奠基者们都曾试图制定出提高组织效率的原则，其中最著名的有美国古典管理学家泰勒、欧洲古典管理理论的创始人法约尔和美国管理学家巴纳德，他们以经济学为基础来研究资源分配的效率和能获得最大利润的销售行为。

与传统观点所不同的是，组织行为学强调的是权变的方法，即不存在那种对任何组织在任何情况下都适用的最佳管理模式。权变法的优点在于：

第一，权变法主张根据情况特点，选择各种各样的管理对策。按照权变法的观点，一个组织所处环境的性质和组织的规模、技术、市场特征、人事安排及其他因素，既会给组织带来机会，同时也会带来问题。而不同类型的组织结构、奖励制度以及变革的策略，可能正是对不同的管理问题相应采取的适当对策。

第二，权变法认为组织所面临的环境不是稳定的，那些优秀的组织是不会把经营成败寄托在过程的稳定不变上的，而是根据外部环境的变化随时采取相应的应变措施。

第三，权变法建立在系统性的基础上，因此，对行为的管理不仅同对人以及与人有关的问题的理解相互依存，而且同对组织的设计、群体作用以及实现组织变革的方法的理解相互依存。

第四，权变法强调行动前要分析情况，同时反对依据关于人的普遍性假设所采取的习惯性做法。相较于传统方法，权变法更跨越学科、更富有系统性和探索性。因而它有助于用更恰当的方式来利用关于组织的所有最新知识，因为正确的行动依赖于情势的变化。

4. 系统性

组织行为学认为组织是一个社会系统，研究组织行为必须从整体出发，而不是从局部出发，应考虑影响组织系统的各部分因素的相互联系和相互影响。

社会系统是一个复杂的人际关系结构，在结构中人们以各种方式相互交往、相互作用，好比宇宙中的群星，无限无穷。其中每一个小的群体都是它所从属的更大群体中的一个子系统，如此连绵扩展，直到把世界上所有的人群都囊括其中。在某个单一组织内部，所有的人之间以及他们与外部世界之间发生的相互联系就构成了社会系统。系统中的各要素之间相互联系、相互制约，只要一个部分发生变化，就会影响其他部分。如企业目标一旦改变，势必使组织结构、工程技术乃至人的心理和人际关系诸方面都产生一系列变化。因此，要研究和解决管理问题，必须把人、物和环境等要素结合起来进行全面的分析，以实现计划、方案、设计的最优化。

5. 实用性

组织行为学广泛运用于各种不同类型组织中，诸如企业、政府、学校以及各种服务组织。总之，哪里有组织，哪里就有必要研究组织行为学。当组织行为学得到成功运用时，组织内部就会形成一个包括人、组织和社会在内的三层次酬效体系：人们从协同合作和集体活动中享受到工作乐趣；他们不断学习，逐步成长，不断作出贡献；由于组织的工作进行得卓有成效，因而组织更加成功，产品质优而低耗。在这个三层次酬效体系中，获益最大的也许还是社会本身，因为它得到了更好的产品和服务，拥有了良好的公民及合作与进步的气氛，其结果是既有利于组织也有利于个人和社会。

6. 科学性

首先，组织行为学的科学性表现在研究方法方面。任何一门科学都有与之相适应的、具有科学性的研究方法，没有科学的研究方法，就无法揭示客观规律，组织行为学也不例外。虽不排斥直觉判断，但组织行为学在下结论时力求严格的科学调查和实验，用客观事实进行论证，以保证结论的客观性和准确性。其次，组织行为学的科学性表现在研究对象方面。随着社会的发展，尤其是经济的发展促进了企业组织的发展。组织行为学正是研究组织中人的行为与心理规律的一门科学，为组织的健康发展奠定基础。

二、组织行为学的研究方法

组织行为学作为一门科学，必须按照一定的研究程序，探讨组织环境中人们行为的规律性。在历史上有文字记载以来的有关文献中，有许多记载和分析人类行为的资料，这些资料大都来自军队、教会和政府机关，研究方法也很不规范。用科学方法系统研究企业组织中人的行为，则是自20世纪初开始的。1949年在芝加哥大学行为科学命名大会上，科学家为此特别做了四项决定：第一，理论的肯定和证明必须靠公众都能观察了解的客观事实，不能单凭学者个人的经验；第二，尽量用数理化的方式来说明假设，以便精密地测试和修正；第三，尽量使各种论述精确，以便能用严密的试验予以肯定或否定；第四，使用自然科学所惯用的"厘米-克-秒"作为度量工具。会议规定的这些精神，一直为行为科学家所重视。

（一）组织行为学研究的分类

组织行为学的研究可以从应用广度、研究目标和研究可控制性三个方面进行分类。

1. 以应用广度为原则的分类

按照应用的广度可将组织行为学的研究分为理论性研究、应用性研究、服务性研究和行动性研究。

（1）理论性研究（pure research）。理论性研究是为了增加人类知识而进行的研究。侧重于从理论上阐明某种心理或行为现象，而不着重研究成果是否能应用于实践和怎样应用于实践的问题。如对人性的探索，激励的心理规律等。

（2）应用性研究（applied research）。应用性研究是为了解决组织中广泛存在的问题，着眼于潜在的应用价值而进行的研究。侧重于对观察结果的证明，以及如何把这种新发现的研究成果来改进现状。因此，它对实践工作较为有价值。如工作再设计、组织发展等。

（3）服务性研究（service research）。服务性研究是咨询人员的研究。比如，一位专家被某公司请来当咨询人员或顾问，这位专家的研究就叫服务性研究。

（4）行动性研究（action research）。行动性研究是对某种情况所进行的调查性研究，通过这种调查，使人们能够认清问题的所在，从而采取一定的战略策略以减少和消除发生在组织结构、人员、技术或环境等方面的问题，也可以把这些因素综合起来进行变革。要求研究人员提出有效的变革措施，并形成文件，提供给有关管理人员。这种研究强调理论与应用密切结合。

上述研究各有价值，在特定情况下，究竟应采用哪种研究最为适宜，这是由研究人员和管理者根据他们所要达到的目标来选定的。

2. 以研究目标为原则的分类

按照研究目标可以把组织行为学的研究分为描述性研究、因果性研究和预测性研究三种。

（1）描述性（descriptive）研究。描述性研究的主要目标在于说明客观事物的状况特点和出现频率。一般只反映组织行为的现实，不涉及事物之间的联系，即只回答"是什么"，不回答"为什么"，也不讨论具体干预措施。组织中经常采用的人员基本情况调查、职工态度调查、心理挫折的各种表现调查都属此类。这种方法要求资料全面、翔实，研究人员中立、公正，以保证结果的客观性。

（2）因果性（causal）研究。因果性研究也称"分析性研究"。这种研究要求弄清楚各个因素之间的相互关系及发展趋势。例如，一个人对工作的满意感与其工作绩效这两个变量的因果关系，就有三种可能趋势。

① 由于工作做出了较好的绩效，所以他对现任的工作岗位比较满意。

公式：工作绩效——工作满意感

② 一个人对他所做的工作比较满意，所以他就做出很好的绩效。

公式：工作满意——工作绩效

③ 一个人的工作绩效与他的工作满意感互为因果关系。

公式：工作绩效——工作满意感

因果性研究就要解决到底是哪种情况。

（3）预测性（predictive）研究。这是人们根据对客观规律的认识预先考虑今后可能发生情况的方法。比如，经理要对下属的行为工作绩效及整个组织总目标的完成情况作出预测。如果这位经理过去已经采用科学的方法考核过每个职工的工作绩效，那么他就可以较为准确地预测出今年的绩效。这种预测性研究对于有计划地控制人的行为和绩效是具有重要意义的。

3. 以研究可控制性为原则的分类

从可控制性角度来看,组织行为学的研究主要有案例分析、现场调查、实验室实验和现场实验这四种研究。

(1) 案例分析。这是研究人员通过查阅各种原始记录,或通过访问,发调查表和实地观察所收集到的有关某一个人或某个群体的各种情况,用文字如实记载,进行分析,找出主要问题并提出解决问题的意见。案例分析对对象为实践经验不足的学生的课堂教学来说,是较为有效的。其缺点是文字记载对情景信息的反映是有局限性的,背景材料不可能完备。

(2) 现场调查。就是对某些个人或群体进行访问并发给调查表。收集所需要的各种资料和数据。这种调查有普查或抽样调查两种。抽查方法一般所用的人、财、物和时间都比较少,因而广为采用。现场调查的目的是收集情报资料和数据,并不是要去改变或影响被调查者的行为。

(3) 实验室实验。这种研究比案例分析和现场调查能更好地控制自变量和因变量的条件,使之更明确地反映两种变量之间的因果关系,如在实验室里观察疲劳或灯光对人的单位时间内工作效率的影响。在实验室里可以尽量排除其他自变量,研究只在某一个自变量变动的情况下对工作效率这个因变量所产生的影响。

(4) 现场实验。现场实验就是把实验室实验方法应用到不断发展变化的现实生活中去。这比实验室实验更接近现实生活,但不如实验室实验那样容易控制自变量与因变量之间的因果关系。因为现实生活中影响工作效率这个因变量的自变量太多,所以不太容易确切说明它们之间的因果关系。如影响一个班组工作效率的因素,可能是改善人与人的相互关系,也可能是改进工作方法,或是改善领导作风等。

(二) 组织行为学研究中常用的技术方法

组织行为学方面的研究常常是由受过训练的,具有管理学、应用心理学或应用社会学背景的行为科学家完成的。科学的研究方法的运用可以使人们对工作做出正确评价,形成关于组织行为的正确认识。下面介绍几种常用的研究方法。

1. 调查研究方法

这是现代科学重要的研究方法。一般来说,调查研究就是深入实践,摸清情况,可以通过谈话、座谈、问卷、测验、活动、分析、研究等步骤,先明确调查目的,然后决定调查对象内容、方法、步骤,调查后必须综合、提炼、分析、研究,提出解决问题的意见、建议和方案,调查研究方法比观察测验、心理测量等方法要进一步,它不是光靠对人的行为现象的直接观察和了解,而是通过广泛地搜集有关资料,直接或间接(主要是间接)了解被试者的心理活动和有关行为,以寻求内在的实质因素。

现代调查研究方法更有其特点,因为在社会化大生产条件下,人类活动的时间和空间都在扩大,并处于急剧变动之中,所以调查研究必须社会化。局部的真实性不等于全局的真实性,必须掌握全面、系统、准确的统计资料,包括定性材料和定量数据,才能做到有效预测,在调查研究过程中,既要注意问题的社会性,又要注意研究的科学性和实质性,不能为表面的现象所迷惑。

现代管理创造了一系列科学的调查方法,如应用广泛的德尔菲法,即专家集体预测法。这是 20 世纪 50 年代初,美国兰德公司与道格拉斯公司协作,研究如何通过有控制的反馈,使所收集到的专家意见更为可靠而提出的一种背靠背征求专家意见的方法。

当前通行的现代调查研究方法还有民意测验，它已经经历了趣味性、科学化、普及化三个阶段。其最大好处是在不受任何压力和干扰的情况下，被调查者可以充分自由地反映自己真实的想法。当然，不管用什么样的调查研究方法，有一点必须明确，即调查本身不是目的，目的是寻求科学的答案。

2. 实验方法

这种方法是以有目的地严格控制或创设一定条件来引起某种现象，以进行研究的方法。它的主要优点在于，研究者可以积极干预被试者的活动，而不是被动地等待某种现象的出现。研究者通过控制和改变条件，可以知道这些条件对被试者状态的影响；改变或保持一些条件，可以揭露和扫清某些心理状态产生的原因；经过反复实验，积累一定数量的材料，可以作为判断被研究的心理现象的典型性和偶然性的依据。作为实验，必须掌握两个要素：研究者掌握一些自变量（如价值观、态度、性格、感知、激励等）；观察或测量结果，即因变量。同时使所有其他因素保持暂时不变或维持原状。因此，在研究某一组织中的问题时，研究者可以改变一个组织因素并观察其结果，而同时又可使其他因素暂不变。

实验方法以实验场地的不同可分为实验室实验方法和现场实验方法两种。

实验室实验必须在实验室条件下，按照周密的实验设计创造一种环境进行实验，研究人员控制一切估计会干扰实验结果的因素，进行观察，以便弄清自变量和因变量的相互影响。实验过程和结果可以重复，说服力强，但脱离了实际，有可能增添人为因素，故对其结论的推广要谨慎，注意实际条件。

现场实验是在实际工作场地进行，按照周密的实验设计使现场条件尽量单一化，有意识、有目的地控制此外界条件，使所获得的结果更有说服力。霍桑实验就是一个成功的典型。现场实验一般能把对环境条件的适当控制与实际情况有机结合起来，有较大现实意义。但因为现实工作场地具体条件错综复杂，许多控制变量难以排除或保持稳定，所以需要长期观察，成本很大，如霍桑实验费时五年半才取得成功。

3. 数量统计方法

近年来组织行为学的研究趋于定量化，数量统计方法的应用日益广泛。这种趋势是组织行为学研究走向深入、追求精确的重要标志。

数量方法以现实世界的空间形式和数量关系作为研究对象。而空间形式和数量关系是现实世界任何现象形态、运动方式都具有的。因此，数量方法对任何学科的研究都是不可缺少的。

一门学科应用数量方法的程度，取决于人们对这门学科的研究对象的认识水平。只有经过一定的深入研究，抽象到空间形式和数量关系这一认识层次时，才会有应用数量方法作为分析工具和方法，使人们的认识更为准确、一般、可靠。因此，马克思认为，一门学科只有在应用数学方法的时候，才能算是一门成熟的科学。

近代科学发展的历史本身就是通过数量方法的逐步应用使人类对客观世界的认识日臻深入、准确的过程。第二次世界大战以后，学科之间的相互渗透、交叉和电子计算机的出现，对数量方法的广泛应用，尤其是在社会科学中的应用起了重要的推动作用。现在定量研究已成为社会科学发展的趋势之一，作为一门新兴的学科，在组织行为学研究中应用数量统计方法，也是人们对组织行为规律认识深化的需要。

社会现象具有随机性的特点，因此社会科学的定量研究必须以统计方法为基础。就组织行为学研究而言，选取恰当的指标对个体、群体、组织的心理和行为进行准确描述、测度是一切研究工作的基础。而这恰恰是描述统计中统计量研究的内容。

统计方法是社会科学数量研究的最一般、最基本的方法，其他数量方法都与统计方法有密切的不可分割的联系。如调查和观察方法中方案设计、对象和情景的选取、进行的过程都离不开统计方法；实验方法中实验设计、实验对象的随机选取、非实验因素的控制也离不开统计方法。

不仅如此，调查、观察、实验和比较等方法中得到的经验材料要经过统计处理——发现其统计规律性，并经过统计方法进行显著性检验，才有可能上升为理性认识指导人们的行动。如通过相关分析、因果分析证实各种变量之间的关系，通过时间序列分析发现某一现象的发展趋势等。

数量统计方法在组织行为学研究中得到广泛应用的根本原因在于：组织行为作为符合一定规范的个体活动的合成效果，是典型的随机现象，符合统计规律。组织行为由人的活动构成，而个人的活动具有随机性。人们对外界的作用可以在基本相同的条件下重复进行，在基本相同的条件下人的行为可以有多种事先难以确定的表现形式，这些形式发生的可能性通过观察、调查、实验又是可以认识的。因此人的活动是随机现象，符合统计规律。这正是数量统计方法在组织行为学研究中大行其道的基础。

社会科学中的统计方法有重要的认识论价值。社会现象是复杂的、多样化的，不存在绝对成立的结论，任何命题都可能找到反例。加之人们认识的局限性，社会科学中许多例题的前提和边界条件是不明确的，我们把这称为"隐含前提"。从这个意义上讲，社会科学中的结论往往是一种大数规律、大概率事件，即通常说的"一般情况下……成立"，这就意味着"在某些特殊情况下……可能并不成立"。比如，严格出效益，这在一般情况下是成立的，但确实存在一些严格管理未出效益和不严格管理效益反而提高的例外情况。这对我们的重要启示是，一方面对社会科学中的结论不能教条化理解，另一方面在社会科学的研究工作中要有严谨的态度，当我们根据某类现象下结论时，一定要考虑是否符合大数规律这一统计推断的原则。为此要在抽样调查的基础上，进行统计的显著性检验，通过检验的命题才具备统计规律上的科学性、代表性，不然就会以偏概全，贻笑大方。日常生活中这样的错误比比皆是，如一个人发现有三家企业按照某一方法扭亏为盈，就断定这一方法对企业管理是普遍适用的。讥之者谓之"盲人摸象"。为此，世界上的名牌大学都向学生开设"社会科学研究的方法论"等课程，进行规范的学术训练，使大家懂得什么是科学严谨的治学方法。我们在组织行为学研究中一定要对此引起重视。

以上三种方法是组织行为学研究中比较常用的，各种方法都有利有弊，研究中应综合加以使用。

第三节　学习组织行为学的重要意义

一、有助于充分调动人的积极性和主动性

组织行为学认为人是组织的主体，现代化管理中最重要的是对人的管理。实现管理的目标,就是实行合乎人情味的管理,建立以人为中心而不是以工作任务为中心的管理制度。科学技术越发展,就越要重视人的因素,重视提高人的素质,提高脑力劳动者的比重。据统计,体力劳动和脑力劳动的耗费比重在机械化水平低的情况下一般为9∶10;在中等机械化水平下为3∶2;在全盘自动化的水平下为1∶9,特别是进入信息化管理时代,对脑力劳动的要求越来越高。实践证明,越是高级的脑力劳动者,就越需要实行具有人情味的管理,使其主动性和自觉性得到充分发挥,而不是对其进行一味的监督和控制。

二、有助于合理地使用人才

每个人都有各自的性格特征,有不同的气质、能力、性格和兴趣。组织行为学的个体行为部分,就是通过对个性理论及其测定方法的研究、对个人绩效考核方法的研究,使组织领导全面了解每个人的性格特点和能力所长,从而安排与之相适应的工作岗位和职务,真正做到扬长避短,人尽其才,才尽其用,达到最佳用人效果。

三、有助于增强群体的合理凝聚力和向心力

组织中的员工不可能孤立行事,在工作中必然要与他人协作配合。组织行为学中对群体行为规律的研究为改善人际关系、发挥群体功能、提高群体绩效提供了依据。例如,充分考虑在非正式群体中员工感情、志趣相投、价值观一致这一特性,通过对非正式群体的合理引导,增强群体的凝聚力和向心力,满足人们的归属感和友谊的需要,从而弥补了正式群体在建立和谐人际关系方面的不足。通过对非正式群体引导和正式群体的管理有效结合,可以更好地实现群体绩效的长久提高。

四、有助于改善领导者和被领导者的关系

在不同的社会制度下,领导者与被领导者的关系只有不同的阶级性质,所以不能一概而论。但是,任何一个组织的领导者同时也是生产和工作任务的协调者和指挥员,他们与职工的关系除了一般意义上的生产关系之外,还有社会关系的一面。组织行为学中关于一个有效的领导者应具备的素质、领导艺术和如何根据不同的情况采用不同的领导方式等内容,对于提高领导者的领导水平具有很大的借鉴意义。

五、有助于组织变革和组织发展

组织变革和组织发展是组织行为学的重要课题。它要求研究如何根据组织所处的环境、组织的战略目标、技术和人员素质的变化和发展等,设计出更为合理的组织结构,进行相应的组织变革和组织发展。这种研究对于我国企业经济体制改革,特别是对于增强企业活力有很大启示:第一,应根据我国企业的规模、技术水平、产品或劳动性质、人员素质的不同,设计出不同的组织结构;第二,鉴于同一个企业或单位的环境、技术、产品、劳务和人员素质在不同时期也是不同的,有时变化很大,所以其组织结构也必须随着时间的变化而变化。

讨论题

1. 试述组织行为的内涵。
2. 组织行为学的产生与管理学的发展有什么关系?
3. 试述组织行为学产生的必然性。
4. 组织行为学的学科性质有哪些?
5. 组织行为学的研究有哪些类型和方法?

【小测试】

这些都合理吗？

目的：帮助你认识到组织行为学知识有助于理解组织中的生活。

说明：阅读下面每一条论述，并根据你的看法判断其正误。然后全班讨论每个问题的答案，以及学习组织行为学的启示。

1. 愉快的员工是有生产效率的员工。
2. 决策制定者会倾向于持续某一个行动，即使有信息显示这个决策是无效的。
3. 如果组织能避免员工间冲突，它将会更有效。
4. 个人协商要比小组协商更好。
5. 如果公司有用浓厚的公司文化，那么它会更加成功。
6. 员工在没有压力的情况下将会表现得更好。
7. 改变个人以及组织的最好方式是准确地指出其现有问题的根源。
8. 女性领导者使员工参与决策的程度高于男性领导者。
9. 最好的决定是在没有感情因素的情况下做出的。
10. 如果员工觉得获得的薪酬不公平，那么除了改变其报酬外没有其他方法可以减轻他们的不公平感。

第二章 个性与行为

【课前案例】

宝洁公司的"破坏者"

Edwin Artzt 是宝洁公司的前任总裁,Artzt 的个人风格和管理方式十分突出,对待下属苛刻、粗暴。Artzt 对自己的要求也一样苛刻。他在宝洁公司工作了40年,工作认真、废寝忘食、注重质量、关注细节,他在深更半夜打电话给下属讨论问题,每月都阅读下属向他提交的120余份报告。经理们对他的反应各有不同。那些被他敲打的筋疲力尽的人离开宝洁,另谋职位。留下来的人说,Artzt 推动他们把工作干得更出色。一些害怕他的严厉的人说,他只敦促下属集中精力干他所要求的事情,而不注意培养下属的创造性思想。

1995年 Artzt 退休,他的职务被分解为两个职位,宝洁公司两位资深的管理者裴波与加哥分别担任公司的总裁和首席执行官,裴波和蔼可亲,与下属能和睦相处,作决策之前经常征求下属的意见,经常考虑到决策对员工、股东的影响,有时还有些腼腆。加哥则更像 Artzt,他缺乏耐心、态度粗暴,让人感到害怕。许多人怀疑,这两个个性完全不同的主管是否能融洽相处,使公司正常运作。但奇怪的是两人相处得很好,裴波负责公司的长远规划和成长,而加哥负责公司的日常实际运作。

Artzt 在担任总裁时,为什么会有这样的行为方式?Artzt 的下属为什么对他这种严厉苛刻的态度有不同的反应?裴波和加哥为什么能和睦相处?

第一节 个体行为基础分析

一、个体行为基础分析构成

人生活在社会群体中,并在实践中形成多方面的、复杂的人与物和人与人之间的联系与关系。人在这些因时间、地点而异,因人而异的人境、人际联系中,心理活动的每一次发生都是具体的。这是个体心理活动的重要前提,它给人的心理反应带来许多个体性特点。个体行为基础分析包括年龄、性别、婚姻状况等因素,以工作绩效为例,员工的年龄、性别、婚姻状况、抚养人数、任职时间等因素直接和间接地影响其工作效率、满意度、缺勤率及流动性。

二、个性及其心理特征

（一）个性的定义

心理学中个性的定义林林总总，目前广泛运用的定义是：个性是在先天生理素质基础上，在一定的社会历史条件下的社会实践活动中经常表现出来的、比较稳定的、区别于他人的个性倾向和个性心理特征的总和。这就说明，个性是由需要、动机、态度、兴趣、理想、信念、世界观等组成的个性倾向和由能力、气质、性格组成的个性心理特征有机结合而成的。

个性倾向性是指人对社会环境的态度、行为的积极性特征。它主要表现在心理活动对客观事物的选择性上，对事物的不同态度以及行为方式上，它是个性的潜在力量，是人们进行社会活动的基本动力。个性心理特征是在人的个性结构中比较经常的、稳定的、具有决定意义的部分，它表明一个人的典型心理活动特点和行为模式。它包括：人能够顺利完成某种活动所必备的心理特征，即能力；人的心理活动的动力特征，即气质；人对现实的稳定的态度和习惯化了的行为方式，即性格。

（二）个性的特点

个性一般是指某一事物区别于其他事物的特殊本质。

1. 个性的独特性

每个人不管其个性心理如何不同，都包含人类共同的心理特点，都带有民族思想感情、文化传统、生活习惯等因素的影响所打下的烙印，这些必然在个性心理特征方面形成共同的典型特征。但是，世界上不会有两个个性心理特征完全一样的人，即每个人都有区别于他人的能力、气质和性格，人们之间普遍存在着个性差异，即个性的独特性。

2. 个性的稳定性

每一个具体的个性都不是一朝一夕形成的，而是在先天生理素质基础上，受家庭、社会潜移默化的影响和学校教育的熏陶以及实践活动的锤炼塑造形成的。所以，它一旦形成，就比较稳定、少变，总以重复性、持续性、必然性的面貌出现。比如任性的人，对己、对人、对事、对工作出处表现出刚愎自用的特点来。

我们说个性的稳定性只是相对的，不是绝对的。随着社会实践条件以及人的知识水平、家庭和个人生理心理等因素的变化，个性心理特征也必然发生变化。这种变化，一般来说，可以发生在任何人的任何年龄阶段上，特别是当人在生活实践中，遭遇某种重大实践，都会给人的个性打上深深的烙印，并使其发生变化。

3. 个性的整体性

个性不是一个孤立的心理特征，而是一组心理特征的有机组合。因此，要准确描述某个人的个性，就必须说出一组心理特征才行，仅有某个特征是不够的。如你看到某人进行了一次充满激情的演讲，就断定此人是外向型，这是不够的，还必须观察他是否好动、乐于交往、热情开朗等。

4. 个性的制约性

人与生俱来的生物特征是种族发展和遗传的产物。科学实验证明，高级神经活动类型影响个性形成，并使个性的某些成分表现出一定的差异。这种生物体的高级神经活动特点对个性的影响，就是生物的制约性。但不能把个性心理特征视为先天决定的、人的头脑中固有的。个性心理特征就其本质来说是社会的。人们来到社会上，就处于各种复杂的社会关系中，时时刻刻受到社会各种意识形态的宣传和教育的影响，受到一定的政治关系的强大作用，受到社会生产方式中各种关系的制约。这种社会的存在，决定了每个人的意识、心理无不具有社会性。

5. 个性的倾向性

个性既体现人与人之间在性格、气质、能力等方面的差别，又明显地表现出一个人具有一定意识的倾向性，这种倾向性体现在个人的价值观、兴趣、爱好、需要和信念等方面。

因此，人们个体心理特征的形成和发展，既受先天生理素质主要是遗传因素的影响，也受环境、教育、社会实践的影响。其中，先天生理素质是个性心理特征形成发展的前提，社会环境是个性心理特征形成发展的决定性因素，教育对其形成发展起主导作用，社会实践是其形成发展的主要途径。

（三）个性形成的影响因素

有人认为，个性是由遗传或者先天决定的；也有人认为，个性是由环境决定的，或者说后天决定的。如心理学家华森说：一个人生下来以后，我培养他什么样他就是个什么样子。我培养他成为法官，他就是法官；我教他成为小偷，那他就是小偷。这两种看法各有片面性，正确的看法应该是两种因素结合起来，也就是说，遗传为个性的形成和发展提供了前提，提供了一个发展的可能性，但遗传不起决定作用。一个人的个性向什么方向发展，发展到什么水平，不是由遗传决定的，而是由后天环境决定的，特别是由社会生活条件决定的。一个人个性的形成和发展，是一个复杂的过程，虽然人的生理素质对个性有一定的影响，但个性主要还是在社会实践中，经过长期的塑造而逐渐形成和发展的。

一个人个性的形成和发展，大体都经历三个时期。

（1）儿童时期。这个时期的个性受父母、兄长及亲友的熏陶和影响，即通常人们说的，孩子是大人的一面镜子，大人在孩子的个性发展上，打下什么烙印，往往会影响他的一生。

（2）学生时期。这个时期的个性受师长和同学间的影响较深，使个性的发展按照一定的规范去实践。

（3）走向社会。这是个性发展最复杂的阶段，有许多因素影响着个性的发展。如社会制度、经济发展、政治形势、文化教育等都对一个人个性的发展有重要影响。

个性的形成和发展，受社会生活条件的作用和影响是很大的。虽然先天的遗传也有影响，但它只是提供了一个发展的前提，起决定作用的还是后天的环境，特别是社会生活条件的作用。

世界上没有孤立存在的人，每个人都生活在社会关系中，都要受到一定的社会生活条件的教育和影响，受到社会关系的制约。社会关系虽然包括许多方面的关系，但主要是生产关系，以及由此决定的政治关系和法律、道德、艺术、科学、宗教关系等。这些都影响到个性的形成和发展。

人又是具有能动性的，它接受外界的影响是积极的、主动的，人在改造客观世界的同时改造自己的主观世界，改变人的认识能力，改变人的气质、性格。人的个性就是在社会关系的交往中逐步磨炼形成的。

总之，个性就是处于社会关系中的个人所形成的个体心理特征的总和。也就是说，它是在先天遗传素质的基础上，通过后来的社会生活实践过程，形成和发展起来的个体心理特征的总和。

第二节 气质与行为

一、气质的概念与类型

气质是心理活动的动态特征，较多地受个体生物组织的制约，与人的其他心理特征相比具有更强的稳定性。一个人的气质，在他参与的不同活动中会有近似的一贯表现，一般与活动的内容、动机和目的无关。在生活中，个人的气质特点在任何时间、场合都会表现出来。气质是一个人的自然特征、精神风貌的集中表现。

（一）气质的概念

气质是与个人神经过程的特性相联系的行为特征。神经过程可分为兴奋过程和抑制过程。其基本特征有：其一，神经过程的强度，指大脑细胞的工作忍耐力，有强与弱之分；其二，神经过程的均衡性，指兴奋过程和抑制过程之间的强度关系，有均衡和不均衡之分；其三，神经过程的灵活性，指兴奋过程与抑制过程之间转换的速度，有灵活与不灵活之分。心理过程是通过兴奋过程与抑制过程的协同活动而实现的。因此，神经过程的特性必然在心理活动中表现出来，成为稳定的心理特点。气质是人典型的、稳定的心理特点，是人天生的、表现在心理活动动力方面的个性心理特征。这一定义有几层意思。

首先，气质是先天的个性心理特征。它的某些特点与生俱来，使得气质比能力与性格更受制于生理组织因素。那些刚来到世间的婴儿，有的爱哭泣、有的好动、有的安静。这些最初的特征，在这些婴儿以后的成长阶段，如儿童阶段的游戏、作业和交际活动中都有所表现。

其次，气质也是人的心理活动的动力特征。心理活动的动力特征是指心理活动过程的速度、稳定性、强度和指向性等。心理活动过程的速度，具体指的是知觉的速度、思维的敏捷性以及情感发生的快慢、情绪体验的快慢等。

心理活动过程的稳定性，指注意力集中时间的长短、久暂性等。心理活动过程的强度是指情绪和情感的强弱程度、意志力的强弱程度等。心理活动过程指向性，指的是心理活动指向外部世界还是指向自己的内心世界。平时我们常说的，此人"外向"，彼人"内向"，指的就是气质特点。

（二）气质的类型及行为特征

1. 体质、体型说

德国精神病学家克瑞奇米尔（E. Kretschmer）根据他的临床观察，提出了按体型划分气质类型的理论，如表2-1、表2-2所示。

表2-1 体型与气质类型的行为倾向表

体型	气质	行为倾向
瘦长型	分裂气质	非社交的，有怪癖，神经质
肥胖型	躁郁气质	社交的，有温情，情绪不稳定
斗士型	黏着气质	固执、严格、理解迟钝、爆发和冲动

表 2-2 体型与精神病关系表

		体型					
		例数	肥胖型	瘦长型	斗士型	发育异常型	无特征型
精神病	精神分裂	5 223	13.6%	50.3%	16.9%	10.5%	8.7%
	躁郁	1 361	64.6%	19.2%	6.7%	1.1%	8.4%
	癫痫	1 525	5.5%	25.1%	28.6%	29.5%	11.3%

克瑞奇米尔的类型论虽对理解气质有一定的参考价值，但过于强调生物因素，忽视社会因素。另外，他对精神病与体型关系的论述缺乏科学根据。

2. 激素说

现代激素理论认为，内分泌腺体活动与气质类型有关。人的某种腺体如果特别发达，对人的行为有一定影响，据此把人分为甲状腺型、脑垂体型、肾上腺分泌活动型、甲状旁腺型和性腺过分分泌型等。

3. 体液说

系统的气质学说最早是由古希腊的医生希波克拉底（Hippocrates）和罗马医生盖伦（Galen）提出的。当时他们用人体的体液解释气质缺乏科学证据，但这种分类是从实际生活中概括出来的，具有朴素的唯物主义思想，所以为人们普遍接受。后来，苏联著名的生物病理学家巴甫洛夫（Pavlov）的高级神经活动学说为这种分类提供了科学基础。

希波克拉底和盖伦认为，人体内有四种体液：血液、黏液、黄胆汁和黑胆汁。四种体液含量决定了人的气质，这四种体液含量多的人依次形成了多血质、黏液质、胆汁质和抑郁质四种气质类型。其一般特征为：

胆汁质：情绪兴奋性高，反应迅速，心境变化剧烈，抑制能力较差；易于冲动，热情直率，不够灵活；精力旺盛，动作迅猛，性情暴躁，脾气倔强，容易粗心大意；感受性较低而耐受性较高，外倾性明显。

多血质：情绪兴奋性高，思维、语言、动作敏捷，心境变化快但强度不大，稳定性差；活泼好动，富有生气，灵活性强；乐观亲切，善交往，浮躁轻率，缺乏耐力和毅力；不随意反应性强，具有可塑性；外倾性较强。

黏液质：情绪兴奋性和不随意反应性都较低，沉着冷静，情绪稳定，深思远虑，思维、言语、动作迟缓；交际适度，内心很少外露，坚毅执拗，淡漠，自制力强；感受性较低而耐受性较高，内倾性明显。

抑郁质：感受性很强，善于觉察细节，见微知著，细心谨慎，敏感多疑；内心体验深刻但外部表现不强烈，行动迟缓，不活泼；易于疲劳，疲劳后也易于恢复；办事不果断和缺乏信心；内倾性明显。

上述传统的气质体液分类学说一直被沿用至今，在现实社会或文学作品中还可以找到这些气质类型的典型代表人物。如《水浒传》中的李逵就是胆汁质的代表，《红楼梦》中的王熙凤则是多血质的典型，林黛玉属于抑郁质的人物，薛宝钗则是黏液质的人物。这种气质体液分类有很大的参考价值。

随着心理科学的发展和社会实践的进步，又出现了其他一些分类方法。如气质的血型分类，即人的血型有 A 型、B 型、AB 型、O 型。对应于血型，也有四种气质类型。

A 型：温和、老实、稳妥、多疑、顺从、依赖性强。
B 型：感觉灵敏、镇静、不怕羞、喜欢社交、好管闲事。
AB 型：A 型与 B 型的混合型。
O 型：意志坚强、好胜、霸道、有胆识、控制欲强、不愿吃亏。

虽然用体液说来解释气质并不科学，但由于该学说较之其他学说在解释人的情感和行为多样性方面更容易被人们接受，所以体液说一直沿用至今。

4. 高级神经活动类型说

巴甫洛夫用条件反射的方法对动物和人进行研究，发现神经活动有三种特性：兴奋和抑制的强弱特征；兴奋和抑制的均衡与不均衡性特征；兴奋和抑制转换的灵活性特征。神经活动的这三种特性，可能形成许多特殊的结合，可以分出某些最主要的结合方式，从而构成高级神经活动的基本类型。神经类型与气质类型可形成如图 2-1 所示的对应关系。

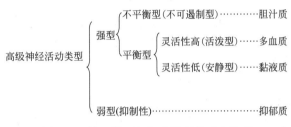

图 2-1　神经类型与气质类型的对应关系

在现实生活中，只有少数个体是各种气质类型的典型代表，而绝大多数个体只是接近于某种气质，同时又有其他气质的一些特点。纯属于某一气质类型的人是极少见的。不过气质类型的划分，毕竟给我们认识人的心理特征以有力的理论指导，帮助我们理解个体心理，以充分调动人的积极性。

二、气质在管理中的应用

气质类型本身只有心理特征和表现方式的区别，并无优劣之分，各种气质的人都可以成为优秀的人才，走向成功。因为每种气质中都是积极的、消极的发展因素并存，如多血质的人既容易形成灵活、活泼开朗、善交际等品质，也可能养成肤浅、不踏实、不真挚等毛病；抑郁质的人具有深刻敏锐、洞察力强、精细的优点，但也可能是阴沉的、多愁善感的。因此，气质不能决定个人活动的价值和成就高低。

气质对人的行为、对人的活动效率都有很大的影响，因此对组织管理工作有重要的意义。

1. 根据人的气质特征来调动人的积极性，合理用人

管理工作纷繁复杂，每项工作都有自己的特点，每个人也都有自己的气质特征。所以，要尽量使人的气质特点与工作的特点协调配合，才能各尽所能、各得其所，有利于工作。在现代工业企业中，普遍存在着人-机关系，操纵精密机器、控制现代化设备、监控大型仪表，都要求人们能迅速地对各种信息变化做出反应，并能相应采取正确的措施。如果不选择多血质气质的工人而是选择黏液质或抑郁质的工人从事上述工作，就会影响工作质量和工作效率。

2. 根据人的气质特征来合理调整组织结构，增强团体战斗力

人的气质特征有积极的一面，也有消极的一面，合理调整不同气质的人员，组成一个领导班子，组成一个生产班组，组成一个集体，形成气质"互补"的组合，就可以起到相互克服气质的消极影响，发挥气质的积极作用，从而达到增强凝聚力、战斗力的目的。例如，一个领导班子要作出一个重大决策，需要有果断、机智、冷静、细心、创新、激情等不同气质类型的心理品质，但是很少有人同时具备上述品质，这要求有气质互补的团体组合。

3. 根据人的气质特征来做好思想工作

不同气质的人，对挫折、压力、批评、惩罚的容忍接受程度不同，对思想感情的接受程度不同，所以，做思想教育、做人的转化培养工作的重点就要有所不同。多血质的人豁达大度、反应灵活、接受能力强，对他们的培养教育可采用批评和劝导相结合的方式；胆汁质的人积极主动、生机勃勃、容忍力也强，培养教育他们，既要开展有说服力的严厉批评，提高其自制力，又不能激怒他们，激化矛盾；黏液质的人沉着、坚毅、冷静、情绪反应较慢，对待他们要耐心说服开导，多用事实说话；抑郁质的人，情感深刻、脆弱、孤僻、冷淡，对待这样的人，不可在公开场合批评他们，训斥他们，而应在关怀中激励，在照顾中促进，在情感中引导，使他们自觉接受别人的批评或主张、建议。

4. 根据气质差异维护员工的身心健康

很早就有许多医生和心理学家注意到气质和人的身心健康的关系。一位德国医生试图从气质类型中找出精神病的根源，虽然缺乏科学依据，但他针对患者的气质特点采取了不同的施治方法，对治愈病人起了一定的作用。美国两位医生曾进行过 30 年的跟踪研究，发现易动怒的气质类型的人中有 77.3% 患高血压、心血管病、良性肿瘤、癌症等，而安静型、开朗型的人只有 25% 患上述疾病。生活实践也表明，胆汁质与抑郁质的人，在不良环境与外界压力下，容易患精神分裂、狂躁症与抑郁症。

气质在组织管理中的作用，尤其在管理人、培养人、使用人方面的作用，绝不仅限于上述三个方面，许多内容有待组织行为学深入研究。

第三节　性格与行为

一、性格的概念与类型

（一）性格的概念

性格（character）是指"特征""标志""属性""特性"，它可以标志事物的特性，也可标志人的特性。

性格是一个古老的概念。早在春秋时期，孔子就把人分为五种。庸人：见小失大，不知所务。这种人小处精明，大处糊涂。士人：心有所定，计有所守。这种人头脑很清醒。君子：笃行言道，自强不息。这种人有一定的道德信念，是积极向上的人。贤人：德不逾闲，行中规绳。这种人是很守规矩的人。圣人：明并日月，化行若行。这种人的行为光明磊落，其行为犹如太阳和月亮那样明亮。每种人有不同的性格。

性格是个性中最重要的、最显著的心理特征，在个性中起着核心作用，是一个人区别其他人的集中表现。每个人的性格千差万别。文学家更是善于抓住一个人的最本质的性格特征

作为典型加以形象化描绘，使人感到一个个生动鲜明、活灵活现、栩栩如生的人物就在自己面前。如莎士比亚笔下的哈姆雷特，塞万提斯塑造的堂·吉诃德，鲁迅小说中的阿Q、祥林嫂、孔乙己等，令人过目不忘。有日常生活中，人们常把性格和个性混为一谈，用性格来代表个性。许多人也搞不清气质和性格的区别。事实上，性格与其他个性心理特征和气质、能力密切相关，互相影响，以致相互交融和渗透。但它们之间也有确定的界限。

性格是一个人对现实的态度和习惯性的行为方式中所表现出来的较为稳定的心理特征。简单地说，性格是人对现实的稳定态度和习惯化的行为方式。

1. 性格是个体对社会环境的较稳定的态度和行为方式

每个人对人、对事、对社会总会有自己的态度并见诸行动，经过长期的社会生活实践和人们的心理认知活动，这种态度与行为逐渐巩固下来，在以后的社会生活中自然地、反复地表现出来，形成了个人的一种习惯方式。性格是一个人现实态度和行为方式的统一。

2. 性格是稳定的、独特的心理特征

社会中没有两个性格完全相同的个体，性格总是某个个体的性格。即使是同一性格特征的人，不同人表现也会不一样。例如，同是勇敢、鲁莽的性格，张飞粗中有细，李逵横冲直撞、不顾后果。性格一旦形成就比较稳定，在个体的生活实践中经常表露出来。

3. 性格是个体的本质属性，在个体心理特征中起核心作用

气质是心理过程的动力特征，能力是个体完成所面临的某项活动所必备的心理特征，只有性格才能使它们带有一定的意识倾向性，作用于客观现实。性格对气质和能力的影响是很大的，它能使三者结合成个体心理特征这一有机整体。

气质和性格所反映的是人的本质属性的不同侧面：气质更多反映个性的自然属性，而性格反映了人的社会属性；前者的形成多与遗传因素有关，后者则更多地受到社会环境的影响，可塑性比前者大。在社会意义的评价上，气质无好坏之分，无论哪种气质类型的人都可以取得显著成就。而性格则有好坏之分（如勤奋比懒惰好、诚挚比虚伪好），对事业有显著影响，两者既密切联系又相互区别。

气质和性格相互影响，密切相关。首先，气质可以影响性格的表现方式，使同一性格内容有不同的表现色彩。此外，性格可以在一定程度上调控、掩盖或改造气质，使气质的消极因素得以抑制，积极因素得以发展。

4. 性格有复杂的结构

现实世界多姿多彩，因而人就会产生形形色色的态度以及相应的行为方式，形成各种各样的特征。构成性格的特征可以依据态度体系、情绪、意志、理智等来划分。

（1）性格的态度特征。性格的态度特征指对待和处理社会关系的性格特征，可以分四类：一个人对社会、集体和他人的态度方面（如善良、诚实、热情、残酷、虚伪、冷淡等）；对待劳动、生活、学习的性格特征（如勤劳、懒惰、认真、敷衍、进取、守成、细致、马虎等）；对待劳动产品的态度特征（如勤俭、挥霍、爱惜公物等）；对待自己的性格特征（如自尊、自信、自律、骄傲、自卑、自大、放任、谦逊等）。

（2）性格的情绪特征。性格的情绪特征指情绪活动的强度、稳定性、持久性及主导心境等方面的特征，主要表现在：情绪的高涨与低落、稳定与波动（指忽高忽低、忽冷忽热）、持久与短暂（如几分钟热情）、情感的深厚与淡薄。主导心境指一段时间内支配性的主要情绪状态，如愉快乐观、精神饱满、抑郁低沉、消极悲观等。

（3）性格的意志特征。性格的意志特征指一个人是否具有明确的目的性，能否自觉地支配行为向预定目标努力的性格特征，如自觉性与盲目性、纪律性与散漫性、独立性与易受暗示性、自制力与冲动性、主动性与被动性、镇定与惊慌、果断与优柔寡断、勇敢与怯懦、坚韧性与动摇性等。

（4）性格的理智特征。性格的理智特征指在感知、注意、记忆、思维、想象等认识过程中表现出来的性格特征，如分析型与综合型、快速型与精确型、保持持久型与迅速遗忘型、深刻型和肤浅型、再造想象型与创造想象型等。

（二）性格的类型

性格类型是指一类人身上所共有的性格特征的独特结合。由于研究对象本身的复杂性，虽然有许多心理学家试图对性格类型进行划分，但至今还没有找到统一的人类原则和分类标准，自然更不会有统一的类型划分了。所以，只能就几种主要的类型划分做些简要的介绍。

1. 机能类型说

机能类型说是根据理智、情绪和意志三者各自在性格结构中所占优势的不同来确定性格类型的学说。它是由英国心理学家 A. Bain 和法国心理学家 T. Ribot 提出来的。由于这种类型分类的依据是何种心理机能占优势，所以被称为机能类型说。机能类型说主要把人分为以下类型。

理智型：以理智来衡量一切，并以理智来支配自己的行动。

情绪型：情绪体验深刻，言谈举止受情绪所左右，处理问题喜欢感情用事。

意志型：有明确的活动目的，行动坚定，具有主动性、积极性和持续性。

除了上述标准的类型外，还有介于三种类型之间的中间型，如情绪-理智型，意志-理智型等。

2. 向性说

向性说是按照个体心理活动的倾向来划分性格类型的学说。它是瑞士心理学家 C. G. Jung 最早以精神分析的观点来划分的性格类型学说，将人的性格分为外向型和内向型两种。

内向型性格：沉静谨慎，深思熟虑，顾虑多，反应缓慢，适应性差，情感深沉，交往面窄，较孤僻；长处是内在体验深刻，具有自我分析和自我批评精神。

外向型性格：主动活泼，情感外露，喜欢交际，热情开朗，不拘小节，独立性强，对外部事物比较关心；但比较轻率，缺乏自我分析和自我批评精神。

3. 独立-顺从说

独立-顺从说是按照个体的独立性程度来划分性格类型的学说。它是奥地利心理学家 A. Adler 根据精神分析的观点来划分性格类型的学说，主要把人的性格分为独立型和顺从型两种。

独立型：善于独立思考，有个人坚定的信念，有主见，能够独立发挥自己的力量；但喜欢把自己的意志强加于人。

顺从型：独立性差，易受暗示，缺少独立见解，容易盲从、随波逐流、屈从权势，遇到重大实践往往惊慌失措，逃避现实。

此外还有特性分析说、社会文化类型说等分类法。

二、性格在管理中的应用

性格是具有核心意义的个性心理特征，它是一个人社会本质的集中体现。在人的个性心理特征中，与能力、气质相比较，只有性格具有直接的社会意义。一个人的能力有大小，对社会的贡献各不相同，但如果有良好的性格特征，就可以勤勤恳恳、兢兢业业地把自己的力量奉献给社会。不同的气质特点不会影响人对社会所做出的贡献。性格则不同，它贯穿于人的全部行为之中，既表现出一个人对人、对事、对己的态度，又反映着他习惯性的行为方式，是一个人品德和世界观的具体标志、精神面貌的综合反映、社会本质的集中体现。人的性格特征直接影响着其人际关系、活动效果，具有直接的社会意义，因而可以作出优劣评价。例如，热情、真诚、友善的性格特征有助于建立良好的人际关系；而冷酷、虚伪、狡猾却会使人际关系恶化。可见，人的性格对组织活动的影响不可忽视。研究性格对管理理论和时间的影响，是组织行为学的应有之义。

首先，注重培养良好的职业性格。职业性格是各行各业的人们做好本职工作、胜任本职工作的心理动力。要用个体心理特征的性格规律性，培养教师热情、外倾、理智、独立的性格；培养律师客观、公正、正直的性格；培养工程技术人员认真、严谨、探索的性格；培养运动员顽强、自制、勇敢、果断的性格。结合各行各业的管理，研究与各行各业的管理有关的职业性格，培养人们良好的职业性格，以推动组织效能的提高。

其次，人事管理中的选人、用人要注意性格适应的合理性，把性格独立性过强的人，从协作要求高、配合要求严的岗位调离开；也要注意性格互补的合理性，对于具有不同的良好性格的人，发挥他们各自的性格特长，克服他们各自性格中的消极方面，使他们互相促进、互相鞭策、互相弥补，以推动管理工作。

最后，做人的思想工作时，要针对不同性格的人，运用不同的方式才能奏效。对于理智型的人，可以主动向其提供信息，让其自己通过判断思考改变思想认识；对于情绪型的人，应在"晓之以理"的基础上，更注意用典型的事例，"动之以情"地感化他，使其改变态度；对于独立型的人，要允许他独立思考，勿急勿躁，"以柔克刚"，切忌施以压力，强制其接受什么观点主张。

第四节　能力与行为

一、能力及其差异

（一）能力的概念

在现实生活中，每个人的能力是不一样的。有人过目成诵，有惊人的记忆力；有人下笔千言，一挥而就，有很高的写作能力；有人想象力丰富，异想天开，有别出心裁的创意；有人能歌善舞，有出类拔萃的艺术才能；有人善于规划设计；有人长于具体操作……在组织活动中，如何最大限度地发挥每个员工的能力，是领导者必须考虑的问题。

能力是指直接影响活动效率、使活动顺利完成的个性心理特征。

能力总是和人的学习、工作、劳动等具体活动相联系，要从活动的观点来考察。如节奏感、乐感是从事音乐活动必备的能力，准确估计空间比例的能力是绘画活动不可缺少的，等等。缺乏这些能力特征，就会影响有关活动的效率，甚至无法顺利完成这些活动。

能力与知识、技能是不同的。知识是人类社会实践经验的总结概括，技能是在理论或实践活动中经过练习而获得并巩固的某种基本操作或活动方式。知识、技能是社会发展中积累的公共财富，个人通过学习可以掌握其中的部分内容；能力则是个体心理特征之一，是掌握知识、技能的一种主观条件。能力和知识、技能的性质不同，但存在相互影响、相互促进的关系。

能力构成因素的研究是心理学研究的重要问题，称为"能力结构理论"，包括许多探索性的观点。按不同的标准可以对能力进行分类。

1. 按能力的倾向划分，有一般能力和特殊能力

一般能力指每一个个体完成一切活动都必须具备的共同能力，主要包括：①思维能力，指对事物进行分析、综合、抽象和概括的能力，在一般能力中起核心作用；②观察能力，指对事物进行全面细致的审视能力，主要指知觉能力；③语言能力，指个体描述客观事物的语言表达能力；④想象能力，包括再造想象和创造想象，它往往可以升华为特殊能力；⑤记忆能力，主要指个体积累经验、知识、技能的能力，是形成个性心理的重要心理条件；⑥操作能力，指通过人的各种器官，主要是手、脚、脑等并用解决人机协调、完成操作活动的能力。这些一般能力的稳定、有机的综合就是通常所说的智力，智力的核心是抽象概括能力，创造能力是智力的高级表现。特殊能力指个体从事某种专业活动应具备的各种能力有机结合而形成的能力，如教学能力、管理能力、教学能力、音乐能力等。特殊能力是在特殊活动领域中表现出来的。一般能力与特殊能力相互联系形成辩证统一的有机整体。一方面，个体从事某种职业或专业活动时，一般能力（智力）在特殊方面的独特发展，就成为特殊能力的组成部分；另一方面，在特殊能力得到发展的同时，一般能力也不断提高。这种事例也不胜枚举，具备特殊能力的数学家、科学家、哲学家和音乐家，他们的一般能力也会较快发展，而高于平常人。个体的能力通常是以一两种为主，兼备几种能力。特殊能力越精，一般能力越多，一个人所表现出来的才能就越大。

2. 按能力的创造性程度，可分为再造性能力和创造性能力

再造性能力是指能使人迅速地掌握知识，适应环境，善于按照原有的模式进行活动的能力。这种能力符合学习活动的要求，如记忆力、认知能力等。创造性能力是指具有流畅、独特、变通、创新及超越平常的思考与活动的能力，这种能力符合创造活动的要求。

3. 从能力测验的观点来看，有实际能力与潜在能力之分

实际能力是指实际作业已能熟练到某种程度而言。通常采用成就测验来评量个人（或团体）经由某种训练（或教育）之后，在知识或技能方面达到的成就，就是考查人的实际能力的高低。潜在能力是指人将有机会学习或接受训练时，可能达到的程度。通常采用性向测验来预测或估计个人如果接受训练可能在知识或技能方面达到的程度。

20世纪90年代初，美国心理学家P. Salovey和J. Mayer把"情绪智力"（emotional intelligence）从人类的智慧中分离出来，并把它界定为人的社会智能的一种类型。这一理论的提出受到了社会各界的广泛关注。二人提出的情绪智力的内容结构主要包括：①情绪知觉、评价和表达能力；②思维过程中的情绪促进能力；③理解与分析情绪可获得情绪知识的能力；④对情绪进行有效调控的能力等。P. Salovey和J. Mayer认为，情绪智力以自我意识为基础，包括乐观、同情心、情绪自制、情绪伪装等，情绪智力影响和支配着人的决策和行为，对人的成就具有决定性意义。

(二) 能力的个别差异

不同的人能力是有差别的，这是不以人的意志为转移的客观存在。认识到这种差异，就能选贤举能，促进事业发展。但是，识别人的能力差异是一个极为复杂、困难的问题。"千里马常有，而伯乐不常有"表达了对这一问题无可奈何的感叹；"黄钟废弃，瓦釜雷鸣"抒发了对无能者当道、怀才者不遇的愤懑；"冯唐易老，李广难封"是仁人志士报国无门的千古绝唱。可见，能力差异的准确识别有迫切的社会需要。

在社会生活中，人的能力差异是多方面的，主要有以下几种。

1. 能力发展的水平差异

不同人的能力发展程度存在明显的差异。这可以从具有一致标准的一般能力方面来衡量。有人智力超常，有人智力低弱，多数人处于中间状态。心理学家经过大量研究，基本上得到一个共同的结论：全人类的智力基本上呈正态分布，"两头小"，即能力低下者、才能卓越者极少；"中间大"，一般能力者占绝大多数。

对能力水平差异的细致区分可以通过能力测验来进行。为了客观、定量测定人的能力水平，心理学家研究出各种各样的测验方法，如速度测验、语言测验、创造力测验、特殊能力测验、智力测验、情绪智力测验等。比较常用的是智力测验。

智力测验也称一般能力测验，是法国心理学家 A. Binet 和 T. Simon 于 1905 年首创的，经过心理学界不断的修订完善，用以测量人的智力，尤其是儿童的智力。在常用的斯丹福—比奈量表中，采用智力年龄（心理年龄，MA）代表智力达到的年龄水平；它与实足年龄（生理年龄，CA）的比称为智力商数（简称智商，IQ），代表被试者的智力水平，其计算公式如下：

$$IQ = (MA/CA) \times 100 \qquad (2-1)$$

智商为人的普通心智机能提供了一种综合指数，法国心理学家 L. M. Terman、美国心理学家 D. Wechsler（韦克斯勒）等人都通过智商研究了人的智力分布，说明了智力差异的常态曲线分布。韦克斯勒幼儿智力量表如表 2-3 所示。

表 2-3 韦克斯勒幼儿智力量表

IQ	类别	百分比/%
130 以上	超常	2.2
120~129	优秀	6.7
110~119	中上（聪明）	16.1
90~109	中等	50
80~89	中下（迟钝）	16.1
70~79	低能边缘	6.2
69 以下	智力缺陷	2.2

我国心理学界 20 世纪 80 年代初对 22.8 万个儿童的智力进行了普查。调查发现，超常儿童和痴呆儿童各占 3% 左右。

智力测试在人才选拔、职业指导、儿童教育、临床诊断等方面得到许多应用，成为度量智力水平的普遍标准。但也引发了许多争论，许多人对智力测验能否测出真正的智力提出质疑。纽约在 1974 年废除了智力测验；加利福尼亚州法院通过法令，限制智力测验的施行。

因此，用智力测验了解儿童智力发展状况是可行的，但不能绝对化，不能完全用智商断定儿童的智力，必须结合一个人学习、工作中的能力表现进行全面评价。

20世纪80年代初，美国心理学家嘉德纳对传统的智力测验提出质疑，认为智商测量中所界定的智力，在概念上太窄，只适用于书本知识的学习能力。他提出了多元智能结构理论，并把人的智能分为理性认知和非理性的情感体验能力。

20世纪90年代，P. Salovey和J. Mayer把"情绪智力"从人类的智慧中分离出来，并把它界定为人的社会智能的一种类型。这一理论的提出受到了社会各界的广泛关注。他们提出的情绪智力的内容结构主要包括：

（1）情绪知觉、评价和表达能力；

（2）思维过程中的情绪促进能力；

（3）理解与分析情绪可获得情绪知识的能力；

（4）对情绪进行有效调控的能力；等等。

P. Salovey和J. Mayer认为，情绪智力以自我意识为基础，包括乐观、同情心、情绪自制、情绪伪装等，情绪智力影响和支配着人的决策和行为，对人的成就具有决定性意义。

目前，美国进行的情绪智力测试中影响较大的有三种：一是乐观测试；二是PONS测试；三是能力测量。

乐观测试的目的是了解人的价值状况，它是由马丁·塞格曼设计的，通过问题的方式来进行测试。乐观测试首次被应用于对一家保险公司新雇员的测试，通过测试发现，获得乐观测试高分者（但在公司常规测试中失败者）要比在乐观测试中失败者（但在公司常规测试中成功者）的保险销售额好得多。

PONS测试全称为profile of nonverbal sensitivity，其目的是测试个人情绪的能力。其基本方法是将一些人的情感肖像如愤怒、嫉妒、感激等进行编辑处理，让受试者通过图片提供的线索，来判断这些人的情绪。获得PONS高分者在社交和工作中有成功的倾向。

能力测量是对能力的个体差异进行研究的定量手段，是心理学研究科学化的反映。但是，作为个性心理特征的能力，与其他心理因素一样，有其固有的特殊性。这使能力测量不可能像物理测量那样稳定和准确。由于人的能力结构的复杂多样性，人的主观努力和个体实践、环境、教育等因素都在不断变化中，各种工作对人的能力要求也往往大相径庭。因此，考察人的能力差异必须把定量研究和定性分类相结合，把横向研究和追踪研究相结合，才能对人的能力差异作出客观准确的评价。

2. 能力类型的差异

能力类型的差异即指能力质的差异，主要表现在：

（1）能力的知觉差异。这是反映人们在知觉方面有分析型、综合型和分析综合型的区别。分析型者对事物细节感知清晰，而对整体感知较差；综合型者则正好相反；分析综合型兼而有之。

（2）能力的记忆差异。能力的记忆差异主要指人们在表象和记忆方面有听觉型、视觉型、动觉型和混合型的区别。视觉型的特点是视觉表象清晰；听觉型的特点是听觉表象占优势；动觉型是指对动作感受深刻；混合型是指各种记忆综合使用效果好。

（3）能力的思维差异。能力的思维差异是指在思维方面人们有抽象思维、形象思维、逻辑思维等的区别。

心理学上,能力类型的差异可以通过对特殊能力的各种测验来定量反映。如在航空心理学中,通过感知辨别、空间定向、注意力分配、反应灵活性、动作协调、情绪以及性格特点等方面来测定人的飞行能力,作为飞行人员选拔和训练的参考。

3. 能力发展早晚的差异

这是指个体能力发展的年龄阶段的差异。有的人在儿童或少年阶段,某种能力方面就达到相当高的水平,即所谓"早熟""少年早慧"。这样的事例古今中外屡见不鲜,如莫扎特3岁发现三度音程,5岁作曲,6岁登台演奏,12岁创作大型歌剧;控制论创始人维纳4岁学习,14岁毕业于哈佛大学;等等。相反,有些人的突出能力到了中年以后甚至晚年阶段才表现出来,达到很高的水平,被称为"大器晚成"。如我国著名画家齐白石40岁才表现出绘画才能;达尔文青年时被认为智力低下,50岁写出《物种起源》,成为进化论的创始人。这些状况表明了个体能力发展的早晚差异。

科学计量学的研究结果表明,人的能力发展有早晚的差异,但就大多数人来说,存在一个创造与成就的最佳年龄区间。美国学者 Lehman 曾研究了几千名科学家、艺术家、文学家的成就与年龄的关系,发现 25~40 岁是创造的峰值年龄区间,这与心理学家的分析吻合。莱曼进一步研究了不同学科的最佳创造平均年龄,如表 2-4 所示。

表 2-4 各学科最佳创造平均年龄表

学科	最佳创造平均年龄/岁	学科	最佳创造平均年龄/岁
化学	26~36	声乐	30~34
数学	30~34	歌剧	35~39
物理学	30~34	诗歌	25~29
实用发明	30~34	小说	30~34
医学	30~39	哲学	35~39
植物学	30~34	绘画	32~36
心理学	30~39	雕刻	35~39
生理学	35~39		

可见,对多数人来说,青、中年时期是能力表现的突出阶段,许多科学家的重要发现和发明都是产生于风华正茂、思维最敏捷的青年时期,这是一条普遍性的规律。如表 2-5 所示。

表 2-5 年龄段与做出创造的人数、项数关系表

年龄段/岁	做出第一项重大创造的人数	做出重大创造的项数	年龄段/岁	做出第一项重大创造的人数	做出重大创造的项数
16~20	21	21	41~45	166	278
21~25	110	119	46~50	106	201
26~30	233	294	51~55	63	117
31~35	253	328	56~60	36	83
36~40	218	363	61~65	20	44

二、能力差异在管理上的应用

研究个体的能力结构和能力差异,有助于管理者发现人才,量才用人,合理分工,达到人尽其才、人尽其用的理想境界,提高组织活动的绩效。为此,组织活动中要注意处理好下列问题。

(一)合理招聘人才,量才录用

一个好的管理者并不是谋求把能力最优者聚集在自己的周围,而是在正确确定本企业所需要的能力标准,谋求适应该组织能力标准的人才。只有这样才能既不浪费人才,又能提高工作效率。这几年,有的领导者片面理解"企业竞争的根本是人才的竞争",大量招聘高学历人才,结果用非所学,既增加内耗,提高了管理成本,又浪费了人才。

(二)人的能力要与职务相匹配

不同性质的组织工作,不同层次的管理者,需要有不同的能力。作为管理者,一般必须具备决策能力、人际关系能力、技术业务能力。但处在不同层次的管理者,对上述三者能力要各有侧重。担任高层职务的管理者应侧重于决策、计划、指挥、协调等组织管理能力;担任基层职务的管理者应侧重于业务、技术、事务性能力;同时他们又都应该兼顾协调人际关系的能力。人的能力与工作、职务应该相匹配,而不能"高职低能",用庸才,造成管理低水平、工作低效率。

(三)人的能力要互补

人与人之间的能力是有类型差异的,这种差异不仅是客观的,而且是普遍的。一个团体中,特别是领导班子中,要有不同能力特点的人互相搭配,相得益彰。要有"运筹于帷幄之中,决胜于千里之外"、指挥有效、控制有方的"帅才";要有能率部下冲锋陷阵的"将才";要有"泥瓦匠式"的协调人才;要有各种一技之长的专门人才,并且这些人才的能力形成有效的"合力",才能保证组织的战斗力。

(四)有效地加强员工能力培训是组织管理的重要内容

现代社会,知识更新速度加快,员工培训已成为组织管理工作的重要内容。由于人的两种能力——一般能力和特殊能力,对各类组织工作都有直接和间接的促进作用,而员工能力结构又各不相同,因此,必须依据人的能力差异,因材施教,组织培训,以有效提高员工的观察能力、思维能力、分析能力、计算能力、想象能力、创造能力等一般能力;要通过不断的专业知识教育和专业技能教育,提高人们的业务能力、技术能力、事务性工作能力等特殊能力。以此来保证组织队伍的素质不断提高,基础工作不断加强,使人力资源成为组织持续发展的源泉。

(五)用人艺术的关键是发挥人的能力

每个个体的心理特征中,都有积极因素和消极因素,问题是领导者(用人者)如何对待它。如果只盯住一个人的消极面就不能识别人的长处,就发挥不出他的能力来。所以,用人关键是发挥所用之人的能力,就是用人所长,避其所短。全面了解人的能力特点,不拘一格,用人之长,择优选拔。

(六)建立有效的人才竞争选拔制度

要努力打破陈腐的用人观念,引入竞争机制,建立依照工作绩效择优选拔制度,使人才脱颖而出。建立竞争性的人才选拔制度,使优秀的年轻人脱颖而出已是促进我国各方面创新工作的当务之急。

任何组织活动，无论是具体的作业工作，还是管理活动，都是通过人来实现的。靠人去工作，主要是靠人的能力去工作。无数事例证明，使一个人的能力得以充分发挥，可以大大增强人的归属感、荣誉感、成就感，是最有效的激励人才的手段。管理者应力求使每个人的能力得到充分发挥，八仙过海，各显神通。做到这一点，在其他条件基本具备的情况下，事业就能蒸蒸日上、战无不胜。

第五节　知觉与行为

一、知觉的概念与特性

（一）知觉与感觉

1. 感觉

感觉是客观刺激作用于感觉器官所产生的对事物个别属性的反映。

人对客观事物的认识是从感觉开始的，它是最简单的认识形式。例如，当苹果作用于我们的感觉器官时，我们通过视觉可以反映它的颜色；通过味觉可以反映它的酸甜味；通过嗅觉可以反映它的清香气味，同时，通过触觉可以反映它表面的光滑和圆润。人类是通过对客观事物的各种感觉认识到事物的各种属性。

感觉不仅反映客观事物的个别属性，而且也反映我们身体各部分的运动和状态，如我们可以感觉到双手在举起，感觉到身体的倾斜，以及感觉到肠胃的剧烈收缩等。

2. 知觉

知觉是一系列组织并解释外界客体和事件的产生的感觉信息的加工过程。对客观事物的个别属性的认识是感觉。对同一事物的各种感觉的结合，就形成了对这一事物的整体认识，也就形成了对这一事物的知觉，知觉是直接作用于感觉器官的客观物体在人脑中的综合反映。

3. 知觉和感觉的区别和联系

感觉和知觉既有区别，又有联系。

感觉和知觉有相同的一面。它们都是对直接作用于感觉器官的事物的反映，如果事物不再直接作用于我们的感觉器官，那么我们对该事物的感觉和知觉也将停止。感觉和知觉都是人类认识世界的初级形式，知觉是在感觉的基础上产生的，没有感觉，也就没有知觉。

但知觉并不是感觉的简单相加，与感觉相比较，知觉又具有不同的特征。

第一，知觉反映的是事物的意义，知觉的目的是解释作用于我们感官的事物是什么，是一种对事物进行解释的过程。

第二，知觉是对感觉属性的概括，是对不同感觉通道的信息进行综合加工的结果，所以知觉是一种概括的过程。

第三，知觉含有思维的因素。知觉是人主动地对感觉信息进行加工、推论和理解的过程。可以说感觉是知觉的基础，知觉是感觉的深入。

总之，知觉并不是各种感觉的简单总和，知觉属于高于感觉的感性认识阶段。

（二）知觉的基本特性

1. 相对性

知觉是个体与其已有经验为基础，对感觉所获得资料而做出的主观解释，因此，知觉也常被称为知觉经验。知觉经验是相对的。我们看见一个物体存在，物体周围其他刺激的性质与两者之间的关系，势必影响我们对该物体所获得的知觉经验。形象与背景是知觉相对性最明显的例子。在一般情形下，形象与背景是主副的关系：形象是主题，背景是衬托。图 2-2 是典型的知觉相对性的例子。

如图 2-2 所示，黑白相对两部分均有可能被视为形象或背景，如将白色部分视为形象，黑色为背景，该形象可解释为烛台或花瓶；相反，则可解释为两个人脸侧面的投影像。

2. 选择性

客观事物是多种多样的，在特定时间内，人只能感受少量或少数刺激。而对其他事物只作模糊的反应，这就是知觉的选择性。被选为知觉内容的事物称为对象，其他衬托对象的事物称为背景。某事物一旦被选为知觉对象，就好像立即从背景中凸显出来，被认识得更鲜明、更清晰。一般情况下，面积小的比面积大的、被包围的比包围的、垂直或水平的比倾斜的、暖色的比冷色的，以及同周围明晰度差别大的东西都较容易被选为知觉对象。即使是对同一知觉刺激，如观察者采取的角度或选取的焦点不同，亦可产生截然不同的知觉经验。图 2-3 说明了知觉的选择性。

图 2-2　知觉的相对性

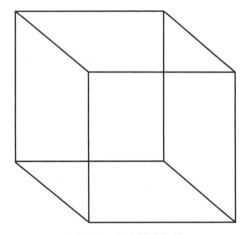

图 2-3　知觉的选择性

图 2-3 为一立方体，但仔细观察就会发现，这个立方体与你最接近的一面随时都在改变。此种可以引起截然不同知觉经验的图形，称为可逆图形。事实上，图形本身并未改变，只是由于观察者着眼点的不同而产生了不同的知觉经验。

3. 整体性

知觉的对象都是由不同属性的许多部分组成的，人们在知觉它时却能依据以往经验组成一个整体。知觉的这一特性就是知觉的整体性（或完整性）。例如，一株绿树上开有红花，绿叶是一部分刺激，红花也是一部分刺激，我们将红花绿叶合起来，在心理上所得的美感知觉，超过了红与绿两种物理属性之和。

知觉并非感觉信息的机械相加，而是源于感觉又高于感觉的一种认识活动。当人感知一个熟悉的对象时，只要感觉了它的个别属性或主要特征，就可以根据经验而知道它的其他属性或特征，从而整个地知觉它。如果感觉的对象是不熟悉的，知觉会更多地依赖于感觉，并以感知对象的特点为转移，而把它知觉为具有一定结构的整体。

知觉的整体性纯粹是一种心理现象。有时即使引起知觉的刺激是零散的，但所得的知觉经验仍然是整体的。图2-4中图形，可用来作为此种心理现象的说明。从客观的物理现象看，这个图形不是完整的，是由一些不规则的线和面所堆积而成的。可是，图片却显示出其整体意义。图中是由白方块与黑十字重叠，再覆盖于四个黑色圆上所形成。我们都会发现，居于中间第一层的方形虽然在实际上没有边缘，没有轮廓，可是，在知觉经验上却都是边缘最清楚、轮廓最明确的图形。像此种刺激本身无轮廓，而在知觉经验上却显示"无中生有"的轮廓，称为主观轮廓（subjective contour）。由主观轮廓的心理现象看，人类的知觉是极为奇妙的。这种现象早为艺术家应用在绘画与美工设计上，使不完整的知觉刺激形成完整的美感。

图2-4 知觉的整体性

4. 恒常性

在不同的角度、不同的距离、不同明暗度的情境之下，观察某一熟知物体时，虽然该物体的物理特征（大小、形状、亮度、颜色等）因受环境影响而有所改变，但我们对物体特征所获得的知觉经验，却倾向于保持其原样不变的心理作用。像这种外在刺激因环境影响使其特征改变，但在知觉经验上却维持不变的心理倾向，即为知觉恒常性。

在视知觉中，知觉的恒常性表现得非常明显。如从不同距离看同一个人，由于距离的改变，投射到视网膜上的视像大小有差别，但我们总是认为大小没有改变，仍然依其实际大小来知觉他。又如，一张红纸，一半有阳光照射，一半没有阳光照射，颜色的明度、饱和度大不相同，但我们仍知觉为一张红纸。正由于知觉具有恒常性，才使我们能客观地、稳定地认识事物，从而更好地适应环境。

另外，我们都有经验，雷声或火车的鸣笛声，如只按生理的听觉资料判断，远处的雷声或火车笛声，其音强未必高于近处的敲门声。可我们总觉得雷声或火车笛声较大。这就是声音的恒常性。又如身体的部位随时改变，有时将头倾斜，有时弯腰，有时伏卧，甚至有时倒立。身体部位改变时，与身体部位相对的外在环境中上下左右的关系也随时改变，但我们都有经验，身体部位的改变一般不会影响我们对方位的判断。此种现象就称为方向恒常性，这与内耳中的前庭与半规管的功能有关。

如图2-5所示，在不同角度观察一扇门时，门从完全关闭到完全打开的过程，都会觉得它是一个长方形的门。

5. 组织性

在感觉资料转化为心理性的知觉经验过程中，显然是要对这些资料经过一番主观的选择处理，这种主观的选择处理过程是有组织性的、系统的、合于逻辑的，而不是紊乱的。因此，在心理学中，称此种由感觉转化到知觉的选择处理历程为知觉组织（perceptual organi-

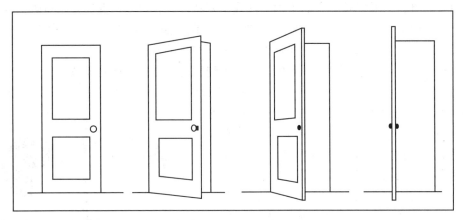

图 2-5 知觉的恒常性

zation)。心理学的格式塔理论（Gestalt theory）认为，知觉组织法则主要有如下四种。

相似法则：在知觉场地中有多种刺激物同时存在时，各刺激物之间在某方面的特征（如大小、形状、颜色等）如有相似之处，在知觉上即倾向于将之归属于一类。如图 2-6 所示，在方阵中，圆点与斜叉各自相似，很明显地被看成是，由斜叉组成的大方阵当中另有一个由圆点组成的方阵。此种按刺激物相似特征组成知觉经验的心理倾向称为相似法则（law of similarity）。

接近法则：有时候，知觉场地中刺激物的特征并不十分清楚，甚至在各刺激物之间也找不出足以辨别的特征。在此种情境之下，我们常根据以往经验，主观地寻找刺激物之间的关系，借以增加其特征，从而获得有意义的或合于逻辑的知觉经验。如图 2-7 所示，A 图与 B 图同样是由 20 个圆点组成的方阵，如单就各个圆点去看，它们之间不容易找出可供分类组织的特征。但如仔细观察，两图中点与点之间的间隔距离不尽相等；A 图中两点之间的上下距离较其左右间隔为接近，故而看起来，20 个点自动组成四个纵列。B 图中两点之间的左右间隔较其上下距离为接近，故而看起来是 20 个点自动组成四行。此种按刺激物间距离关系而组成知觉经验的心理倾向称为接近法则（law of proximity）。

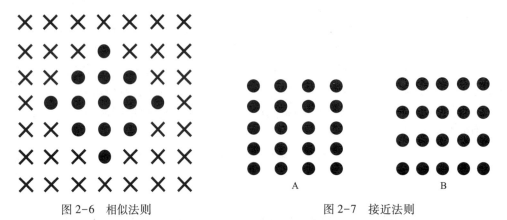

图 2-6 相似法则　　　　　　　图 2-7 接近法则

闭合法则：如果知觉场地的刺激物表面看来虽各有其可供辨别的特征，但如仅凭此等特征，仍不能确定刺激物之间的关系。此时，观察者常运用自己的经验，主动地为之补充

（或减少）刺激物之间的关系，从而增加它们的特征，以便有助于获得有意义的或合于逻辑的知觉经验。如图 2-8 所示，乍看之下，图中只是有些不规则的黑色碎片和一些只有部分连接的白色线条。但如仔细察看，就会觉得，那是一个白色立方体和一些黑色圆盘；也可能觉得，那是白色立方体的每一拐角上有一个黑色圆盘。假如你的知觉经验确是如此，那你的知觉心理倾向就符合闭合法则（law of closure）。在这里，知觉刺激物本身的条件并不闭合，也不连接，是观察者把不闭合的三块黑色无规则的图片看成一个完整的黑色的圆盘；同时把很多不闭合不连接的白色线条在心理上连起来，闭合而成一个白色立方体。事实上，八个黑色圆盘也好，一个白色立方体也好，在实际的图形中根本是不存在的，只有在观察者的知觉经验中存在，而此种存在是根据闭合法则建立起来的。

图 2-8 闭合法则

连续法则：与闭合法则类似的是连续法则（law of continuity）。如图 2-9 所示，一般人总是将它看成是一条直线与一条曲线多次交会而成；没有人会看成是多个不连接的弧形与一横线构成。由此可知，知觉上的连续法则所指的"连续"，未必指事实上的连续，而是指心理上的连续。知觉上的连续法则在绘画艺术、建筑艺术以及服装设计上早已广泛应用。以实物形象上的不连续使观察者产生心理上的连续知觉，从而形成更多的线条或色彩的变化，借以增加美的表达。听知觉也会有连续心理组织倾向。多人一起合唱，或多种乐器合奏，有音乐修养的人，不会把不同声音混而为一，而是分辨出每一种声音的前后连续。

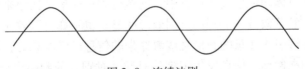

图 2-9 连续法则

二、社会知觉与归因

（一）社会知觉

社会知觉（social perception）就是个体在社会环境中对他人的心理状态、行为、动机和意向（社会特征和社会现象）的知觉，在社会知觉领域，由于知觉的主体、客体都是人，具有强烈的主观能动性，因而社会知觉非常复杂，双方的关系、相对地位、价值观念、个性、社会经验和知觉对象行为的真实程度等,都可能成为重要的影响因素。

(二) 归因

归因（attribution）是指人们对他人或自己行为原因的推断、推论过程,具体地说,就是观察者对他人的行动过程或自己的行为所进行的因果解释和推论。

归因可以分为内部归因和外部归因。内部归因是指在个体控制能力之内的内部责任来源,如个体的能力、技术、内部激励性格等;外部归因是指在个体控制能力之外的外部责任来源。

三、社会知觉与偏差

个体在长期的知觉和解释他人活动的过程中,形成了一些特定的、很有价值的技术手段,能使我们迅速进行比较正确的知觉,然而他们常常并不可靠,可能带来社会知觉的偏差和错觉,下面就是一些常见的知觉偏差效应。

1. 选择性知觉与知觉防御

选择性知觉是指人们选择那些与自己的个性、定型的知觉及其心理预期相同或相似的东西,而本能的忽略或歪曲那些使他们觉得不舒服或威胁到他们观点的信息。选择性知觉使我们能快速地解释他人。但这可能是危险的,因为我们看到的是自己想看到的东西。在一些极端的情形中,我们的情绪过滤掉大量威胁我们信仰和价值观的信息,这一现象被称为知觉防御。这句防御在保护我们自尊的同时,也可能形成一种减缓压力的短期机制。

2. 首因效应

首因效应是指人们在对他人总体印象的形成过程中,最初获得的信息比后来获得的信息影响更大的现象。这种效应告诉管理者,一方面在看待别人时,一定要避免受第一印象的不良影响,看人不能先入为主,要有发展的眼光,以第一印象为先导,连续观察感知,反复深入甄别,防止对人的错误判断和错误结论;另一方面,凡是管理者,一定要注意给自己的部下留下良好的第一印象,这又确实是今后更好地开展工作的良好基础。

3. 晕轮效应

晕轮效应也称光环效应,是指在知觉过程中,通过获得知觉对象的某一行为特征的突出印象,而将其扩大为整体的认知活动,晕轮效应是对别人认知的一种偏差,实质上是以点带面的思想方法。美国社会心理学家阿希以实验证明了晕轮效应,这种效应往往在对道德品质的知觉中表现得很明显。

4. 近因效应

近因效应是指在总体印象形成的过程中,就新近获得的信息比原来获得的信息影响更大的现象,研究证明,经营效益一般不如首因效应明显,也不如首因效应普遍。在印象形成的过程中,当不断有足够引人注意的新信息或者原来的信息已经淡忘时,新近获得的信息的作用就会较大;当人们在回忆旧信息发生困难的时候,对别人的判断主要依赖于目前的情境,就会发生近因效应。个性特点也影响近因效应的发生,一般心理上开放、灵活的人比较容易受到近因效应的影响。

5. 定型效应

定型效应是人们在头脑中把形成的对某类知觉对象的形象固定下来,并对以后有关该对象的知觉产生强烈影响的效应。人们在社会生活实践中,不断地感知某类对象,因而对该种对象性逐渐形成了固定化的印象,包括对不同的年龄、民族、职业、社会角色都形成固定的印象，这就是我们意识中的定型效应。在组织管理工作中，注意利用定型效应的积极方面，克服定型效应的消极方面。如对于工作程序、教学程序、日常事务性工作等都要培养起人们的定型效应，使工作有序进行，而对于认识上的偏见、交往中的误解、体制上的弊端造成的定型效应，要实事求是地纠正。

四、知觉与管理

知觉是人脑对直接作用于感官的事物的整体反应，是个体对知觉对象的独特描绘和解释。由于个体行为的基础并不是外界的真实环境，而是它看到的知觉到的外界环境。影响知觉准确性的因素很多，既有知觉者自身的兴趣爱好、需要动机、知识经验、个性特征等主观因素，也有知觉对象的本身特征、对象组合、背景等客观因素，并受到情境因素的干扰。

讨论题

1. 什么叫个性？它有哪些特点？
2. 影响个性形成与发展的因素有哪些？
3. 性格的含义和特点是什么？性格有哪些分类？
4. 什么是能力？如何衡量个体的能力差异？
5. 举例说明影响能力发展的因素。

【小测试】

气质测试

气质测量表指导语：请认真阅读下列各题，对于每一题，你认为非常符合自己情况的记"+2"，比较符合的记"+1"，拿不准的记"0"，比较不符合的记"-1"，完全不符合的记"-2"。

1. 做事力求稳妥，一般不做无把握的事。
2. 遇到可气的事就怒不可遏，想把心里话全说出来才痛快。
3. 宁可一个人干事，不愿很多人在一起。
4. 到一个新环境很快就能适应。
5. 厌恶那些强烈的刺激，如尖叫、噪声、危险镜头等。
6. 和别人争吵时总是先发制人，喜欢挑衅别人。
7. 喜欢安静的环境。
8. 善于和别人交往。
9. 是那种善于克制自己感情的人。
10. 生活有规律，很少违反作息制度。
11. 在多数情况下，情绪是乐观的。
12. 碰到陌生人觉着很拘束。
13. 遇到令人气愤的事，能很好地自我克制。
14. 做事总是有旺盛的精力。
15. 遇到事情总是举棋不定，优柔寡断。
16. 在人群中从不觉得过分拘束。

17. 情绪高昂时，觉得干什么都有趣；情绪低落时，又觉得干什么都没意思。
18. 当注意力集中于一事物时，别的事很难使我分心。
19. 理解问题总比别人快。
20. 碰到问题总有一种极度恐怖感。
21. 对学习、工作怀有很高热情。
22. 能够长时间做枯燥单调的工作。
23. 符合兴趣的事情，干起来劲头十足，否则，就不想干。
24. 一点小事就能引起情绪波动。
25. 讨厌那种需要耐心细致的工作。
26. 与人交往不卑不亢。
27. 喜欢参加热闹的活动。
28. 爱看感情细腻、描写人物内心活动的文艺作品。
29. 工作学习时间长了，常感到厌倦。
30. 不喜欢长时间谈论一个问题。
31. 愿意侃侃而谈，不愿窃窃私语。
32. 别人总是说我闷闷不乐。
33. 理解问题常比别人慢些。
34. 疲倦时只要短暂休息就能精神抖擞，重新投入工作。
35. 心理有话，宁愿自己想，不愿自己说出来。
36. 认准一个目标，就希望尽快实现，不达目的，誓不罢休。
37. 学习或工作同样一段时间后，常比别人更疲倦。
38. 做事有些莽撞，不考虑后果。
39. 老师或他人讲授新知识、技术时总希望他讲得慢些，多重复几遍。
40. 能够很快忘记那些不愉快的事情。
41. 做作业或完成一项工作总比别人花时间多。
42. 喜欢运动量大的剧烈体育活动，或者参加文艺活动。
43. 不能很快地把注意力从一件事情上转移另一件事情上去。
44. 接受一个任务后，就希望把它迅速解决。
45. 认为墨守成规比冒险强。
46. 能够同时注意几件事物。
47. 当我烦恼时，别人很难使我高兴起来。
48. 爱看情节起伏跌宕、激动人心的小说。
49. 对工作认真严谨，始终一贯的态度。
50. 和周围人的关系总是相处不好。
51. 喜欢复习学过的知识，重复做数量的工作。
52. 喜欢做变化大、花样多的工作。
53. 小时候会背的诗歌，我似乎比别人记得清楚。
54. 别人说我"出语伤人"，可我并不觉得这样。
55. 在体育活动中，常因反应慢而落后。

56. 反应敏捷，头脑机智。
57. 喜欢有条理而不甚麻烦的工作。
58. 兴奋的事常使我失眠。
59. 老师讲新概念，常常听不懂，但弄懂以后就很难忘记。
60. 假如工作枯燥，马上就情绪低落。

第三章 态度、价值观与行为

【课前案例】

著名社会心理学家勒温（Lewin）在第二次世界大战期间比较了两种让家庭主妇购买不受欢迎的食品的方法的优劣。第一种方法是由能言善辩的人向主妇们讲解上述食品的营养价值，以及食用这些食品对国家的贡献。第二种方法是让主妇们进行群体讨论，讨论的结果是大家一致决定购买。一段时间后，派人调查实际购买情况。结果发现，听讲解的主妇只有3%的人购买了上述食品，而参与群体讨论的主妇有32%购买了原先不爱吃的上述食品。这说明，通过活动能改变一个人的态度。

第一节 态度与行为

一、态度概述

（一）态度的定义

态度是关于客观事物、人和事件的评价性陈述——喜欢或不喜欢。它反映了一个人对某些事物的感受。当有人说"我喜欢我的工作"时，他就是在表达他对工作的态度。也就是说态度指的是对特定对象的情感判断。个人之所以保持某种态度，是因为他可以从态度中得到好处。态度可帮助人将自己的知识、经验、信心组织起来，变得富有意义。它能作为一种参考框架使个人所见所闻变得确切而恰当。

（二）态度的心理成分

态度由认知、情感和意向三种成分组成，而且缺一不可。

认知成分是指人对事物的看法评价以及带评价意义的叙述。它包括个人对某一对象的理解、认知以及肯定与否定的评价。态度中包含的理解、认知是主观的，无论是否符合实际。如主管认为一个员工在有效进行某项操作之前，应该进行一周的培训，就反映了主管对培训的态度，实际上可能四天培训就可以了。态度中包含的肯定或否定的评价是一种认知体系。例如，"歧视是错误的"就是一种信念的价值体系，与价值观有密切关系。认知成分直接或间接地涉及态度表达。例如，"提高员工工作满意度可以提高组织的工作绩效"是直接赞成的鲜明观点，而"强调数量最容易使人忽视质量"则是间接不赞成的态度。所以态度不等于认知，但含有认知倾向。

情感成分即人对事物的好恶，带有感情色彩和情绪特征。人的喜爱或讨厌、热爱或憎恶、尊敬或蔑视、耐心或厌烦、热情或冷淡、谦逊或骄横等，都反映出人的态度。例如，

"我不喜欢张经理，因为他歧视民工"。态度与情感不能画等号，但态度含有情感倾向，情感情绪可以直接反映出态度。

意向成分即人对事物的行为准备状态和行为反映倾向。态度不同于行为，但态度含有行为倾向，人的行为反映其态度。接着上面的例子，"由于我对张经理的感受，我可能会选择避免和他来往"。

态度的三种成分之间的关系是复杂的。一般情况下，三者是协调一致的。如对工作的重要意义认知清楚，在情感上就会表现为热爱工作，表现在行为上是专心致志、认真负责，甚至是废寝忘食。但三种成分之间也可能不一致。例如，往往有人说"理智地说，某一制度或者政策是正确的，但感情上我难以接受，因而行为就有抵触"。这就表明了三者的不协调。

态度的情感成分是关键部分，我们下面讲的态度主要指情感成分。一个人不能看到一个人的情感或者认知，它们只能靠推断。例如，当主管安排一名新员工参加一次为期两周的培训时，可以推断：这名主管对于所需要的培训时间有强烈的感觉；这个主管认为这样一次培训是必要的。由于真实态度难以直接观察，所以在组织行为研究中，理解态度形成的前提是非常重要的。

（三）态度的特征

员工的态度主要有三个特征：两极性、稳定性和参照性。

1. 两极性

两极性是指人的态度总是处在两个相对的位置上：积极的态度或消极的态度。完全不偏不倚的中立态度是没有的。

积极的态度包括肯定的态度、赞成的态度、支持的态度等。积极的态度会导致积极的行为，如参加、接近、支持等。

消极的态度包括否定的态度、反对的态度、抵制的态度等。消极的态度会导致消极的行为，如躲避、抗议、破坏等。

2. 稳定性

稳定性是指人的态度一旦形成就相当稳定。人的态度是在感知的基础上形成的，一般来说，某种态度的形成需要一定的时间，一旦形成，在一段时期内就会显得相对稳定。但是这种稳定不是不能改变的。

3. 参照性

参照性是指人对某一事物的态度总是受其他相关态度群的影响。一个人处在包罗万象的大千世界中，会对许许多多事物形成各种各样的态度，这些态度的全部综合为个体的态度群。每个人的态度群都有差异，每个人的每种态度或每种行为都会受到态度群的影响。

（四）态度的类型

组织行为学对态度研究的注意力集中在有限的、与工作相关的几种态度上。这些态度包括员工对工作环境等方面的评价，主要研究的三种态度是工作满意度、工作参与度与组织承诺。

1. 工作满意度

工作满意度是指员工由于对工作特点进行评估而产生的对工作的积极感觉。如果员工拥有较高的工作满意度，说明他对该工作持积极的态度；如果员工的工作满意度较低，说明他对该工作持消极的态度。人们在谈论员工的态度时，往往是指工作满意度，因此，这两个词经常可以互换。

2. 工作参与度

工作参与度是指个体从心理上对其工作的认同程度以及认为他的绩效水平对自我价值的重要程度。工作参与度高的员工对于工作有强烈的认同感，并非常在意自己的工作。心理授权与工作参与度密切相关，是指员工对工作环境、工作能力、工作意义以及工作自主性的影响程度的感知。优秀的管理者可以通过授权让员工参与决策、让员工感觉到自己的工作很重要，并且让员工认为他们是在做自己的事情，从而增加员工的心理授权。

3. 组织承诺

组织承诺是指员工对于特定组织及组织目标产生认同，并且希望保持组织成员身份的一种心态。组织承诺强调员工对所在组织的认同，而工作参与强调员工对自己工作的认同。组织承诺包括三个维度。

（1）情感承诺是指员工对组织的情感依赖以及对组织价值观的认同。比如，老李乐善好施，他在一家社会责任感很强的公司工作，公司每年都要在慈善事业上捐赠大笔的金钱。这让老李对公司产生了很强的情感承诺。

（2）持续承诺是指员工感受到的留在组织中比离开组织更高的经济价值。例如，一家公司的老板非常重视与公司员工家人的沟通和联系。对于在公司服务满三年的员工，公司都会全额出资让员工的家人到上海旅游一周，每年公司还给员工的父母发放 2 000 元红包。因此，一旦有员工想离开公司，就会遭到家人的强烈反对。这就是员工持续承诺的一种。

（3）规范承诺是指员工基于道德及伦理原因而产生的留在组织中的责任感。与老板一同打江山的员工，平时老板很仗义，他们在公司遇到困难或者面对其他组织的高薪诱惑时选择留在企业就是出于自己对公司的规范承诺。

4. 其他工作态度

（1）感知到的组织支持是指员工对组织如何看待他们的贡献以及关心他们的利益的一种感知和看法。研究表明，如果员工认为他们的报酬是公平的、能够参与决策，并且主管能够提供支持，他们就会认为组织具有支持性。

（2）员工敬业度主要是指员工对工作的参与度、满意度以及工作的热情。员工的敬业度可以通过询问员工资源是否有效、是否具有学习新技能的机会、工作对他们的重要性和意义、与同事或上级的互动是否有收获等来了解。

（3）研究表明，这些与工作相关的态度之间存在着强相关关系，说明这些态度之间存在着大量的交叉重叠。因此，作为管理者，如果知道了员工的工作满意度，也就大致知道了员工对组织以及工作的基本看法。

二、态度的形成阶段

态度不同于一般的认知活动，它具有情感因素，比较持久、稳固，所以形成态度需要相当长的时间来孕育和准备。态度的形成较为复杂，它需要经历模仿与服从、同化、内化等阶段。

（一）模仿与服从

态度的形成和改变始于两个方面：一是出自自愿，不知不觉地开始模仿；二是出自受到一定压力的服从。

人有模仿和认同他人的倾向，尤其倾向认同他所崇拜的人。人在模仿中，认同不同的对象而习得不同的态度。认同是指把自己类属于某个个体或群体，并在行为模式上向其看齐的过程。父母常常是孩子们认同的对象，他们以模仿父母的态度作为自己态度的开端，随着成长、交往的增多，模仿不同的对象，不断习得态度和改变态度。以模仿习得态度，作为形成自己态度的开端，这是人们形成和改变自己态度过程中最常见的一个方面，这个方面往往以不知不觉、自觉自愿的方式表现。

除了这个形式外，还有服从。服从又称为顺从，指一个人按照社会要求、群体规范或别人的意志而做出的行为。其特征表现为：行为、观点受外界的影响而被迫发生。服从有两种情况：一种是在外力强制下被迫服从；另一种是在权威的压力下而产生的行为。总之，不管哪种服从，都是在压力的推动下，而不是心甘情愿产生的认识和行为。一般来说，态度的形成常常是在服从中开始的。由于种种压力，人们从表面转变自己的观点，从而开始形成态度。在现实生活中，人就是要遵守许多行为规范，产生许多服从。不管是否愿意，都会如此。当然，许多时候都是在无内心冲突中服从的，但是有些方面也可能是被迫的。被迫服从形成习惯以后，就变成自觉的服从，产生相应的态度。

（二）同化

在这一阶段，态度不再是表面改变了，即已不是被迫而是自愿接受他人的观点、信念、行为或新的信息，使自己的态度与所要形成的态度相接近。也就是，态度在这一阶段已比服从进了一步，从被迫转入自觉接受，自愿进行。但在这时，新的态度还没同自己的全部态度体系相融合。

（三）内化

内化是态度形成的最后阶段，在这一阶段中，人的内心已真正发生了变化，接受了新观点、新情感和新打算，并将其纳入自己的价值体系之内，成为自己态度体系的有机组成部分，即彻底形成了新态度。当态度进入这个阶段以后，就比较稳固，不易再改变了。这也告诉我们，我们要改变人的态度，最好在服从、同化这些不稳定的阶段进行，因为这时态度的组织未固定化，容易改变，而进入内化阶段再改变态度，困难就要大得多。

三、影响态度形成与转变的因素

影响态度形成与转变的因素很多，归纳起来，主要有以下因素。

（一）原有态度体系的特点

态度的形成与转变有赖于个体原有态度体系的特点。①个体从小形成的、后经社会实践反复强化的态度具有持久而稳定的特性，非经强有力的措施，很难轻易使其转变并形成新的态度；②个体原有的态度越绝对、越极端，即原有态度与新态度之间的差异越大，越不易改变；③原有态度所依赖的事实根据越多、越复杂、越不易改变；④原有态度中的认知、情感和意向三种成分的协调一致性越高，则态度越不易转变；⑤原有态度满足欲望的数量越多，力量越强，价值越大，则态度越不易改变。

（二）知识与信息

知识与信息是影响态度形成与转变的重要因素。个体掌握知识的范围、多少和深度，个体获得信息的广度和准确性都会影响其态度的形成与转变。例如，管理者和员工对安全常识及忽视安全所造成的危害性的认识将有利于形成其对安全生产的重视态度，或者有助于其由轻视到重视的态度的转变。

(三) 个体所属群体的影响

个体所属群体对个体态度的形成与转变也有重要影响，群众的研究成果表明，同一群体中的不同个体可能有不同的态度，也可能有类似的态度。当个体与所属群体的关系不融洽时，个体易形成与其他成员不一致的态度；相反，当个体与所属群体的关系融洽时，个体易形成与其他成员类似的态度，这是由于群体信仰的一致性和群体价值形成自我价值体系的中心，群体的规范控制着其成员态度的缘故。

(四) 社会文化

不同的家庭、学校及社会教育，不同的社会风气和习俗、不同的社会文化背景对个体态度的形成与转变都会产生不同的影响。例如，封闭式的教育有利于形成守纪律、循规蹈矩的态度，而开放式的教育和文化则有利于学生形成富于开拓、思索和创新的态度。

(五) 个性心理

个性心理是个体在后天的社会实践活动中形成的比较稳定的心理特征的总和，它对个体态度的形成与转变的影响是比较广泛的。

1. 个性倾向性

需要、动机、兴趣、理想、信念和世界观等是个性倾向性的重要组成部分，它们都影响着个体态度的形成与转变。个体对能满足自己需要，对达成自己行为目标有利的事物，容易形成肯定性的态度，如赞同、拥护、喜爱等；而对不能满足自己需要，对自己实现目标不利的事物，则容易形成否定性的态度，如反对、憎恶等。个体对有兴趣的事物易形成肯定性的态度，对自己认为有价值的事物也易形成肯定性的态度。个体的世界观（如幸福观、人生观、苦乐观、生死观、荣辱观和爱情观等）制约着其对事物的认知因素，从而对其态度的形成与转变产生影响。建立在理想和信念基础上的态度则有更强的稳定性等。

2. 个性心理特征

智力水平较高的人善于把握新信息、新动态，容易主动形成新态度，改变旧态度。而智力水平较低的人则容易固执己见，墨守成规，其态度的改变是被动的。不同的气质类型对态度形成的速度和转变的难易有较大的影响。多血质类型的人的态度稳定性较差，容易改变；黏液质类型的人的态度稳定，不易改变；胆汁质类型人的态度不易改变；抑郁质的人更容易形成对某些有伤害、有危险的事物的惧怕态度。独立性强的人不容易接受他人的劝告，也不易受他人行为的影响，新态度形成较难；依赖性强的人的态度稳定性较差，态度既容易形成，也容易改变。此外，态度的形成与转变还受许多其他因素的影响，如个体的活动范围和交往对象，偶发性经验（被狗咬过的人怕狗）等。在众多因素的交互影响下，人们的态度就会不断地形成与转变。

四、态度的测量

由于态度是一种内在的心理活动，不可能直接观察到，因而必须从人们的言语、行为以及其他方面加以测量。社会上的各种人物、角色、群体组织（家庭、学校、党派）及各种社会问题（战争、建设、生育、犯罪等）都可成为人们的态度对象。为了了解和掌握人们持什么态度以及态度上是否有变化，就必须进行态度测量。态度测量的方法可以分四种：量表法、自由反应法、行为观察法和生理反应测量法。

(一) 量表法

量表法的种类尚多，这里简要介绍几种。

1. 总加量表法

总加量表是学者李克特创立的，故也称为李克特量表。这个量表由 20 个以上的问题所组成。它有一个前提，即构成态度的各个问题价值相等，每个问题的意义大小尚无本质差别。只需要被试者对所提出的问题表示同意或者反对。其程度一般分为三等（同意、中立、反对）或五等（极同意、同意、中立、不同意、极不同意）。

总加量表中所提出的问题分为正负两种。假如被试者在问卷上做了填答，我们就可以计算出他的得分。当被试者对正问题填答时，越同意得分越高；而被试者对负问题填答时，越同意得分越低。

由于总加量表的编制过程较为简单，分数的评定也较为容易，所以该方法常被人们所使用。

2. 语义分析量表

语义分析量表为社会心理学家奥斯古德创立。语义分析原用于分析词句或观念的意义。辞典上对一个词句或观念的解释是其命名意义，所有人对这个意义的了解是相同的。而该词句或观念隐含的意义则因人而异。

语义分析用于态度的测定，是测量态度对象对个体所具有的隐含意义。实验者根据要测的问题设计一套双极形容词来制定问卷的量表。问卷中，成对的双极形容词被写在线段的两端。线段上有 5 个或 7 个刻度，分别代表人们对某对象的几种态度水平（或程度），要求被试者根据自己的想法，选择适当的刻度，画下圈或勾，然后将被试者所得的分数加起来，即得到被试者肯定或否定的态度。

3. 社会距离测量量表

此量表为社会心理学家 Bogardus 所设计，它主要用于测量人们愿意与其他群体的人保持什么样的社会距离，以此反映其态度。

有时人们常常需要同时测定被试者与几个群体或民族的社会距离，即不仅要了解被试者与某一群体的社会距离，还要了解被试者与其他群体的社会距离并进行比较。在这种情况下，研究者仍可运用表中的内容进行测定，将所有被试者所填答的问卷加以综合，可画成曲线图表。

（二）自由反应法

自由反应法也是测定人们态度的一种重要方法。此方法的特点是让被试者作自由反应，它并不向被试者提供任何可能的答案，而是提出一些开放式的问题，让其回答。这种方法可以使人们充分地反映自己的态度。

自由反应法又分为投射法和语句完成法两种。

投射法是指间接地了解人们对某个事物的态度，它是分析人们对某个刺激物所产生的联想来推测其态度。并认为，这种联想是人们内心深处的想象、愿望、要求以及思想方法等无意识地在某个刺激物上的反映。实验中常常采用看图编故事的方法（心理学上称为 TAT 测验），使被试者在看图编故事时，不知不觉地把自己对某一事物的态度投射进去，从而泄露自己的真实态度。

语句完成法是指事先准备好几个有关某一事物的未完成的句子，让人们将其写全，从中反映他的态度。比如，要了解被试者对其经理的态度，可让被试者完成下述几个句子："假使我的经理……""今天我的经理……"等，从其所完成的句子中，可以知道被试者对经理的态度。

（三）行为观察法

此方法主要是通过观察人的行为表现来推断其态度。这种方法由于在使用时可以不让被观察者发觉，故可较准确地收集资料。但要明确的是，行为观察法是以行为而非态度本身作为观察对象的，它不像量表法那样直接测定个人的态度，而是从外显行为上加以推断。由于行为与态度不是一一对应的关系，所以用观察到的行为来推论态度，其可靠性是值得研究的。但无论怎样，行为作为判定态度的一个极重要的参考方面，却是无疑的。

（四）生理反应测量法

生理反应测量法是以被试者的生理变化（主要是皮肤电反应和瞳孔反应）来测定其态度。如当人紧张时，皮肤电反应会增高。

以上介绍了四种关于测定态度的方法。应当指出，到目前为止，还没有一种方法能够非常满意地、准确无误地测定一个人的态度，因此，在进行研究时，选择哪一种方法应当视具体情况而定。如果能将几种方法结合起来使用，其准确性可以更高。

五、态度转变的方法

根据影响态度形成与转变的因素，纠正员工的不良态度，使其形成对工作、对群体、对组织正确的科学态度，可采取以下方法。

1. 改变认知因素

认知因素的改变是使态度形成与转变的条件，其基本手段是宣传和说服。管理心理学对如何才能提高宣传和说服的效果曾做过大量的研究，其成果对管理实践很有指导意义。研究证明，宣传说服时，以下因素将对态度的形成与转变具有影响作用。

（1）宣传说服者有无权威及权威的大小。

宣传说服者的威信越高，其宣传说服的效果越好，越容易促使态度的形成与转变。心理学家伯洛（Bello）在研究了宣传说服者本身的威信与态度形成和转变之间的关系后认为，有三个因素对宣传说服者的威信有重要影响：①宣传说服者的态度是否公正、友好和诚恳等，这是可靠性因素；②宣传说服者有无经验、技术和知识等，这是专业性因素；③宣传说服者在工作时的语调、主动性、精力和胆识等，这是表达方式因素。可靠性因素与专业性因素对宣传说服者的威信具有更大的影响。

（2）宣传的内容及其组织。

宣传说服者提供的事实和依据越真实可信，越具有针对性，对态度的形成与转变就越有效。对文化水平较高并持有不同看法者，运用正反两方面的材料进行论证效果好；对文化水平较低而又没有不同看法者，采用正面材料论证效果好；若正反两方面材料相继提供，宜先提供正面材料，后提供反面材料，利用"优先效应"影响态度的形成与转变。此外，宣传说服时逐步提出要求比一下子提很高的要求收效好。在宣传说服方式的选择上，通常情况下，直接的口头式宣传说服比间接的文字式更容易促使态度的形成与转变。

2. 参与活动

引导个体积极参与有关活动，在活动中增加其与态度对象的接触和交往，使其获得更多的信息，将会在一定程度上促进态度的形成与转变。美国心理学家费斯廷格（Leon Festinger）通过实验研究美国白人对黑人的态度转变，证明了活动对态度转变的重要性。费斯廷格设置了三种情境来研究白人对黑人态度的转变。第一种情境是让白人与黑人一起做纸牌游戏；第二种情境是让白人与黑人共同观看别人玩纸牌；第三种情境是双方虽然同处一室，但不组织任何活动。结果表明，在第一种情境下，有66%的白人对黑人显示出友好的态度；在第二种情境下，有42.9%的白人对黑人显示出友好态度；在第三种情境下，只有1.1%的白人对黑人显示出友好态度。

3. 角色扮演

在态度形成与转变的过程中，角色扮演是一种行之有效的方法。如某护士开始对病人的态度不好，让其扮演病人角色，设身处地体验病人的痛苦，从而能够较快地转变其态度，真心实意地关心体贴病人。而反对上级管理者运用权威来指挥工作的员工，一旦晋升高位，自己运用权威的机会增多后，就会逐渐赞成以权威来管理下属的做法。

4. 群体约束

个体的态度受他所属群体的影响，群体的规范、舆论、人际关系等都可形成压力，有效地促进个体态度的形成与转变。对于这个问题，社会心理学家勒温曾于20世纪40年代做了一系列实验，认为在群体中改变个体的态度比分别改变个体的态度容易，并且通过群体改变个体态度的效果也比单独改变个体态度的效果更持久。现实生活中也有这种情形，有时仅靠宣传说服教育不一定起作用，而用纪律、公约和规范等强制方式，则能迫使个体态度的形成与转变，不过往往不是心甘情愿的。只有把群体的约束与说服教育结合起来，才可能使个体态度的形成与转变既自觉又持久。

六、态度对行为的影响

态度属于行为的指导和动力系统，对人的行为有很直接、很重要的影响。

（一）态度影响认知与判断

认知对态度的形成产生作用，态度一旦形成也会对认知产生反作用，有正向作用，也有负向作用。以正确的价值观为基础的科学态度会对人的社会认知、判断产生积极的影响；而态度形成使人产生心理反应的惰性（如对人、对事物形成僵化、刻板的态度）就会干扰、妨碍认知与判断的准确性，容易产生偏见、成见，导致判断失误。例如，对犯错误的人产生厌恶的态度，即便改正了也表示怀疑；少数人常常迎合多数人的观点，不管观点是否正确；有的人盲目模仿别人的言行，不管其是否适用。

（二）态度影响行为效果

个人热爱自己的工作，以稳定的、积极的态度对待工作，就会在态度的持续时间内努力提高工作绩效。如一个人以积极、主动的态度对待学习，就容易激发强烈的求知欲望，使人感知敏锐、观察细致、思维活跃，提高学习效果。反之，如果对学习抱厌恶的态度，就会效率很低。

（三）态度影响忍耐力

忍耐力是指人对挫折的耐受、适应能力，它和人对所从事活动的态度有密切关系。例如，追求真理、热爱科学的人，对试验的失败有较强的忍耐力；对团体有认同感、抱有忠诚态度的员工，当团体遭遇挫折时，能够患难与共、风雨同舟，表现出较强的忍耐力。反之，出现挫折就会产生抱怨、牢骚甚至辞职离去。

（四）态度影响相容性

在社会交往活动中，一个人对自己、对他人、对集体的态度影响他与群体的融合度；同样，团队成员之间的相互态度，也影响团队的相容性和凝聚力。一般来说，如果人与人之间持有真诚、友好、热情、谦和、宽容、互助的态度，那么社会成员之间会和睦相处，形成很高的相容性，组织内也会形成很强的凝聚力。反之，虚伪、冷漠、敌视、傲慢、苛求、尖刻的态度则会导致人际关系紧张，凝聚力降低。

（五）态度和工作效率之间的关系比较复杂

西方学者布雷非和克罗克特（Broyfield & Crockett）以问卷法、量表法、面谈法等调查了许多员工的态度及相应的生产效率，发现员工的态度与生产效率之间并无一定的关联；对工作感到满意的员工工作效率很高，对工作感到不满意的员工，工作效率也可能很高。Brogfield 等人认为，之所以出现这种情况，原因如下。

（1）在雇佣劳动的条件下，对一般员工来说，生产效率并非最主要的目标，这只是他们借以达到目标（如工资、奖金、自我实现等）的手段。因此，即使一个人对生产持消极态度，但为了达到自己心中的目标，还必须以高生产效率为手段。

（2）人的需要是多方面的。当个体在生活上的基本需要获得满足之后，其目标便转移到社会需要上来，如希望获得朋友和同事的好感，希望自己与大家同属一个群体而不被孤立。如果某个人的工作效率过高地超出同事，就可能被大家指责为破坏进度而遭受排斥。因此对自己工作满意的员工有降低生产效率以谋求与众人一致的可能性，而且目前工作不满意的员工，也有为了不让别人小瞧自己而加紧工作，提高工作效率的可能性。

可见态度与生产效率之间的关系，远比一般管理人员设想的要复杂，工作效率作为一个高度综合的指标，它的提高或下降往往是多种因素的变化和相互作用的结果，如能力、动机、方法、决策以及奖励都是影响工作效率的重要因素，而态度只是众多因素之一。

就我国目前情况看，多数情况还是态度积极的员工比态度消极的生产效率高，但是也不排除态度与生产效率不一致的情况，工作态度与生产效率的关系，还需要在实践中进一步探索。此外，由于态度对人的行为的影响是多方面的，所以管理者面临的另一个重要任务是通过改善对员工的态度来增加其动力作用，以及通过员工教育来达到自我态度的改善，以激起他们最大限度的工作热情与工作积极性。

七、态度与行为的关系

（一）态度与行为的一致性和不一致性

态度是人们的一种心理倾向，是行为的准备，行为是态度的外显，是在人们态度影响下表现出来的对对象的具体反应，态度与行为有着密切的关系。在通常情况下，一个人的态度决定他的行为：如敬佩某领导者的态度，会产生愿意接受他领导的行为。当然在事实上，态度和行为的关系并非这样简单，态度对行为的影响是不一样的，甚至在一定的情境下，态度和行为也会出现不一致的状况。

（二）影响态度和行为不一致的条件和因素

1. 态度的一般性和行为的特殊性

人的思维总是从个别到一般，再从一般到个别，人们往往习惯于把现实中的对象加以归类来认识，以便概括出它们的共同性，揭示其本质。这样，人们态度的对象往往是一类社会事物、现象和人。态度在发挥作用时也有类化的倾向，这就是通常所说的态度具有一般性的特点，这种特点是符合人们的心理活动规律的。而人们所做出的每次行动，通常又指向具体的对象，具有特定的动机，产生在具体的社会环境中，所以说，行为总是具体的，总是具有特殊性的。这种共性和个性的差别，一般与个别的矛盾，就成为态度和行为不一致的条件和影响因素。态度往往具有一般性，而行为往往具有特殊性。那么是不是所有的态度都会与行为形成不一致的关系呢？那也不是，在通常的情况下，对态度对象分类认识时，我们都是较为准确的，态度的一般性恰当地反映了客观实际，这时共性是概括了个性、表现了个性的，所以态度的一般性和行为的特殊性并不矛盾，于是态度和行为就表现一致。

2. 动机和能力等个人心理因素

态度作为行为的心理准备，对行为具有推动力。也就是说，它具有动机的作用。但是有时候，作为某种动机呈现的态度与某些原来就存在的动机发生冲突时，将会破坏态度与行为的一致性关系。

在影响态度与行为一致性的个人心理因素中，除动机等个人倾向性方面的因素外，还有个性方面的因素，较为突出的有个人的能力因素。如果一个人缺乏某种保证行动正常实施的能力和技巧，常常会造成虽有良好的愿望而不能实现，即我们通常所说的"心有余而力不足"。这样，就难以将内在的态度完整地、真实地表现出来，致使在行动上形成变异。

3. 情境压力

一个人的公开行为受个人心理因素和情境的影响，上面我们谈到了以态度为集中表现的个人心理因素对行为的影响，现在来论述强有力的情境形成的压力能够影响和决定一个人的公开行为。当有人与众人的观点相左时，在强有力的情境因素中，他可能采用一种含糊的态度而不再坚持自己的观点。情境压力很强的时候，态度就不可能再像情境压力较弱的时候那样，成为一种很强的行为决定因素。

4. 价值与代价

与情境直接相关联的因素有价值和行动的代价。价值是指客观事物对人们的意义大小。有时候，我们对某一对象虽然不太喜欢，但因为它对我们具有很高的价值，也会使我们做出一些与态度相违背的行为。

另外，有时候若要表现出符合态度的行为，必须付出代价。所谓代价，就是为达到某种目的所消耗的物质和精力。若付出的代价高于个人愿意接受的程度时，也常常会使行为和态度无法维持一致。

5. 相冲突的行为和行为策略

行为、态度和情境具有函数关系，态度影响行为，行为也会反过来影响与态度的关系，成为影响态度与行为一致或不一致的条件。

在日常生活中，既会出现几种态度与一种特定的行为发生关系的情况，也会出现几种行为与一种特定的态度发生关系的情况。如果这几种行为之间又存在相冲突的情况时，也会表现出其中一种行为阻碍另一种行为的情形。如果我们只从一个侧面观察，那么就会看到某种特定的态度与某种特定的行为不一致的情况。

另外，与此相似的还有出于行为策略上的考虑而造成的不一致，就是说，为了达到态度目标最后要求，迫于当时的情况，不得不做出一些与态度不一致的行为，以期形成最后的一致。

综上所述，态度与行为并不是完全的一对一的关系，有时会产生态度与行为的不一致现象。但不能因此认为态度对行为没有直接的决定性影响，总的来说，任何态度和态度变化与行为还是相符的，只不过有时这种相符包括在情境因素中而不显露出来，态度对行为的直接决定作用，有时要大一些，有时要小一些。只要了解和把握了态度与行为的关系的规律，我们就可以预测和控制人的行为。

第二节　价值观与行为

一、价值观的概念及特征

（一）价值观的概念

多年来，哲学、文化人类学、社会学就以价值与价值观为研究对象。关于"价值"，各门科学有不同的解释。哲学家认为，价值是客体对主体需要肯定或否定的关系。心理学家认为，价值是指事物对人的意义与重要性，是主体在一般行为中所表现出来的对于选择对象的重要性的认可和断定。一个事物有价值，意味着该事物对人有一定的重要性，值得追求与行动。

价值观是个人关于事物、行为的意义、重要性的总评价和总看法。其可以从以下两方面来理解：第一，价值观决定了事物或行为对于个人是否有意义及重要程度如何。同一个人会对不同的事物、行为的意义和重要性有不同的评价，如把金钱看得最重要、最有意义的拜金主义者，会把对集体的贡献看得很轻；第二，价值观具有个体性，每个人都有自己的价值观，每个人的价值观都会有所不同。这可表现为，同一事物或行为对于不同的人，其意义和重要程度会有所不同。心理学家斯普兰格（Spranger）将价值观划分为经济的、理论的、审美的、社会的、政治的和宗教的。不同的价值观就有不同的追求和行为。一个人的价值系统中占主导地位的价值，决定着他的人生态度和生活方式。经济型的人重功利和实用，理论型的人重科学和智慧，审美型的人重形式和和谐，社会型的人重利他和感情，政治型的人重努力和影响，宗教型的人重神灵和超越。由此可见，价值的定位与人性假设有关系。所谓人性，实质上是人的价值观念与行为取向的一种描述。事物的价值一旦内化入人的个性体系，就会成为个体头脑中存在的对事物重要性的评价尺度和系统的稳定的看法，这便是价值观。

每个人对各种事物和行为的意义及重要程度都会有所评价和判断，所有这些评价和判断的主次、轻重和排列次序，就构成了个人的价值观体系，价值观及其体系是决定人的行为的心理基础。同样的客观条件下，具有不同价值观和价值体系的人会产生不同的行为。

（二）价值观的基本特征

1. 价值观是事物价值的主观反映

任何事物都有使用价值和实际效益，每个人由于视角不同，对事物价值的范围大小的感受与评价各不相同，也就是说价值观有很大的主观性，同一事物可能存在多种价值评价尺度。

2. 价值观以人的需要为基础

赖因（R. Lane）认为价值这个术语有两个方面的含义：一是一个人想要的，即需要和动机的对象；二是他觉得"应该"要的。事物是否有价值，是以满足个体的需要程度为转移的。离开了需要，事物就无所谓有价值，价值观是建立在人的基本需要之上的，反过来它又调节人的需要。

3. 价值观是一个具有不同层次不同类型的结构系统

许多学者认为价值观是一种不同层次不同类型组成的复杂结构，又称之为价值系统。英国心理学家罗姆·哈里（Rom Hare）与罗杰·兰姆（Reger Lamb）在《心理学百科词典》中认为：价值存在于不同的水平。道德是最根本的。在较为具体的水平上，它可以涉及食物、穿着和音乐等喜好。人们并非必然意识到他们的所有价值，有的时候人们甚至可以同有意识的价值相抵触。根据他们的观点，价值观分为不同的层次：最高层次为社会整体价值观，以道德伦理、社会规范、社会需要作为判断事物是否有价值及价值大小从而决定取舍的标准；中层为组织价值观，即建立在组织、群体利益与需要基础上的价值评价尺度；低层次为个人价值观，以个体的情感、需要为依托的价值观念。每个人的价值观是在社会化的过程中，随着社会实践范围的扩大，由个人价值观逐渐发展到组织价值观与社会整体价值观；随着年龄的增长，不同层次的价值观念日趋丰富化。

价值系统不仅具有层次性，而且可以划分为不同的类型。高尔顿（Galton）将价值的形态分为事物价值、个人价值与社会价值。他认为事物有价值，人本身也有价值，人既是有需要的主体，又是以自己的实践来满足自身需要和社会需要的客体。个人的社会实践活动对于满足社会需要的程度，则表现为社会价值。从上述研究来看，价值观是个体对周围世界中人、事、物价值及价值取舍的看法。由于客观世界的复杂多样性和个体社会变化的经历不同，价值观是一个多层次多类型的结构系统，其中，占主导地位的价值观决定着个体的人生态度与生活方式。

4. 价值观是个性心理结构的核心因素

价值观属于个性心理结构的深层，经常调节和制约着其他个性品质和特点，把它们配合为统一的结构或整体。价值观是个性倾向中高层次的定向系统，是个体适应社会环境、参与社会生活的内在调整机构，保证个体在生活中作出重要的有意义的选择，所以，它直接决定一个人的理想、信念、生活目标和追求方向的性质。价值观也调节和制约着个性倾向中低层次的需求、动机、兴趣和愿望等内在倾向。价值观对人的性格、能力、气质等心理特征均有制约、影响作用。由此可见，价值观对个体行为的影响最大，组织者引导员工有良好的行为，就应从培育他们正确的价值观入手。

二、价值观的分类

对价值观的分类方法有很多，这里主要介绍奥尔波特（Allport）和罗克奇（M. Rokeach）的分类方法。

（一）奥尔波特的分类

奥尔波特及其助手对价值观的分类是该领域中最早的尝试之一。他们划分出六种价值观类型。

1. 理论型

重视以批判和理性的方法寻求真理。这类人经常寻找事物的共同点和不同点，尽量不考虑事物的美或效用。他们的主要目标就是把知识系统化和条理化。

2. 经济型

强调有效和实用。这类人是实用主义者，完全按照商人通行的原则办事，他们主要关注生产商品、提供服务和积累财富。

3. 审美型

重视外形与和谐匀称的价值。这类人通常喜欢象征华丽和权力的漂亮勋章，反对压制个人思想的政治活动。

4. 社会型

强调对人的热爱。这类人善良、富有同情心和利他倾向，他们把爱本身看作人际关系的唯一合适的形式。

5. 政治型

重视拥有权力和影响力。这类人不一定是政治家，但在任何需要有高权力价值才能获得成功的职业或工作上会做得很好。

6. 宗教型

关心对宇宙整体的理解和体验的融合。这类人想方设法把自己与对宇宙整体的信仰联系起来。其中有些人企图与外界的现实生活脱离关系（如寺庙里的和尚）；另一些人则通过宗教活动进行自我克制和反省。

奥尔波特发现，不同的工作环境下这六种价值观对人有不同的重要性。例如，科学家重视理论，采购代理商重视经济价值，艺术家关注审美，社会工作者注重社交的价值，政治家则偏爱政治，牧师重视宗教信仰。这些价值中的每一种几乎都存在于人们的整体价值观之中，因而都是重要的，只不过各种价值观对某些人很重要，而对另一些人不那么重要。

（二）罗克奇的分类

罗克奇区分了两种类型的价值观：终极价值观和工具价值观。终极价值观（termial value）代表所要达到的目标或者存在的终极状态，是一个人希望通过一生而实现的目标。工具价值观（instrumental value）反映了达到目标的手段；也就是说，它们代表了为达到某种终极状态而采用的可接受的行为（详见表3-1）。这两种价值观类型分别有18项具体内容。

表3-1　终极价值观与工具价值观的对比

终极价值观	工具价值观
世界和平（没有战争和冲突）	城市（正直、真挚）
国家安全（免遭攻击）	宽容（谅解他人）
家庭安全（照顾自己所爱的人）	乐于助人（为他人的福利工作）
自由（独立、自主选择）	自控（自律的、约束的）
快乐（快乐、闲暇的生活）	独立（自给自足、自力更生）
平等（兄弟情谊、机会均等）	服从（有责任感、尊重的）
成就（持续的贡献）	雄心（辛勤工作、奋发向上）
内心平静（没有内心冲突）	开朗（心胸开阔）
自然与艺术的美（美丽世界）	整洁（卫生、整洁）
自尊（自重）	情感/爱（温情的）
救赎（救世的、永恒的生活）	礼貌（性情好、有礼的）
友谊（亲密关系）	理性（符合逻辑）
成熟之爱（性和精神上的亲密）	责任（负责、可靠）
幸福（满足）	勇气（坚持自己的信仰）
智慧（对生活有成熟的理解）	能力（能干、有效率）
繁荣（富足）	愉快（轻松、欢快）

续表

终极价值观	工具价值观
社会尊重（社会承认、赞赏）	智力（有知识、善思考）
振奋的生活（刺激、有活力的生活）	想象力（大胆、有创造性的）

资料来源：苏勇，何智美，等．现代组织行为学［M］．北京：清华大学出版社，2007．

罗克奇研究发现，终极价值观中排在前几项的有世界和平、家庭安全、自由、快乐、自尊和智慧。工具价值观中排在前几项的是诚实、雄心、责任、宽容、开朗和勇气。与奥尔波特的研究发现一致，价值观在不同人群中有很大差异，但相同职业或类别的人倾向于拥有相同的价值观。

群体的价值观是较为稳定的，但个体的价值观体系却变化很大。例如，社会尊重倾向于拥有相同的价值观。就是一个在各人之间十分不同的终极价值观。有些人需要别人的尊重，并且不懈努力，以实现这一价值观；而另一些人，则对别人如何看待自己并不太看重。人们可能都会认为成就是一个重要的终极价值观，但在如何达到这一目标上，也许会有不同的看法。

三、价值观对人的行为的影响

价值观对于研究个体行为和组织行为都是非常重要的，因为它是了解员工态度和动机的基础，同时也影响到我们的知觉和判断。每个人在加入一个组织之前，早已形成了什么是应该的、什么是不应该的思维模式。当然，这些观点不可能与价值观毫无关系，相反它包含了对正确与否的解释，而且它隐含着一种观念：某种行为或结果比其他行为或结果更可取。因此，价值观使客观性和理性变得含混不清。

价值观通常影响一个人的态度和行为，但价值观与能力、态度这样一些因素对个体行为的影响方式有所不同。能力决定了一个人能做什么、不能做什么的可能性。态度影响到一个人的行动倾向和努力程度，即能不能或愿意不愿意去努力做某件事。价值观则影响到人们的行为选择，表明一种价值上的判断，为什么这样做而不是那样做。这种选择可以是基于是非对错的选择，也可能是道德或偏好的选择。比如，"尽管这样做可以带来较高的利润，但会造成污染，影响环境，所以决不能干。"显然，这是在追求短期绩效和利润最大化与保护环境和坚持可持续发展二者之间作出的一种价值判断和选择。再比如，你在职业选择上如果把个人成长和发展机会放在首位，那么对报酬和工作条件可能就不会过于计较，即使是收入较低、工作环境比较艰苦的情况下，也会以积极的态度对待工作，并获得较高的工作满意度；反之，就可能失望，改变自己的选择。

价值观是构成组织（企业）文化的重要方面。组织文化的核心是一套为组织成员所共同认可的价值观体系和行为规范。组织文化影响和约束着组织成员的行为，使之符合组织的期望。公司不同，文化也不同。一个公司的文化越为所有的成员相信和接受，就越具有凝聚力和向心力，对其成员的影响和约束力也就越大。一个优秀的企业文化，是推动企业不断发展壮大的强大力量。当公司遭遇危机和困难时，它能帮助公司走出困境。"9·11"事件以后，美国各大航空公司均陷入困境，纷纷裁员，有的甚至濒临破产。唯独西南航空公司没有裁员，并保持盈利。其诀窍是及时调整战略，有效降低了成本，保持公众对公司的信心。而这一切又是与西南航空公司特有的企业文化分不开的。正如该公司人事副总裁利比·萨尔达所说："我们设计的西南航空公司文化就是要鼓舞士气，避免骄傲自满和防止等级制度或官僚主义作风妨碍创新和改革。打破常规是会得到奖励的，当出现困难时，我们期望员工能够作正确的事情，事实上他们就是这样做的。我们公司的哲学是：对公司具有主人翁责任感的员工通常会为公司作正确的决策。"

价值观又是组织甄选和培训员工的重要工具。组织在甄选那些有可能成为组织成员的人时，通常会将他们的价值观与组织的价值观是否一致作为选择的重要标准之一。因为，在管理者看来，当员工的价值观与组织的价值观相匹配时，那么他的绩效和工作满意度可能更高。如果两者差异较大，则会导致较低的满意度和较高的流失率。这种观点就要求组织在甄选员工时，不仅要考察他的机能、经验和动机，还应该考虑他是否符合组织的价值观体系。价值观也是企业培训教育员工的重要内容。新员工一进入企业，就通过规章制度、企业文化和老员工的行为了解到企业的价值观体系，被告之什么样的行为是受到鼓励和赞许的，什么样的行为是被反对和排斥的。这是一个社会化的过程，它有助于员工行为的一致性，减少由于个体价值观与组织价值观体系不同而引起的冲突。

讨论题

1. 什么是态度？态度的组成成分有哪些？
2. 态度具有什么特征？
3. 试述影响态度形成与转变的因素有哪些？如何改变态度？
4. 态度对人的行为有什么影响？
5. 什么是价值观？具有哪些特征？

【小测试】

罗克奇价值观调查

米尔顿·罗克奇编制了罗克奇价值观调查问卷，这项调查问卷包括两种价值观类型，每种类型中有18个具体项目，第一种类型称为终极价值观，指理想的终极存在状态。第二种类型称为工具价值观，指的是个体更喜欢的行为模式或实现终极价值观的手段。

终极价值观：舒适的生活、振奋的生活、成就感、和平的世界、美好的世界、平等、家庭安全、自由、幸福、内心的和谐、成熟的爱、国家的安全、快乐、救世、自尊、社会承认（尊重赞赏）、真挚的友谊、睿智（对生活有成就的理解）等。

工具价值观：雄心勃勃、心胸开阔、能干、欢乐、清洁、使人鼓舞、宽容、乐于助人、正直、富于想象、独立、富有知识、合乎逻辑、博爱、顺从、礼貌、负责、自控等。

请将上面的终极价值观和工具价值观，按其重要性依次排序。

第四章 需要、动机与行为

【课前案例】

男士服装屋的成长壮大

1. 公司于1973成立于得克萨斯的休斯敦

1999年在美国和加拿大发展到600个零售店,现如今有1 239个零售店,并获得"2012年最佳雇主"称号。其创办人乔治最初的投资为7 000美元。乔治起初为父亲销售雨衣。后来,独立开店从事零售业。公司以客户满意度为第一位,对购买的服装有任何不如意的地方,90日内都可以更换。客户一旦购买了公司的产品,可以享受终身熨烫服务。

2. 公司策略

销售目标对象指向中等和中等以上收入的男人。

比同等品质服装的零售价要低20%~39%。

基本假定:男人不喜欢购物。

每日低价策略。

开设小型店铺。

不做印刷式平面广告,主要依靠收音机和电视广告作宣传。

周到的客户关心服务。

3. 价值观和哲学观

定位于做"人"的生意,而非套装生意。

人本主义:强调以人为本,提倡开发员工的潜能,招聘追求自我实现的人。

从重要程度来说依次是:雇员、顾客、商贩、社区和股东。

强调团队精神和相互帮助。

4. 培训和发展

公司强调员工的培训与开发;除了工作中的培训以外,公司还有定期的正式聚会,为管理者、员工以及顾客提供一起交流的机会。

第一节 需 要

从心理学的角度分析,人的行为是由动机支配的,动机是由需要引起的,动机引起行为、维持行为并指引行为去满足某种需要。人的需要是人生存的基本条件,在人的内部活动和外显行为中具有十分重要的作用和意义。需要是刺激人们积极行动的原因，是个体积极行为的源泉。因此，认识和了解人的需要，对于激发员工的创造性，调动员工的工作积极性，挖掘员工的内在潜力，从而提高管理效率和员工绩效，促进组织目标实现，有着重要的意义。

一、需要的内涵

（一）需要的定义

需要（need）是指客观的刺激作用于人的大脑所引起的个体缺乏某种东西的状态。客观的刺激包括身体内部的刺激如饥饿，也包括身体外部的刺激如食物的香味、电视广告等。个体缺乏的可能是个人体内维持生理作用的物质因素（如水、食物等），也可能是社会环境中的心理因素（如爱情、友谊、社会赞许等）。

每种需要包含两个维度的成分：方向维度和强度维度。方向维度是定性的，表明了对能够满足该需要的外界刺激物的指向性。例如，饥饿的人会把注意力集中到寻找食物上。外界的客体对需要活动可能起到吸引或满足作用，也可能起到威胁或破坏作用。前者使个体趋向该目标，后者则使个体逃避它。例如，美味佳肴对饥饿的人具有吸引力，而饱食且消化不良的人就可能避之不及了。强度维度是定量的，表明指向该目标的意愿的强烈程度。

（二）需要的分类

需要按产生的根源，可分为两大类。

1. 先天性的、本能的需要

这种需要是人类在世代生活过程中，由于生存条件的要求，以本能的无条件反射的方式存在于人体之中，并遗传给下一代。它是人为了保证生存和种族延续所具有的个体活动的动力，呼吸、饥渴、休息、睡眠、排泄、生殖、母性的爱与关怀、对痛苦的躲避等均属于这种需要。应当注意的是，这种需要在人身上已带有社会性。人和动物都要吃东西，这是简单的生理需要，但人在为解除饥饿吃东西时，其满足方式已不同于动物。马克思曾说过："饥饿总是饥饿，但是用刀叉吃熟肉来解除的饥饿，不同于用手、指甲和牙齿啃生肉来解除的饥饿。"总之，人的自然需要也具有社会性。

2. 社会性的需要

这种需要是人在社会实践过程中，在本能需要的基础上发展起来的，并由外界环境诱发，从实践中学习、领悟来的需要，如交际的需要、劳动的需要、学习和受教育的需要、自尊的需要、成就的需要等。人们的社会性活动主要是由这类需要所决定的。这类需要具有文化差异。

按需要获得满足的来源，需要可分为外在性需要和内在性需要。当某种需要所指向的刺激物，即满足这种需要的来源是由组织掌握和分配，而当事者自身无法控制时，我们称这种需要为外在性需要；通过自身所能提供的某些因素获得满足的需要称为内在性需要。

（三）需要的作用

需要具有动力性。个人缺乏这些东西时，身心便失去平衡，从而出现紧张不安的状态，感到不舒服，就会寻求满足需要的办法。因此，这种不安和紧张就成为一种内在的驱动力，促使个体采取某种行动。例如，饥饿会使人去寻找食物，孤独会使人去寻找关心。

未满足的需要是形成人的行为动机的根本原因，一个人的行为总是直接或者间接、自觉或不自觉地为了实现某种需要的满足。原有的需要满足后，人们又产生新的需要，它始终是行为的动力。但需注意的是，需要虽然具有动力性，但它并非直接导致行为，人类的行为是由需要引发动机，进而导致行为的。

二、需要理论

需要理论要解决的问题是：员工被激励想要从他们的工作和组织中得到什么。需要理论为我们传递的主要信息是：员工由于存在一些想要在工作场所中满足的需要而被激励。想要确定哪些结果能够最大限度地激励员工，管理者必须首先了解员工存在哪些渴望满足的需要。

一旦了解了员工的需要，管理者必须确信自己能够控制（给予或撤销）那些能够满足员工需要的结果。管理者需要让员工明白，得到这些结果取决于他们是否从事了期望的行为。然后，管理者应该根据员工的绩效表现给予其相应的结果。通过这种方式，员工的需要得到了满足，同时也为组织做出了重要的贡献。

需要理论是关于工作动机的理论。总的来说，这些理论解释了是什么激励员工以某种方式行事，它关注的是作为激励源的员工的需要。需要理论认为，员工想要在工作中满足很多需要，因此他们在工作中的行为是指向需要满足的。

需要是生存和安康的一种要求。想要确定什么可以激励员工，管理者首先应该确定员工渴望在工作中满足哪些需要，因为需要会因人而异。然后，管理者必须确保员工通过做出那些能够为组织效能做贡献的行为就可以满足他或她的需要。下面将要介绍的两个需要理论分别是由亚伯拉罕·马斯洛和克雷顿·奥德弗提出的。这些理论描述了员工通过工作行为想要满足的几种具体需要，以及他们想要满足这些需要的次序。

（一）马斯洛需要层次理论

这一理论是由美国社会心理学家亚伯拉罕·马斯洛提出来的，因而也称为马斯洛需要层次理论。

1. 需要层次理论的主要内容

需要层次理论的主要理论要点有以下几个方面。

第一，人是有需要的，并且是有层次性的。

第二，每个人都有五个层次的需要，由低到高依次是：生理的需要、安全的需要、社交的需要、尊重的需要、自我实现的需要。见图4-1。

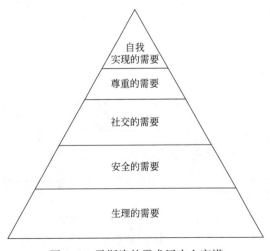

图4-1 马斯洛的需求层次金字塔

生理的需要指人类生存最基本的需要,如食物、水、住房、医药等。这是动力最强大的需要,如果这些需要得不到满足,人类就无法生存,也就谈不上其他的需要。

安全的需要是指不受身体危害,以及不受失业、财产、食物或居住损害的恐惧的需要,包括劳动安全、职业安全、生活稳定、劳动保险、老有所养、免于灾难、未来保障等。

社交的需要包括友谊、爱情、归属、信任与接纳的需要。人们一般都愿意与他人进行社会交往,想和同事们保持良好的关系,希望给予和得到友爱,希望成为某个团体的成员等。这一层次的需要得不到满足,可能会影响人的精神上的健康。

尊重的需要包括自尊和受到别人尊重两方面,前者是对地位、成就、权威、面向世界的自信心、独立和自由的渴望,后者来自别人的尊重、赏识、注意或欣赏等名誉和声望的渴望。这一层次的需要一旦得以满足,必然信心倍增,否则就会产生自卑感。

自我实现的需要是需要层次中最高层次的需要,指个人成长与发展,发挥自身潜能、实现理想的需要。也就是说人们希望完成与自己能力相称的工作,使自己的潜能能够充分发挥。

第三,人类基本的需要必先得到满足,然后才会进一步追求较高层次需要的满足;一个层次的需要相对满足了,不再是激励因素,就会提出更高一层次的需要。

2. 在管理实践中的应用

正确认识被管理者需要的层次性。片面看待下属的需要是不正确的,应进行科学分析并区别对待。要结合本组织的特点,同被管理者的各层次需要联系起来,经过科学分析,找出被管理者需要及其差别,然后,有针对性地满足被管理者的需要,才能取得良好的激励效果,见表4-1。

表4-1 需要层次在企业中的应用

需要层次	激励因素(追求的目标)	应用
生理的需要	工资和奖金、各种福利和工作环境	较高的薪金、舒适的工作环境、合理的工作时间、住房和福利设施、医疗保险等
安全的需要	职业保障、意外事故的防止	雇佣保证、退休养老金制度、意外保险制度、安全生产制度、危险工种营养福利制度
社交的需要	友谊、团体的接纳、组织的认同	建立和谐的工作团队、建立协商和对话制度、互助金制度、联谊小组、教育培养制度
尊重的需要	名誉和地位、权力和责任	人事考核制度、职衔、表彰制度、责任制度、授权
自我实现的需要	能发挥个人特长的环境、具有挑战性的工作	决策参与制度、提案制度、破格晋升制度、目标管理、工作自主权

有很多方法可以使组织一方面满足处于不同需要层次的员工的需求,另一方面也帮助组织实现自身目标并获得竞争优势。例如,有些组织对于员工杰出的贡献和成绩给予特别的嘉奖,从而满足了员工被尊重的需要。

根据马斯洛的理论,未被满足的需要是行为的主要动机,而且与较高水平的需要相比处于需要层级中较低水平的需要具有优先满足的特点。但是,在任何给定的时间,只有一种类型的需要对于行为具有激励作用,而且需要是逐级满足的,任何一个层次的需要都不可能被跨越。一旦个体满足了一种需要，他或她便会继续追求下一个层次的需要的满足，而且该层次的需要成为激励的核心。

通过具体描述可以产生激励的需要，马斯洛的理论有助于管理者识别什么可以激励特定的员工。从马斯洛的理论可以得到一个简单但重要的训诫：员工想要在工作中满足的需要彼此不同，能够激励一个员工的需要对于另外一个员工或许是无效的。这个结论意味着什么？想要拥有一个高激励水平的团队，管理者必须识别每位员工渴望在工作中满足的需要，而且一旦这些需要被识别，当员工从事了所期望的行为以后，管理者必须确保其需要被满足。

（二）奥德弗（Alderfer）的 ERG 理论

奥德弗的"生存-关系-成长"理论也是有关工作动机的一种需要理论。奥德弗的理论以马斯洛的思想为基础，但是将需要的层次从五种减少为三种，并且各种层次之间的关系更为灵活。与马斯洛相同，奥德弗认为需要可以被区分为不同层次。

1. 生存需要

指的是全部的生理需要和物质需要。如吃、住、睡等。组织中的报酬，对工作环境和条件的基本要求等，也可以包括在生存需要中。这一类需要大体上和马斯洛的需要层次中生理和部分安全的需要相对应。

2. 相互关系需要

指人与人之间的相互关系、联系（或称之为社会关系）的需要。这一类需要类似马斯洛需要层次中部分安全需要，全部归属或社会需要，以及部分尊重需要。

3. 成长需要

指一种要求得到提高和发展的内在欲望，它指人不仅要求充分发挥个人潜能、有所作为和成就，而且还有开发新能力的需要。这一类需要可与马斯洛需要层次中部分尊重需要及整个自我实现需要相对应。

ERG 理论和马斯洛的需要层次理论不同的地方表现在以下方面。

除了用 3 种需要替代了 5 种需要以外，与马斯洛的需要层次理论不同的是，奥德弗的 ERG 理论还表明了：人在同一时间可能有不止一种需要起作用；如果较高层次需要的满足受到抑制的话，那么人们对较低层次的需要的渴望会变得更加强烈。

马斯洛的需要层次是一种刚性的阶梯式上升结构，低层次的需要必须首先满足，高层次的需要才可能成为激励源，即认为较低层次的需要必须在较高层次的需要满足之前得到充分的满足，二者具有不可逆性。而相反的是，ERG 理论并不认为各类需要层次是刚性结构，取消了这种限制，认为一个高水平的需要可以成为激励源，即使是在低水平的需要并没有完全被满足的时候，而且在给定时刻，不同层次的需要可以同时成为激励源。比如说，即使一个人的生存和相互关系需要尚未得到完全满足，他仍然可以为成长发展的需要工作，而且这3 种需要可以同时起作用。

此外，ERG 理论还提出了一种"受挫-回归"的思想。马斯洛认为当一个人的某一层次需要尚未得到满足时，他可能会停留在这一需要层次上，直到获得满足为止。相反地，ERG 理论则认为，当一个人在某一更高等级的需要层次受挫时，那么作为替代，他的某一较低层次的需要可能会有所增加。例如，如果一个人社会交往需要得不到满足，可能会增强他对得到更多金钱或更好的工作条件的愿望。与马斯洛需要层次理论相类似的是，ERG 理论认为较低层次的需要满足之后，会引发出对更高层次需要的愿望。不同于需要层次理论的是，

ERG 理论认为多种需要可以同时作为激励因素而起作用，并且当满足较高层次需要的企图受挫时，会导致人们向较低层次需要的回归。

想要知道这个过程是如何发挥作用的，我们可以看这样一个例子。制造工厂里的一位中层管理者，她的生存需要和关系需要（低水平的需要）都得到了较好的满足。现在，这位管理者非常渴望满足自己的成长需要。但是，要满足这一点需要很难，因为她在当前的岗位已经做了五年时间了。对于这项工作，她已经非常熟练和精通，而且当前工作繁杂的内容和多重责任使她根本没有时间去学习新的、有趣的东西。也就是说，由于其工作本身的性质，这个管理者想要满足成长需要的动机遇到了挫折。根据奥德弗的理论，这种挫折感将会增加她想要满足低层次需要，如关系需要的动机。作为这种动机的结果，这位管理者变得更加关注工作中的人际关系，并且不断寻求来自同事的诚实的反馈。

因为马斯洛和奥德弗的理论是早期的一些工作动机理论，所以它们受到了研究者大量的关注。尽管它们看起来很符合逻辑，并且直觉上很吸引人，很多研究者都很喜欢，但是这些理论基本上没有得到研究的支持。这些理论至少存在两个主要的困境：首先，想要将所有人类的需要归于几个小的需要类别并且具有特定的顺序似乎并不合理；其次，期望所有的人按照特定的顺序被依次激励似乎并不现实（即只有低层次的需要被满足了，人们才开始追求高层次的需要）。

对美国员工的研究大都没有支持马斯洛和奥德弗的理论所规定的主要原则，在其他国家所做的研究也很有可能没有得到支持性的结果。尽管这些理论的结果并没有得到支持，但仍然可以从马斯洛和奥德弗的工作中了解到关于动机的一些重要问题。

第二节 动 机

一、动机概述

（一）动机的定义

动机问题是心理学、管理科学以及教育科学共同关心的论题之一，它涉及人类行为的基本源泉、动力和原因，最能反映行为的目的性和能动性特征。特别是现代管理理论强调以人为中心的管理理念，员工工作动机的激发关系到组织和生产效率的提高。"动机"一词源于拉丁文的"movere"，原意是推动或引向行动。心理学中，"动机"一词正式在书名中出现是 20 世纪 30 年代的事情。可见动机问题的研究是一个相对年轻的领域。通过对历史上有关动机概念的考察，我们发现，动机的定义可分为三类。

（1）内在观点，这种观点一般从行为内在动因着眼。如下述定义，"推动人们行为的内在力量"，"激励人们去完成行为的主观原因"，"动机是个体的内在过程，行为是这种内在过程的结果"。

（2）外在观点，这种观点一般强调行为的外在诱因、目标、刺激等作用。如"为实现某一特定的目的而行动的原因"。

（3）中介过程观点，如"能引起、维持一个人的活动，并将该活动导向某一目标，以满足个体某种需要的念头、愿望和理想等"，"一种由需要所推动，达到一定目标的行为动力，它起着激起、调节、维持和停止行动的作用"。

通过对比和理论分析，我们发现只强调行为内在动力的动机观点把动机问题看得过于简单化。这些内在动力若不与行为目标相联系，它只能是盲目的、单薄的，并不能构成人们行为的主要动机。对于外在的动机观点，错误之处就更加明显，人们只有在对外在的刺激物、目标、诱因等感兴趣的情况下，才会调动其内在的力量，努力去实现它。第三种观点虽然看到了动机的内在与外在原因之间的关系，看到了通过中介认知作用才能构成动机，但没有言明如何才能使个体的内在需求与外在诱因有机地联系起来，从而也没有真正地看到个体在动机过程中的能动作用。要知道，人类行为的特点是有目标有计划的。我们认为在动机的内在与外部起因之间，存在着一种重要的因素，它使二者有机地结合起来，使行为具有目的性和方向性，使行为动机达到某种适宜的程度，从而激发行为者去努力实现目标。我们把这种因素称为自我调节。

通过以上分析可以看出，一个完善的"动机"概念应包括三个方面的因素：①动机的内在起因；②外在诱因；③中介调节作用。根据这些特点，可以把动机定义为：在自我调节的作用下，个体使自身的内在要求（如需要、驱力等）与行为的外在诱因（目标、奖赏等）相协调，从而形成激发、维持行为的内在动力。在这个定义中，自我调节作用十分重要，它使个体的内在要求与行为目标相协调，从而使这种内在要求获得动力和方向，行为目标或诱因也通过这种调节对个体具有某种意义，从而转化为个体的内在激励因素。自我调节反映了个体内在要求与行为目标、诱因之间相互作用的内在机制。

（二）动机的形成条件

1. 需要是动机形成的内在基础

人的动机是在需要的基础上形成的。需要是一切行为动力的源泉，是动机形成的本源性基础。但并非任何需要都可以转化为动机。需要转化为动机是有条件的，首先，如果某种需要处于满足状态，这会降低对行为的影响力，甚至会被个体忽略。例如，人在吃饱饭后，对食物的需要就处于满足状态，这时的人就不再会产生进食的动机。再如，人时刻都有呼吸空气的需要，但由于空气无处不在，随时都能满足，因此，人们往往意识不到空气的需要。只有当需要处于缺乏状态时，才能被人们清晰地意识到，形成所谓的"愿望"或"欲望"。例如，人在意识到肚子饿时，才能产生寻找食物解除饥饿的愿望；在空气缺乏时，才能意识到呼吸的强烈愿望。其次，需要转化为动机还必须有诱因出现，没有诱因的需要只是内心行为意向，而无法直接推动行为。

2. 诱因是动机形成的外部条件

诱因是指能满足个体需要的外部刺激物，它使个体的需要指向具体的对象，从而引发个体的活动。因此，诱因是引起相应动机的外部条件。诱因分为正诱因和负诱因。正诱因是指个体因趋近并获得它而满足某种需要的刺激物。例如，食物对饥饿的人是一种诱因。再如，儿童被同伴群体接纳，可以满足其归属的需要。在这里，同伴群体的作用就是一种正诱因。负诱因是指能使个体因回避它而满足某种需要的刺激物。例如，人们回避伤害和危险是为了满足安全的需要，而回避被人轻视或失败是为了满足自尊的需要等。

诱因一般与行为目标是等同的，因此，有时直接称其为"目标"。但有些诱因只是帮助人们实现目标的条件，而不是目标本身。例如，人们都想投资挣钱，但挣钱还要有条件或机会，如经商的条件、炒股的时机等，这些条件和机会可以成为人们投资行为的诱因，但它们不属于行为的目标，金钱才是投资行为的目标。

（三）动机功能

动机的动力作用具体表现为动机的激活功能、指向功能、维持和调整功能。

1. 激活功能

动机的激活功能是指人的活动总是由一定的动机引起的，有动机才能唤起活动，它对活动起着激活的作用。动机的性质和强度不同，引起和推动作用的大小也不一样。

2. 指向功能

动机的指向功能就是指动机使人们的活动指向特定的对象。动机不同，个体活动的方向和追求的目标也不同。如在学习动机的支配下，学生进行学习活动；在健身动机的支配下，学生参加体育锻炼。

3. 维持和调整功能

当活动产生以后，如果其活动指向了个体追求的目标，其动机就会加强，这种活动就能继续下去；如果其活动偏离了追求的目标，其动机就得不到强化，这种活动就会减弱或停止。这就是动机对活动的维持和调整功能。

二、动机圈理论

与动机系统论密切相关，彼德罗夫斯基提出了动机圈理论，这是一种阐明动机与个性关系的理论。他认为个性是由相互联系的两部分构成的：一是核心部分；二是外围部分。

个性的核心是动机，环绕动机排列着各种各样的个性品质。核心组织的性质决定个性的倾向性，外围部分的个性品质都同核心中的某种动机相联系。同一个性品质与不同的动机相联系，反映出不同的个性结构和人格特点。例如，同样是勤奋、刻苦，有的为了报效祖国，有的为了功名利禄，有的为了自我实现等。

个性结构的中心组织是十分复杂的，包含着许多动机。动机是分层次的，最高层次的动机是信念和理想，它决定个体的个性倾向性和道德风貌。最高层次的动机是占优势的、稳定的动机，对个性品质起制约作用。

三、驱力理论

驱力理论是一个早期的动机理论，它假定，人和动物的行为均是受内部能量源的驱动，是经由学习获得而不是由遗传所引起的。伯考威茨在1969年出版的《社会心理学手册》一书中写道："自从驱力一词最初由伍德沃斯于1918年引入心理学，驱力一直是指促动个体采取行动的内部刺激，这种刺激源于个体的剥夺感和与被剥夺状态相伴随的机体内某些物质的过剩或匮乏。不管受剥夺的特定性质如何机体会产生外表的兴奋，如在饥饿时会伴随胃的收缩，由此会推动个体采取行动，直至找到能满足机体内在需要的满足物，剥夺状态才会消除。"处于剥夺状态或匮乏状态的个体必须了解何种物体能满足其特定的内在需要，以及应当采用何种行动才能获得这些满足物。所以，学习在驱力理论中占有重要地位。

从伯考威茨的论述中，对驱力似乎可以作这样的理解：它是由于个体生理或心理的匮乏状态所引起并促使个体有所行动的促动力量。驱力为个体消除匮乏感或满足其需要的各种活动提供能量，它总是与个体生理或心理上的失衡状态相联系的；驱力的减小，伴随着个体的愉快感和满足感，因此，它是个体所追求的。驱力减小所带来的奖赏效果会导致个体的学习行为，经由学习积累经验，会使个体对那些满足物和采用何种方式消除其匮乏感有深刻认识，并在此基础上形成习惯。所以，驱力理论认为，驱力为行为提供能量，而学习中建立的习惯决定着行为的方向。

美国学者霍尔提出的公式 $E=D \cdot H$，实际上反映了驱力理论的基本观点。公式中，E 表示从事某种活动或某种行为的努力或执着程度，D 表示驱力，H 表示习惯。霍尔的公式表明，个体进行某项活动或行为的努力程度或执着程度将取决于个体由于匮乏状态而产生的内驱力，以及由观察、学习或亲身经历所获得的关于这一活动或行为的效果体验。霍尔特别强调建立在经验基础上的习惯对行为的支配作用。他认为，习惯是一种习得体验，如果过去的行为导致好的结果，人们有反复进行这种行为的趋向；过去的行为如果导致不好的结果，人们有回避这种行为的倾向。

四、成就动机理论

成就动机是人们在完成任务时力求获得成功的内部动因。即一个人对自己认为重要的、有价值的事情愿意去做，并努力达到完美地步的一种内在推动力量。成就动机的研究最早可以追溯到默里，他在成就动机研究中的重要作用表现在两个方面。其一，是他最早提出成就需要，并将成就需要解释为：努力完成某些困难的任务；掌握、操纵或管理客观事物与人类的意向；尽可能迅速地、独立地完成工作；克服困难，达到高标准；与他人竞争且超过他人；有突出的成就与业绩等。其二，他研制出评定成就需要的工具，即主题统觉测验。TAT 经过美国著名心理学教授、当代研究动机的权威心理学家戴维·麦克利兰（D. C. MaClelland）及其同事的修订，几乎成为评定成就需要时普遍接受的研究工具。当时，马斯洛总结的需求层次论，被普遍认为对管理工作有相当丰富的启迪意义和实用性。

但是，麦克利兰在 1955 年对马斯洛理论的普遍性提出了挑战，他注重研究人的高层次需要与社会性的动机，强调采用系统的、客观的、有效的方法进行研究。麦克利兰和其他心理学家经过 20 多年的研究得出结论：人的社会性需求不是先天的，而是后天的，来自环境、经历和培养教育；特别是在特定行为得到报偿后，会强化该种行为模式，形成需求倾向。麦克利兰认为，作为领导者可以通过后天教育培养下属的成就感而使其获得激励，从而提高组织效率。即领导具有积极权利思想，其主要内容是：权利的获得可分为个人化动机和社会化动机，积极的社会化动机可帮助组织设立共同目标，并对被领导者施加有利影响，把被领导者当成动力而不是工具来完成任务。麦克利兰归结出三大类社会性需要：对成就的需要、对社会交往的需要和对权力的需要。

麦克利兰是 20 世纪 50 年代以来，研究成就动机的最有影响的代表人物之一，创立了著名的社会成就动机理论。他的成就动机研究主要涉及成就动机与经济发展关系、成就动机的形成与改变等。他将成就动机解释为竞争和追求"优越标准"，认为高成就动机的人倾向于为自己确立高的目标并为之努力。

阿特金森（J. W. Atkinson）将麦克利兰的理论进一步发展，提出了影响深远的成就动机的期望-价值理论。阿特金森认为，广义的成就动机分为两种：一是追求成功的动机，表现为趋向目标的行动；二是害怕或避免失败的动机，表现为想方设法逃脱成就活动，避免预料到的失败结果。每当一个人面临任务时，这两种动机通常是同时在起作用。如果一个人追求成功的动机高于避免失败的动机，那么这个人便将努力去追求特定的目标；反之，他就会去选择那些减少失败机会的目标。当两种动机力量势均力敌时，便会感受到心理冲突的痛苦。因此，每个人的成就行为最终要受到这两种动机的综合作用。

1. 追求成功

阿特金森认为，追求成功的倾向（T_s）是由追求成功的动机（M_s）、获得成功的可能性

(P_s)、成功后的诱因价值（I_s）三种因素共同决定的。即：

$$T_s = M_s \times P_s \times I_s \tag{4-1}$$

在这个公式中，M_s可以用TAT的方法测量出来。P_s代表认知的目标期望，表示成功的可能性。当成功是必然时，$P_s=1$；当失败是必然时，$P_s=0$。因此，P_s将在0～1的范围内变动。I_s是成功的诱因值，是指一个人在成功之后所体验到的欢乐与自豪程度。阿特金森设想P_s与I_s是相反的关系，即$I_s=1-P_s$。如果P_s小，则I_s大；反之亦然。

2. 避免失败

阿特金森认为，避免失败的倾向（T_{af}）是由避免失败的动机（M_{af}）、失败的可能性（P_f）、失败的诱因值（I_f）三种因素决定的。即：

$$T_{af} = M_{af} \times P_f \times I_f \tag{4-2}$$

在这个公式中，M_{af}的强度可以由焦虑测量问卷确定。很明显，客观上要求对行为给予评价时便导致了这种动机的唤醒，因而一个人在测验中的正常反应便提供了对他的这种动机的很好度量。P_f与I_f是影响回避成就活动的两种环境因素。同样地，$P_f=1-I_f$。又因为$P_s+P_f=1$，因此，$P_f=1-P_s$。与追求成功倾向中提到的$I_s=1-P_s$相结合，便可得出$I_f=P_s$。

3. 成就动机的合成

阿特金森认为，成就动机的合成可以设想为趋向成就活动的倾向与回避成就活动的倾向在强度上的相减关系。所以，行为的合成动机为：

$$T_a = T_s - T_{af} = (M_s \times P_s \times I_s) - (M_{af} \times P_f \times I_f) \tag{4-3}$$

前已提过，$I_s=1-P_s$，$P_f=1-P_s$，$I_f=P_s$，那么，上述公式可简化为：

$$T_a = M_s \times P_s \times (1-P_s) - M_{af} \times (1-P_s) \times P_s = (M_s - M_{af})[P_s \times (1-P_s)] \tag{4-4}$$

从这个公式可以看出，合成成就动机的强度和方向依赖于M_s和M_{af}的强度以及个体对成功可能性的估价（P_s）。当$M_s > M_{af}$时，T_a是正值，这类人的合成成就动机就高，表现为趋向成就活动。当$P_s=0.5$时，合成的成就动机最高。当$M_{af} > M_s$时，T_a是负值，这类人的合成成就动机就低，表现为逃避或抑制参与成就活动。当$P_s=1$或$P_s=0$时，合成的成就动机最低。

阿特金森认为，对于高成就动机的人（$M_s > M_{af}$）来说，他们更爱选择中等难度的任务；而对于低成就动机的人（$M_{af} > M_s$）来说，他们要么选择其确信能成功的任务，要么选择其认为肯定要失败的任务，这样即使失败，也可为自己找到合适的借口。

阿特金森的观点难以完全解释现实生活中的某些状况。例如，$M_{af} > M_s$的人仍然表现出追求成就活动的倾向，而不是回避活动的倾向。为此，阿特金森用多种动机源在同一行为上的反应来说明这种现象。为了表明成就行为的多种决定因素，他又提出了公式：成就行为=T_a+外部的动机力量。这一公式表明，成就行为除了取决于合成成就动机的倾向之外，还受环境中引发的外部动机力量的作用。对于$M_{af} > M_s$的个体而言，他仍然追求而不是避开成就任务，原因就在于他还受外部动机作用的影响，如金钱、荣誉等。但是，这些外部动机力量已与成就需要无关。

五、学习动机理论

由于学习动机的种类繁多，对动机作用的解释也多种多样，由此派生出了多种学习动机理论，这些理论从不同的侧面解释了学习动机的实质。

(一) 强化动机理论

学习强化动机理论是由联结主义心理学家提出来的，他们用强化来解释动机的引发。按照刺激-反应理论的观点，人的某种学习行为倾向完全取决于某种学习行为与刺激物之间因强化而建立的牢固联系，动机被看作是由外部刺激引起的一种对行为的推动力量，并用强化来解释动机的引起和作用。强化理论起源于桑代克提出的效果律，效果律表明如果一个动作或行为跟随情景中一个满意的后果即奖励，类似情景中该动作重复的可能性增加；反之，如果跟随一个不满意的后果即惩罚，这个动作或行为重复的可能性将减少。赫尔通过对效果律的改造，提出了内驱力理论，认为一个反应由于一个基本需要或内驱力倾向得到满足而增强，也就是如果我们在个体行为表现时给予需要上的满足，就会强化它以保留该行为。斯金纳通过系统的实验操作证实了行为之后给予的正强化对后继行为具有增强作用，认为强化是形成和巩固学习的重要条件。如果学生因学习而得到强化如表扬、奖励，他们就有较强的学习动机；如果没有得到强化如没有表扬、没有得到好分数等，就缺乏学习的动机作用；如果学生的学习受到惩罚如批评、嘲笑等，则会产生回避学习的动机。

强化动机理论对学校教育有着广泛的影响。程序教学和计算机辅助教学，其教学心理基础就是用强化原则来维持学习动机的。学校中用来激发和维持学生的学习动机的奖赏、表扬、评分、竞赛等教育措施也是以强化原则为依据的。但联结心理学家把动机看成是由外在强化物控制的，在性质上属于外在学习动机一类，这种以外在诱因方式控制学生学习和激发学习动机的教育措施，的确能收到一时之效；但从长远看，仍然不能有效地提高学生的学习动机水平。要想有效地激发和维持学生的学习动机，必须从学生内部需要入手。

(二) 自我决定理论

20 世纪 80 年代，美国心理学家 Deci Edward L. 和 Ryan Richard M. 等人提出了一种自我决定论。该理论认为人是积极的有机体，具有先天的心理成长和发展的潜能。所谓自我决定就是指个体充分认识个人需要和环境信息后，对行动所做出的自由选择，即它是一种关于经验选择的潜能。这种潜能可以引导人们从事感兴趣的活动，有益于能力发展，这种对自我决定的追求就构成了人类行为的内在动机。随着研究的不断深入，自我决定论已经形成以下四种分支理论。

1. 基本心理需要理论

该理论认为，每个个体都有发展的需要，主要表现为自主需要、能力需要和归属需要，称之为人类的基本心理需要。同时，该理论还认为个体的目标定向影响到基本心理需要的满足。

2. 认知评价理论

认知评价理论主要探讨了内在动机的影响因素尤其是社会环境因素对内在动机的影响。

第一，该理论认为报酬、反馈、交流、免受贬低性评价等社会事件通过个体的能力知觉影响内在动机。

第二，满足人们自主需要的环境也能促进行为的内在动机。

第三，归属需要也与内在动机有关。

3. 有机整合理论

该理论把动机分为内在动机、外在动机和无动机三种类型。内在动机是人类固有的一种追求新奇和挑战、发展和锻炼自身能力、勇于探索和学习的先天倾向，高度自主，代表了自我决定的原型；外在动机是指个体并非出于对活动本身的兴趣，而是为了获得某种可分离的结果而从事某种活动的倾向。

(1) 外在动机的类型。

根据个体对行为的自主程度，有机整合理论把外在动机分为四种类型。

① 外在调节型。这种动机类型的个体完全遵循外部规则，其行为是为了满足外在要求或获得附加报酬，自主程度最小。

② 摄入调节型。这种动机类型的个体虽然吸收了外部规则，但并没有完全内化为自我的一部分，相对受到控制，其行为是为了展示自己的能力（或避免失败），维持价值感。

③ 认同调节型。这种动机类型的个体对行为目标或规则进行有意识评价，如果发现该行为重要，就内化为自我的一部分。自我决定成分较高。

④ 整合调节型。这种动机类型的个体行为与其价值观和需要相一致，与自我充分同化。其行为是为了获得某种可分离的结果，自我决定成分最高。

(2) 促进外在动机内化的因素。

有机整合理论认为影响外在动机内化的环境因素主要有三个。

① 能力知觉。个体对能力的知觉可以促进外在动机的内化。个体更有可能接受并重视产生效能感的某项活动。例如，有的学生还没有掌握或理解基本原理就直接进行操作，其行为动机主要是外在调节或摄入调节。

② 自主性体验。这是促进外在动机内化的关键性因素。只有处在可以自由选择的环境中，思维方式和行为不受外界束缚，个体才能对外在规则进行有效整合。

③ 归属感。Ryan，Stillre 和 Lynch 研究表明：大多数感觉到老师的精心照顾并可以和老师建立安全关系的学生，对学校规则内化较好。

(三) 因果定向理论

因果定向理论认为个体具有对有利于自我决定的环境进行定向的发展倾向。一般存在三种相对独立的因果定向：自主定向、控制定向和非个人定向。

自主定向是指个体对能够激发内在动机的环境的定向。高自主定向的个体倾向于自我创新，寻求有趣、有挑战的活动，勇于承担责任。控制定向是指个体受报酬、限期、结构、自我卷入和他人指令控制的倾向。高控制定向的个体易于依赖报酬或他人控制，与他人的要求一致，注重财富、荣誉和其他外界因素。非个人定向是指个体认为满意的结果是运气的产物，自己无法控制。他们漫无目的，希望事情一成不变。

综上所述，自我决定论强调自我在动机过程中的能动作用，认为人的自我决定能力在于能够灵活控制自己和环境之间的相互作用，是对动机理论的丰富和补充，对老师激发学生的学习动机具有一定的实践指导意义，代表了当前动机理论的研究趋向。但是，它把人类某种单一的社会需要——自我决定视为推动人类行为的根本动因，忽视了人类动机行为的复杂性。而且也没有科学阐释自我调节的内在机制，自主等基本概念遭到质疑，有关假设也有待于进一步验证。因此，作为一种新近发展起来的认知动机理论，自我决定论仍有待于完善。

(四) 成败归因理论

归因理论是一种以认知的观点看待动机的理论。20世纪60—70年代，出现了许多归因模式和理论，其中韦纳的成就动机归因理论最为引人瞩目。韦纳在海德和罗特的归因理论和阿特金森的成就动机理论基础上，系统地探讨了个体对成败结果的归因特点，对影响行为结果的可觉察的原因特性、原因结构以及原因归因和情感的关系等都提出了创造性的见解。

1. 三维归因结构

归因是个体对自己或他人行动结果原因的知觉或判断。韦纳对以往行为结果的归因进行了系统的探讨，发现人们倾向于将活动成败的原因归结为六个方面：能力（评估自己是否胜任此项工作）、努力程度（自己在此项工作是否尽了力）、工作难度（判断该项工作对自己的难易程度）、运气（这项工作成败是否取决于机遇与幸运）、身心状态（如心境）；外界环境（如他人帮助、偏见等）。

韦纳在海德、罗特提出的单维度归因观点基础上，提出了三维归因结构理论。他将众多的原因因素按其特性分为三个维度。①内在性（因素来源）。这是按个体内部或外部环境因素划分归因维度的。②稳定性。是指归因的原因因素随时间或情境是否变化。如能力被看作是一种稳定的接受力，而努力和心境则被看作是易变的。③可控性。指原因因素是否能由个人意志控制。这样，韦纳就提出了与前人不同的三个维度归因模式。三个维度六个因素之间相互搭配，可以构成八种不同成分的分类组合。

2. 归因的动机作用

（1）原因归因与期望变化。

韦纳认为，原因的稳定性归因会影响对将来成败的期望，据此提出了三条推论。①如果将一个事件的结果归因于稳定的原因，那么，这一结果被期望将来还会出现。②如果将一个事件的结果归因于不稳定的原因，那么，这种结果可能会改变，也可能不变。③将一个事件的结果归因于稳定的原因比归因于不稳定的原因在将来预期有更大重复的可能性。根据这些原则可以判定，个体对先前行为结果的归因，会使个体对随后行为的期望产生一定的变化，从而对未来行为发生影响。

（2）原因归因与情感反应。

对行为结果的情感反应有两类：一是与行为结果直接相联系的满意或不满意感；二是与认知相联系的情感，即伴随着归因过程而产生的内心体验。韦纳的研究表明，每一原因维度都与一组情感反应有独特的关系。因素来源维度主要与自尊（自豪或自卑）有关，稳定性维度则影响一个人的自信心。可控性维度的作用比较复杂，当一个人对自己的行为结果进行归因时，如果把失败归因于可控制的原因，就会感到羞愧；当对他人行为结果进行归因时，如果把他人失败归因于可控制的原因，则使观察者对他产生愤怒；如果把他人失败归因于不可控制的原因，则使观察者对他产生同情。韦纳在分析了归因对情感、期望的影响之后进一步提出，由归因引起的情感反应和期望变化对个体将来的行为具有动力作用，它可以激发、增进或削弱、消除某种行为。

（3）归因训练的观点。

归因模式是从认知的角度对动机和行为的特定关系提出的假设，合乎逻辑并得到大量实验的支持。以韦纳为代表的归因训练观在剖析成就动机的归因时，认为一个人会利用各种前提信息对自己的行为结果进行归因，推断其行为结果的原因。这种归因会引起期望和情绪方面的心理变化，影响其行为动机和行为的进程，新的行为又会引起新的归因，如此形成良性或恶性循环。因此，有必要也有可能通过归因训练程序，改变一个人不良的归因倾向，使他坚定自己的信心，以期引起行为的积极变化。期望和不期望的成败结果归因训练的模式。

（五）成就目标理论

成就目标是个体为了获得或达到有价值的结果或目的参与成就活动的原因。成就目标理论是目标理论的新发展，是以阿特金森的成就动机理论为基础，在 Dweck 能力理论基础上发展起来的一种社会认知取向的学习动机理论。

1. 能力的内隐观与成就目标

Dweck 认为人们对智力和能力持有两种不同的内隐观念，即能力增长观（incremental theory）和能力实体观（entity theory）。前者认为智力或能力是可以培养和发展的，随着学习的进行，能力可以得到提高；后者认为智力或能力是天生的、固定不变的，不会随学习的进行而得到改变。

由于人们持有的能力内隐观不同，因此，在成就情境中，追求的成就目标也存在差异。学生追求的成就目标主要可分为学习目标和成绩目标。追寻学习目标的个体认为智力是可以培养、可以发展的，因而力求掌握新的知识和提高自己的能力；追寻成绩目标的个体则认为智力或能力是天生的、固定不变的，因而力求搜集与能力有关的证据以获得对自己能力的有利评价，避免消极评价。

2. 无助和掌握两种动机模式的心理特点

与成就目标的划分相一致，Dweck 在 1980 年对儿童的成就行为研究中，发现具有同等能力的儿童在失败情境或挑战性任务面前存在两种不同的动机模式：一种是无助模式，另一种是掌握模式。具有学习目标的个体关注自身能力的提高与知识的掌握，因而在学习过程中易形成掌握模式；而具有成绩目标的个体更多地关注自己的能力和他人的评价，易于形成无助模式。Dweck 通过一系列实验研究表明，两种动机模式在认知、情感和行为方面表现出不同的特点。

3. 成就目标理论的发展

目前关于成就目标的已有研究主要集中在两个方面：一是成就目标的分类研究；二是在分类研究过程中，探讨成就目标与动机、认知、情感和行为过程的关系的研究。

在早期研究中，心理学家提出了两种成就目标：掌握目标和成绩目标（有的研究称这两种目标为"掌握关注和能力关注"，或称为"学习目标和成绩目标""任务卷入和自我卷入""掌握定向和成绩定向"）。掌握目标是以学习、掌握知识为目的的成就目标取向，掌握目标定向的个体关注对任务的掌握、理解和能力的发展；成绩目标是以追求高成绩、证明自身能力为目的的成就目标取向，成绩目标定向的个体关注和他人的比较，以获得对能力的积极评价和避免消极评价。

人们还探讨了两种成就目标与认知、情感和行为的关系。一般来说，掌握目标产生适应性的认知、情感和行为模式，掌握目标定向的个体具有以下特征：能够运用深加工策略和自我调节策略；对成败进行努力和策略归因；面对失败，焦虑程度适中；面对困难具有高坚持性，愿意选择挑战性任务；具有创造性，内部动机高；适当地寻求帮助。而成绩目标引起非适应性的认知、情感和行为模式，成绩目标定向的个体采用浅加工策略；对成败进行能力归因；面对失败易产生高焦虑；不敢面对挑战性任务，对困难坚持性低。

在两分法基础上，一些心理学家把接近-回避的倾向结合进以往的分类研究，提出并证实了成就目标存在的三种类型：掌握目标、成绩-接近目标、成绩-回避目标。成绩-接近目标关注于表现得比他人更好或更聪明，指向于得到对能力的积极判断；成绩-回避目标关注于不比别人更差或更蠢笨,指向于回避对能力的消极判断。这些研究同时发现,成绩-接近目标对认知和动机具有积极的促进作用:如促进学习策略的运用,提高学习兴趣和任务价值等。但是成绩-接近目标能引发焦虑以及其他消极情感,不利于一些适应性策略如学业求助的运用。成绩-回避目标引起的是非适应性模型,导致消极的认知、动机、情感和行为的表现。比如更少地使用策略,内部动机降低,产生焦虑,等等。

三分法虽然把接近-回避倾向结合进掌握-成绩区分之中,发展了成就目标的分类研究,但这种结合还不够彻底,不能全面地概括现实生活中可能存在的成就目标类型,比如那些有高自我标准的个体力求完美,从不愿意犯错误,三分法对此是无法解释的。最近,Pintrich 和 Elliot 等人指出,掌握目标也具有接近-回避的区分,从而提出并证实了成就目标存在的四种类型:掌握-接近目标、掌握-回避目标、成绩-接近目标、成绩-回避目标。

Urdan 于 1997 年提出应将社会目标纳入目标理论,这样才能更深刻地理解成就动机理论。Nicholls 和 Ford 将社会目标划分为两种:社会赞许目标(如取悦成人)和社会责任目标(如按时完成任务,做自己应该做的事情),并指出这些积极的社会目标是解释学生学业动机的潜在重要因素。Wentzel 等认为课堂中的社会目标对于学业成绩有一定的积极作用。她的研究表明社会责任目标如果是独立和及时完成任务,则与学业成绩正相关,而社会赞许目标与学业成绩无关或负相关。

第三节 需要、动机与行为的关系

一、需要与行为的关系

行为是人类有意识的活动。行为科学认为,行为既是人的有机体对外界刺激作出的反应,又是人通过一连串动作实现其预定目标的过程。

行为产生的原因是心理学家争论的焦点。有人认为行为是个体的生物本能,有的强调行为是由社会环境决定的。心理学家库尔特·勒温融合各派理论之长,认为人的行为是环境与个体相互作用的结果。他于 1951 年提出了著名的人类行为公式:

$$B=f(P \cdot E) \tag{4-5}$$

式中,B 表示行为;P 表示个人;E 表示环境。

库尔特·勒温的理论得到多数人的认同。根据这种理论,人的行为是由动机决定的,而动机是由需要引起的。

一个人渴了想喝水,就会产生寻找饮料的行为,行为指向一定的目标,直到找到饮料为止。根据心理学原理,产生行为的直接原因是动机:渴了,是个体缺乏某种东西——水,想喝水是需要,需要产生找水的动机,动机是引起个体找水行为,并维护该行为,将行为导向直至找到饮料这一目标的过程。

当个体缺乏某种东西时叫需要,缺乏某种东西有两种情况:一种是缺乏个体内部维持生理作用的物质因素,如食物、饮料、药品等。渴了,说明人的生理上缺乏水,进而产生了喝水的需要;还有一种是缺乏社会生活所必需的心理及精神因素,如成就感、荣誉感、受人尊重、音乐享受等。当一个人缺乏这些东西时,就会感到身心不安,紧张或不舒服,从而产生某种需要。需要就会产生能够满足需要的动机,进而产生某种行为。

需要和动机是有区别的。需要是人积极性的基础和根源，动机是推动人们活动的直接原因。人类的各种行为都是在动机的作用下，向着某一目标进行的，而人的动机又是由某种欲求或需要引起的。但是，不是所有的需要都能转化为动机。需要转化为动机必须满足两个条件。

（1）需要必须有一定的强度。就是说，某种需要必须成为个体的强烈愿望，迫切要求得到满足。如果需要不迫切，则不足以促使人去行动以满足这个需要。

（2）需要转化为动机，还要有适当的客观条件，即诱因的刺激。它既包括物质的刺激，也包括社会性的刺激。有了客观的诱因，才能促使人去追求它、得到它，以满足某种需要；相反，就无法转化为动机。例如，人处在一个荒岛上，很想与人交往，但荒岛缺乏交往的对象（诱因），这种需要就无法转化为动机。

可见，人的行为动力是由主观需要和客观事物共同制约决定的。按心理学所揭示的规律，欲求或需要引起动机，动机支配着人们的行为。当人们产生某种需要时，心理上就会产生不安与紧张的情绪，成为一种内在的驱动力，即动机，它驱使人选择目标，并进行实现目标的活动，以满足需要。需要满足后，人的心理紧张消除，然后又有新的需要产生，再引起新的行为。这样周而复始，循环往复。

二、动机与行为的关系

人的行为总是由一定的动机引起的。所以，人们还常常将引起个人行为、维持该行为并将此行为导向某一目标（个人需要的满足）的过程称为动机。

一般来说，动机是行为产生的直接动力，行为是动机的外在表现。那么，动机和行为之间的关系是否是完全确定的对应关系呢？答案是否定的。任何一个人的行为都是个人因素与环境因素相互作用的结果，对于同一个人的相同的动机，不同环境会导致不同的行为；在个人因素中，外在表现和内在动机有时一致，有时不一致，关系较为复杂；内在动机又有积极、消极之分，各种成分混杂。因此，人的行为是这些因素的"综合效应"。这使动机和行为有着复杂的关系。

（1）同一动机可以引起多种不同的行为。如人们都想装修一套较为舒适的住房，这种动机可能在不同的人身上引起不同的行为：努力工作，多得奖金，积钱装修；平时省吃俭用，省钱装修；努力用正当经营赚钱装修；搞歪门邪道，捞不义之财装修。

（2）同一行为可以有不同的动机。如一个人努力工作，可由种种不同的动机引起：争做优秀职工，为社会多做贡献；为了受表扬，得个好名声；得到领导的好感，以便受提拔重用；为了多得奖金，改善生活。

（3）一种行为可能同时为多种动机所推动。有的职工工作很积极，分析一下他们的动机，会得到很多种。其中，有为社会多做贡献的动机，也有想得到领导提拔重用的动机，也可能有希望获得先进工作者荣誉称号的动机，还可能有多拿奖金的动机等。

（4）合理的动机可能引起不合理的甚至错误的行为。有的人看到自己的同事工作出了差错很痛心，一心想帮助他改正，但因急于求成，采取了粗暴的做法，结果未能使他认识错误，反而使他产生了抵触情绪。

（5）错误的动机有时被外表积极的行为所掩盖。在已经查处的经济犯罪分子中，有的犯罪分子，在群众中挺有威信，还被评为先进工作者。但其"先进"的行为，正是为了掩盖其犯罪的动机。

由此可见，人的动机和行为之间的关系是十分复杂的。无论动机与行为的关系如何复杂，都可明显地揭示出需要、动机和行为之间的关系以及发展规律，即"需要—心理紧张—动机—目标导向行为—目标行为—需要满足—新的需要产生"。遵循这一规律，使管理者能从宏观上掌握被管理者的心理，从而制定出相应的较为科学的管理措施，以高效地实现组织目标。

讨论题

1. 试述需要的种类与作用。
2. 试说明马斯洛的需要理论以及奥德弗的需要理论。
3. 需要与行为之间存在怎样的关系？
4. 说明动机与行为之间的关系。

【小测试】

需要强度问卷

个人需要问卷

下列关于你的描述是否准确	非常准确	有些准确	介于准确与不准确之间	有些不准确	非常不准确
1. 相比受人尊敬，我宁愿做我自己	□	□	□	□	□
2. 我是从不放弃的人	□	□	□	□	□
3. 当机会到来时，我希望能抓住机会	□	□	□	□	□
4. 我不会说别人不想听到的话	□	□	□	□	□
5. 当自己的意见与团队意见相反时，我觉得提出自己的看法很困难	□	□	□	□	□
6. 我喜欢控制事情	□	□	□	□	□
7. 我并不十分追求成功	□	□	□	□	□
8. 我通常只有知道朋友会支持我的时候才不同意别人的观点	□	□	□	□	□
9. 我尝试将我做的事情做到最好	□	□	□	□	□
10. 我很少为我的行为找借口或道歉	□	□	□	□	□
11. 如果有人批评我，我可以接受	□	□	□	□	□
12. 我努力做得比别人好	□	□	□	□	□
13. 当别人反对我时，我很少改变自己的看法	□	□	□	□	□
14. 别人能做到的事情，我努力比别人做得更好	□	□	□	□	□
15. 为了与人相处以及让别人喜欢我，我希望成为别人希望我成为的样子	□	□	□	□	□

第五章 群体心理和群体行为

【课前案例】

不平衡小组

话说有三只老鼠一同去偷油喝,到了油缸边一看,油缸里的油只剩一点点在缸底,并且缸身太高,谁也喝不到。于是它们想出办法:一个咬着另一个的尾巴,吊下去喝,第一只喝饱了,上来,再吊第二只下去喝……第一只老鼠最先下去喝油,它在下面想:"油只有这么一点点,幸亏我幸运,可以喝个饱。"第二只老鼠在中间想:"下面的油是有限的,假如让它喝完了,我还有什么可喝的呢?还是放了它,我自己跳下去喝吧!"第三只老鼠在上面想:"油很少,等它俩都喝完,还有我的份吗?不如早点放了它们,自己跳下去喝吧!"于是,第二只放了第一只的尾巴,第三只放了第二只的尾巴,都自己跳下去喝油了。三只老鼠都喝到油了,但结果它们再没有从油缸里跳出来。

第一节 群体的概述

一、群体的概念

"物以类聚,人以群分"。群体与个体相对,是个体的共同体。不同个体按某种特征结合在一起,进行共同活动、相互交往,就形成了群体。群体是十分重要的社会现象和管理现象,也是人类社会组织最基本的活动形式。个体往往通过群体活动达到参加社会生活并成为社会成员的目的,并在群体中获得安全感、责任感、亲情、友情、关心和支持。

Shaw 认为,群体由两个或更多相互作用和相互影响的个体所组成。他指出,所有的群体都有一个共同的特征,即群体成员间有着彼此的互动,而且群体的存在是有原因的。例如,为了满足某种需要,提供信息或者实现统一的目标等。可见,按照 Shaw 的定义,同一电影院的观众、同一架飞机的乘客仅能说是一个集合体,而不是一个真实的、互动的群体。Back 认为,对群体概念的理解,关键是它的所有成员彼此之间必须有一种可观察到的和有意义的联系方式;个体间的互动使人们成为一个群体,并为一个共同目标而努力奋斗。越来越多的研究者认为,群体是所有上述含义或是具有更多含义的一种混合体。巴伦等人认为群体是通过某种纽带联系在一起,并具有不同程度内聚力的一群人。还有一些学者认为群体是一群以某种方式紧密相连的人。McGrath 将群体定义为包含共同的意识和潜在的共同相互作用的社会集体。其他的研究中,对群体的界定不一,有的是团队,有的是自我管理的群体,有的则限定在实际组织中的高层管理团队。群体和团队在某些研究中被作为可以互换的概念，而另外一些学者对这两个概念做了区别。Orasanu 和 Salas 认为团队是由高度差异化的、互相依赖的成员构成的，而群体是同质可以替换的成员构成，如陪审团。当然这种观点过于极端化了。

综观世界各国学者关于群体的界定和理解，我们认为群体是相对于个体而言的，是个体和条件的特殊组合，是指两个或两个以上的人，为了达到共同的目标，以一定的方式联系在一起进行活动的人群，是建立在社会和工作关系与社会心理双重基础上的人群集合体。群体的基本要素包括：①一定的人数规模；②一定的角色分工；③联系纽带；④有共同的目标和活动；⑤群体规范；⑥群体意识或归属感。

当今社会又被称为网络社会，互联网为现实社会的人们提供了新的互动环境与空间。人们在新的网络互动环境中以网结缘，形成网络社会群体。网络社会群体既是现实社会群体的"延伸"，却又不同于现实的社会群体。

关于网络社会群体的内涵，由于自然科学、人文科学、社会科学及横向科学等不同学科对同一概念的不同定义，因此学术界并无定论。有学者试图从社会学的角度分析网络社会群体与现实社会群体的异同：网络的社会群体概念与经典社会学理论的社会群体概念一样，指一定数额的人彼此互动，有一定的角色分工与群体规范，有一定的社会关系与群体意识，如网络论坛中的版主可以把不守规矩者"踢出局"。而网络群体与现实群体的不同在于：网络社会的群体角色不如现实社会群体中那么确定，角色划分比较简单，社会关系相对单一，群体成员的物质依存感不如现实群体强烈，群体意识和归属感不如现实群体明显和持久。同时，在比较虚拟群体和现实群体异同时，我们也注意到网络社会群体成员们多数不具有共同的身份，并且在网络社会群体中一部分成员是为了完成"共同的目标"，而另一部分人却未必明白自己"想做什么"，只是在"意见领袖"的领导下做"沉默的螺旋状"。

二、群体的特征

尽管群体产生的时间、存在的空间、人员数量、行动目标等多个方面存在差别，但通过观察不难发现，所有群体都具有以下特征。

（一）群体的成员因目标与利益相连接

目标是群体形成的前提条件，任何一个群体必须具有群体目标，它是大家共同行动的方向，是群体内成员相互协作与配合的原动力。群体的目标与个人的利益紧密相连，在通常情况下，群体的目标实现，个人的利益即会同时实现，群体将个人的利益与群体的目标紧密结合在一起，每一个成员都会为实现群体目标而做出自己的努力。

（二）群体意识深入人心

群体意识是区分群体与"乌合之众"的重要标准之一。群体中每个成员都能意识到自己是群体的一员，承认其他成员的存在，并认可其他成员在群体中的作用和地位，与他们建立友好的合作关系和相互依存的情感。这种群体意识有助于群体成员之间的交流与沟通，有助于群体目标的实现，有利于形成一体化的自我感觉。

（三）群体内部存在组织分工

群体成员为了实现群体目标，必须进行分工，开展密切协作和配合。群体中的每一个成员都在群体内占有一定的地位，扮演一定的角色，执行一定的任务，拥有一定的权利和义务。分工能够充分发挥每个人的专长，提高群体效率，尽快实现群体目标。例如，一个公司群体有董事长、总经理、财务、营销、人力资源等分工，当大家做到各司其职，企业的效率就会极大提高。

（四）成员对群体具有归属感

归属感表现为个体自觉归属于所属群体的一种情感，在心理上有依存关系和共同感。有了这种情感，个体就会以这个群体的目标为准则，进行自己的活动、认知和评价，自觉地维护群体的利益，并与群体内其他成员在情感上产生共鸣。古斯塔夫·勒庞 1895 出版了《乌合之众——大众心理研究》，提出了"心智归一法则"。他认为"作为个体的人是独立的，通常都是理性的、有文化、有教养和负责任的。但一旦聚集成群体，随着参与者数量和规模的逐渐扩大，个体之间将相互启发、感染和影响，群体中的成员的观念和行为方式表现出趋同性，行为的非理性和暴力倾向明显，自主意识越来越少"。

（五）群体中易表现出从众心理

从众心理是指由于群体压力而引起的个体行为或信念的改变，群体规模、一致性、凝聚力、地位等因素都是影响个体从众心理的重要因素。莫顿·多伊奇和哈罗德·杰勒德认为，个体从众的原因主要有两个：一是因为希望得到群体接纳和免遭拒绝；二是为了获得重要信息。这两个原因被命名为规范影响和信息影响。当整个群体形成一种"优势意见"，而群体中的个体对外界环境没有充分把握的时候，总是倾向于以多数人的行为作为自己行为的参照。迫于群体压力，很多个体会选择改变自己的意见或者至少压制自己的反对性意见，最终发生从众的倾向。

三、群体的作用

（一）为成员提供获取安全感的平台

从心理学视角考虑，当个体加入群体后，可以减轻"孤立无援"时的不安全感，使人感到有依靠、被支撑，也多了一份对外来威胁的抵抗力。作为一个个体，只有当他属于群体时，才能免于孤独的恐惧感，获得心理上的安全。特别是新来的员工尤其容易产生孤独感，所以他们求助于群体以获取指导和支持。日常工作中，不论是新来的员工，还是工作多年的"老"员工，多数会通过与他人交往并成为群体中的一员而获得安全感。

（二）为成员提供取长补短的平台

群体给成员提供了相互交往的机会，通过交往，可以促进人际间的信任和合作，并在交往中获得友谊、关怀、支持和帮助。更重要的是，通过交往个体会发现自己的长处与不足，经过群体内的合作，个体一方面可以向其他成员学习自己不擅长的知识，另一方面可以取长补短，更好地形成群体的合力。每个群体成员用自己的长处弥补队友的短处，用队友的长处弥补自己的短处。

（三）为成员提供放大自身功能的平台

群体是个体有条件的组合，由于每个个体所拥有的知识、能力、素质各不相同，当群体开展合作，在取长补短功能作用下，群体的总绩效通常会大于个体单独完成任务产生效用的总和。著名的曼哈顿工程向我们展示了群体效能增加的事实，即通过群体合作，实现了"1+1>2"的可喜效果。

四、群体的类型

每个群体的性质、结构、作用和活动方式各不相同，因此群体的形式是多种多样的。根据不同划分标准，可以对群体进行不同的分类。

（一）基本群体和偶然群体

基本群体是由两个或两个以上的人组成的长期、亲密、面对面联系的一种群体，如家庭、工作群体，是日常生活中最常见的群体形式。偶然群体是人们临时组成的群体，在被聚到一起之前，人们彼此是互不相识的，如人们共乘一辆公共汽车，或者报名参加一个旅行团。这种类型的群体是因为临时的目标而组建的，当目标达成，群体即解散。

（二）异质性群体和同质性群体

这种分类是古斯塔夫·勒庞在《乌合之众》一书中从心理学角度对群体进行划分的。在异质性群体中，勒庞将其分为有名称的群体和无名称的群体，区别在于前者具有群体责任感，而后者则没有。同质性群体主要包括：派别、身份团体和阶级。勒庞认为派别是同质性群体中最基础的成因，可以将社会中处于不同职业、社会阶级以及教育层级的个体组织在一起，而联系这些不同个体的是共同的信仰。如政治派别和宗教等。身份团体是最易于组织的，它们是由具有相同职业的个体组成的，具有相类似的社会地位和教育背景，如士兵；还有一种群体，它是由来源不同的个体组成的，联系它们的不是教育背景、社会地位，而是相同的利益，如中产阶级。

（三）正式群体和非正式群体

心理学家梅奥在霍桑实验中提出，根据群体内各成员相互作用的目的和性质，可以把群体分为正式群体和非正式群体。正式群体是指根据成员编制、章程或其他正式文件而建立的群体。正式群体结构明确，它们规定好成员的地位和角色，明确提出各成员的权利和义务，并具有良好的群体规范，有清晰的信息沟通路线和权利控制机制，所要完成的任务也有详细的规定。政府、企业、工厂、学校、班级等都是正式群体。非正式群体是指那些无正式规定的、自发形成的、成员的地位和角色以及权利和义务都不明确，也无固定编制的群体，它主要用于满足人们某种生活需要，并且带有明显的情感色彩，即以个人的好感为基础。

（四）大型群体与小型群体

根据群体的规模和沟通方式，可把群体分为大型群体与小型群体。从心理学角度看，群体大小规模的划分是有标准的，即群体成员是否处于面对面的联系和接触情境中。大型群体指群体成员人数众多，以间接方式取得联系的群体，如通过群体的共同目标、通过各层组织机构等，使成员建立间接的联系。大型群体还可以进一步分为不同形式、不同层次的群体。如可分为乡镇、街道、居民村等群体，也可分为社会职业群体或人口群体等，还可以分为政治群体、工作群体、娱乐群体等。这些大型群体没有直接的社会交往和社会互动，都可以作为社会心理学的专门研究对象，但更多的时候是作为社会学的研究对象。小型群体指相对稳定、人数不多、为共同目标而结合起来的、各个成员直接接触的联合体。它有共同的目标，全体成员为此目标做共同努力。小型群体成员间相互熟悉，往往面对面交往沟通，心理感受也较明显。其规模不能少于2人，但一般也不超过30人。夫妻、家庭、亲戚和小组、班级等都可以视为小型群体。一个人可以承担不同的社会角色，也可以同时作为几个小型群体的成员，可根据自己的愿望与需要与他人直接交往。在人数较多的小群体中，由于各种原因，某些人的交往活动较多，沟通较频繁，交往更加带有亲密的性质，可以称为"小集团"。"小集团"人数不多，一般为2~7人。"小集团"可能是一个正式群体也可能是非正式群体，同时还属于某个小群体。

第二节　群体内行为

一、群体对个体行为的影响

当个体进入群体，会使他们获得一种集体心理，这种心理使他们的感情、思想和行为变得与他们单独一个人时的感情、思想和行为颇为不同。若不是群体形成，有些闪念和感情在个人身上根本就不会产生，或不可能变为行动。不论是短暂的群体还是较稳定的群体，群体的产生最主要的是因为人有安全、爱与尊重、归属等方面的需要，这些需要只有在群体中才能更好地得到满足。

人类社会由许多群体组成，群体是人类生存和发展的前提。社会认同理论认为，群体为群体成员提供了情感意义和价值意义，群体成员将群体身份内化为自我概念的一部分，认同群体内的活动，并通过与群体外进行比较来获得积极的身份满足感和维护积极的自尊。从而，人们给予群体正面的评价和友好的行为，因此，群体身份会对个体产生多样化的作用。其中，基于社会阶层的群体身份以及基于民族的群体身份是个体的重要身份。

（一）群体对个体心理效应的影响

群体情境对个体产生的心理效应主要有以下几个方面：①社会助长，指当他人在场或当与他人一起活动时，个体行为效率有提高的倾向，这是因为多数人在一起活动，增强了个人被他人评价的意识，从而提高了个人的兴奋水平，增加了相互模仿的机会和竞争的动机，减少了单调的感觉和由于孤独造成的心理疲劳；②责任分散，个人与他人共同工作，群体做出决策时，责任分散到每个成员身上，任何人都不必对决策错误承担全部责任，从而减少了恐惧心理；③去个性化，个人在群体压力或群体意识影响下，会导致自我导向功能的削弱或责任感的丧失，产生一些个人单独活动时不会出现的行为。费斯廷格和纽科姆认为，当个体的注意力投向群体时，由于去个性化减弱了作为个体时的约束力，也即社会对其的约束力，因此为个体从事反常的行为创造了条件。对群体的注意增强了去个性化，反过来又强化了通常受制约的行为。

（二）群体对个人行为的影响

群体使一个人受到新的行为和生活方式的影响。由于群体生活方式的影响，个体成员互相接触的机会比较多，而每个群体成员又有个人多年形成的各自的行为模式及生活行为习惯，长时间的接触和了解，会使其他成员各自的行为模式随之产生或多或少的改变，这就是所谓的人对人的影响。这种改变需要以一定的时间接触为基础，在交往中逐渐形成。群体一般有其独特的处事行为方式，人们常把自己看作某一相关群体的同类人，同类人意识会影响人们的自我观念，对人们的行为态度产生影响，良好的群体行为规范、良好的行为模式准则，对于规范成员的行为方式很有帮助。群体会产生某种趋于一致的压力，这在以人为中心的交际圈中显得很明显。有着共同爱好的人，通过类似的行为互相影响，并逐渐融入整个有着共同爱好的人群中。

二、群体凝聚力

（一）群体凝聚力的含义

群体凝聚力作用于群体成员之中，使之保持群体内的力量，是体现群体发展水平的指标。高凝聚力群体成员表现的心理感受是对群体的认同感、归属感和力量感。产生凝聚力的条件有：群体成员的目标一致、志趣相投、心理相容和互补，以及外界的压力与威胁等。群体对其成员的吸引力，包括群体成员之间的相互吸引力，以及群体成员对群体的满意程度。最初研究群体凝聚力是从 W. 麦独孤称为"聚集"的本能开始的；大规模研究则始于 20 世纪 40 年代 K. 勒温对人类群体的研究。与早期研究相对照，现代研究倾向于把凝聚力作为一个变量，并集中在两类问题上：一是各种程度的凝聚力对群体行为所产生的影响；二是决定群体凝聚力大小的因素。

群体的凝聚力具有重要的意义，有利于群体任务的完成。它不仅是增强群体效能、实现群体目标的重要条件，而且是群体能否存在的必要条件。如果群体具有较高凝聚力，一般具有以下特征：①成员间意见沟通快，信息交流频繁，互相了解较为深刻，民主气氛好，关系和谐；②群体对每一个成员有较强的吸引力、向心力，成员愿意参加团体活动，无论是生产还是其他活动出席率都较高；群体成员彼此之间的吸引力越大，则群体对成员的吸引力也越大，增进成员之间的活动和交往，有助于增加群体的凝聚力；③群体成员愿意承担更多的推动群体工作的责任，时时关心群体，并注意维护群体的利益和荣誉；④群体中每个成员都有较强的归属感、尊严感、自豪感。

如果一个群体丧失了凝聚力，不再能吸引它的成员，那么它本身就失去了存在的意义。一个好的群体，其凝聚力一定高，从而会有很高的士气，明确的动机和坚强的抗干扰的力量。群体规模的大小与凝聚力通常成反比，规模小的群体比规模大的群体更容易产生凝聚力。群体成员对群体的忠诚、责任感，对外来攻击的防御，群体成员之间的友谊，承担群体的任务等都可以表明群体凝聚力的高或低。有高度凝聚力的群体比缺乏凝聚力的群体工作效率要高。

（二）群体凝聚力的类型

1. 自然凝聚力

一般来说人们都有归属的需要，如果一个人单独生活，就会萌生一种怅然若失的感觉，而回到群体中，就会充满信心和力量。这就是说群体自然而然对个人产生了一种吸引力，人生活在一定的社会关系网中，就必然与社会发生各种各样的相互关系。人需要交际，需要友谊和爱，需要归属和尊重。但是一个人对于社会而言确实太小了，力量太微弱，他必然依赖一定的群体，才能更好地生活。人有社会属性，不能脱离群体而单独生活，每个人都需要别人，这就是群体的自然凝聚力。

2. 工作凝聚力

人需要依赖工作而生存，每个人都有获得良好工作的愿望，都希望在工作中发挥自己的特长。同时，在现阶段，劳动还是作为人们谋生的一种手段，人们必须依赖工作而求得生存、发展。在工作过程中，个体一方面依靠个人才能完成工作任务，另一方面还需要与他人合作才能实现工作目标，因此必须通力合作，这就是群体的工作凝聚力。

3. 领导凝聚力

在一个群体里，成功而有威望的领导者本身就是一种吸引力，群体所承担的任务，需要领导去组织、指挥，需要成员执行、完成，领导要经常和群体成员发生各种各样的关系。因此，领导者的行为直接影响群体凝聚力。一个民主型的领导者，群体内部的意见会得到良好的沟通，群体人际关系和谐，成员心情舒畅，凝聚力增强。一个专制型的领导，群体内部就不易沟通，群体成员就会感到压抑，对工作也会感到乏味和无聊，因而群体凝聚力减弱。一个仁慈而专断的领导，事无巨细，事必躬亲，结果导致领导在时凝聚力强，领导一旦离开，群体就会陷入瘫痪，凝聚力大大减弱。因此，领导是形成群体凝聚力的一个重要因素。

4. 情感凝聚力

人是感性的，一个群体的成员长期在一起工作和学习，朝夕相处，群体内各个成员之间、成员与领导之间、领导与领导之间彼此了解，就可能建立融洽、和谐的人际关系，群体就有一种吸引力。显然，这种吸引力是以情感为基础产生的，属于情感凝聚力。协调融洽的人际关系，不仅满足了人们的心理需要，而且减轻了人们的紧张感。如果人们在工作中心情舒畅，就会同心协力以达到组织目标。相反，如果人际关系不好，人与人之间关系紧张，相互猜忌，彼此戒备，必然会导致内部矛盾增多，内耗增加，影响团队工作任务的完成。

三、群体士气

（一）群体士气的含义

群体士气是指群体成员对群体的认同与满意，并愿意为群体目标而奋斗的精神状态。它代表一种个人成败与群体兴衰休戚相关的心理，是群体的工作精神和成员对组织的态度表现。群体士气又叫团队精神，由群体的工作精神和成员对组织的积极态度组成。对士气的定义因人而异。史密斯（G. R. Smith）认为，士气是对某一群体感到满足，乐意成为该群体的一员，并协助达到群体目标的态度。雷顿（A. H. Leighton）则认为，士气是一群人追求共同目标，持久地、首尾连贯地协力工作的群体能力。

在组织管理中，要想提高工作和生产效率，保持高昂的士气是不可缺少的必要条件，而要提高员工的士气，就要了解影响员工士气的因素，具体因素包括成员对组织目标的赞同程度；成员对工作的满足感；合理的经济报酬和奖励制度；群体成员参与管理的程度；有优秀能力的领导者；良好的意见沟通以及良好的工作心理环境。

（二）群体士气的作用

群体士气是群体成员的群体意识，它与群体凝聚力有密切关系。士气高昂的群体，凝聚力必然就强；士气低落，凝聚力就会下降。高昂的士气虽不一定提高组织的绩效，但要想提高组织绩效，提高士气是不可缺少的重要条件。心理学家克瑞奇（D. Krech）等认为，一个士气高昂的群体具有以下特征：群体的团结来自内部的凝聚力，而非起因于外部的压力；群体内的成员没有分裂为互相敌对的小群体的倾向；群体本身具有适应外部变化的能力，并具有处理内部冲突的能力；群体成员之间有其强烈的认同感和归属感；群体内每一成员都明确掌握群体的目标；群体内成员对其目标及领导者都抱有肯定支持的态度；群体内成员都承认群体的存在价值，并具有维护它继续存在的意向。高昂的群体士气，可以激发员工的生产热情，以保证群体或组织生产任务的完成。同时，高昂的群体士气可以使群体或组织获得广大公众的赞誉和支持。

（三）群体士气与生产率的关系

美国心理学家戴维斯（K. Davis）研究了士气与生产率的关系。他认为士气与生产率的关系可能出现三种情况，如表5-1所示。

表 5-1　群体士气与生产率之间的关系

项目		士气	
		高	低
生产率	高	Ⅱ	Ⅰ
	低	Ⅲ	Ⅳ

（1）表 5-1 中Ⅰ表示士气低，生产率高。这是由于管理者过分强调物质条件和金钱刺激，使员工暂时获得了某些物质需要而达到较高生产率，然而由于忽略了员工的心理需求，生产率高的情况也只能是暂时的。

（2）表 5-1 中Ⅱ表示士气高，生产率也高。这是由于员工在组织里既获得了满足感，又体会到组织目标与个人的需要相一致，正式组织与非正式组织的利益相协调，使员工高效地去实现组织目标。

（3）表 5-1 中Ⅲ表示士气高，生产率低。这是由于员工在群体里虽然获得了满足感，但组织目标却不能与个人的需要相联系，于是出现了所谓的"和和气气地怠工"的现象，而缺乏紧张的工作气氛。如果出现高士气的群体不认同组织目标，群体工作情绪与组织目标相抵触，则可能构成生产的障碍。

（4）表 5-1 中Ⅳ表示戴维斯所讲的三种情况之外的第四种情况，即士气低、生产率也低。这是由于员工在群体内得不到满足感，而且组织目标与个人的需求也不能发生联系，员工对生产没有兴趣，于是出现了"当一天和尚撞一天钟"的现象。

四、群体决策

（一）群体决策的含义

环境信息、个人偏好、方案评价方法是一个决策好坏的关键。而这些又与个人的经验和对问题的理解有关，特别是对于复杂的决策问题，不仅涉及多目标、不确定性、时间动态性、竞争性，而且个人的能力已远远达不到要求，为此需要发挥集体的智慧，由多人参与决策分析。这些参与决策的人，我们称之为决策群体，群体成员制定决策的整个过程就称为群体决策。群体决策研究如何将一群个体中每一成员对某类事物的偏好汇集成群体偏好，以使该群体对此类事物中的所有事物作出优劣排序或从中选优。作为一种抉择的手段，群体决策是处理重大定性决策问题的有力工具。阿罗（K. J. Arrow）的不可能性定理是群体决策序数理论的基础，少数服从多数的多数规则是群体决策中应用最为普遍的一个重要方法。

（二）群体决策的要素

一个群体决策问题包含两大要素：一个是供选择的决策方案，如选举中的候选人、购物中的品牌货物或文体竞赛中的选手；另一个是参与决策的成员，即决策者或称决策个体，如选举中的选民、购物中的顾客或文体竞赛中的评判员。当然，任意一个群体决策问题均应有不少于两个供选方案和不少于两位决策个体。群体决策的过程是决策个体各自提供对供选方案的偏好，依据某一规则汇集成群体偏好，据此对所有的供选方案进行群体偏好排序或从中选优。

（三）群体决策的优点

与个体决策相比，群体决策的优点主要表现在：群体决策有利于集中不同领域专家的智慧，应付日益复杂的决策问题。通过这些专家的广泛参与，专家们可以对决策问题提出建设性意见，有利于在决策方案得以贯彻实施之前，发现其中存在的问题，提高决策的针对性。群体决策能够利用更多的知识优势，借助于更多的信息，形成更多的可行性方案。由于决策群体的成员来自不同的部门，从事不同的工作，熟悉不同的知识，掌握不同的信息，容易形成互补性，进而挖掘出更多的令人满意的行动方案。群体决策还有利于充分利用其成员不同的教育程度、经验和背景。具有不同背景、经验的不同成员在选择收集的信息、要解决问题的类型和解决问题的思路上往往都有很大差异，他们的广泛参与有利于提高决策时考虑问题的全面性，提高决策的科学性。群体决策提供了决策的可接受性，有助于决策的顺利实施。由于决策群体的成员具有广泛的代表性，所形成的决策是在综合各成员意见的基础上形成的对问题趋于一致的看法，因而有利于有关部门或人员的理解和接受，在实施中也容易得到有关部门的相互支持与配合，从而在很大程度上有利于提高决策实施的质量。另外，群体决策使人们勇于承担风险。有关研究表明，在群体决策中，许多人都比个人更勇于承担风险。

（四）群体决策的缺点

群体决策的缺点也是显而易见的。第一，群体决策的速度、效率可能低下。群体决策鼓励各个领域的专家、员工的积极参与，力争以民主的方式拟定出最满意的行动方案。在这个过程中，如果处理不当，就可能陷入盲目讨论的误区之中，既浪费了时间，又降低了速度和决策效率，从而限制了管理人员及时做出反应的能力。第二，在群体决策过程中，决策者存在从众压力。群体成员希望被群体接受和重视的愿望可能会导致不同意见被压制，在决策时使群体成员都追求观点的统一。第三，群体决策还会出现少数人控制的现象。群体讨论可能会被一两个人控制，如果这种控制是由低水平的成员所致，群体决策的结果就会受到不利影响。第四，群体决策还存在责任不清的影响。对于个人决策，谁来承担风险是很明确的。但群体决策中每位成员的责任都被冲淡了。第五，群体决策中很可能使决策者更关心个人目标。在决策实践中，不同部门的管理者可能会从不同角度对问题进行定义，管理者个人更倾向于对自己部门相关的问题感兴趣。因此，如果处理不当，很可能发生决策目标偏向个人目标的情况。

第三节 群体冲突

一、群体冲突概述

（一）群体冲突的概念

冲突是一种无处不在的社会现象，存在于人类社会活动的各种形式、各个层面、各个领域和所有的主体之中。它是行为主体之间因某种因素而导致的对立的心理状态和行为过程，是一种不和谐的状态。冲突被广泛定义为感知到的不相容，或者参与者感知到他们有观点上的分歧以及人与人之间的不相容。而 Wall 和 Nolan 的定义是：冲突是一个过程，在此过程中，一方感知到他的利益遭到另一方的损害和负面影响。与之相近的是 Thomas 的定义：冲突是一个过程，起始于当一方感知到另外一方已经或者将要对其关心的事物产生负面影响。

按照冲突发生的主体和范围，冲突可分为自我冲突、人际冲突、群体间冲突、组织冲突、社会冲突等。群体冲突是在群体之间公开表露出来的敌意和相互对对方活动的干涉。从一个方面来看,冲突将妨碍现有组织与人员的运转,但是群体冲突并不总是有害无益的。如果能保持在合理的程度和有限的重要事件上的话,那么冲突实际上能使组织更有效地运行。有些学者为提升决策的有效性与可信度,将群体决策理论应用到应急决策中,并考虑群体决策中的意见冲突问题,提出了应急决策中的冲突调整算法。

群体冲突对群体决策和群体过程的影响作用比较复杂,因此近年来一些群体冲突研究者提出了很多对群体冲突进行分类的方法,并在各自的分类基础上进行了研究。首先要区别的是,群体内的冲突是不是成员基于群体和个人的根本目标的冲突。如果成员对于群体的共同目标和个人的基本目标存在对立和重大分歧,冲突是显而易见的。早期的很多研究都是基于群体存在根本性的目标冲突假设下进行的。但是在组织群体中,群体成员往往在群体的目标和个人的目标取得基本一致时却仍然陷于冲突之中。McGrath 的研究指出,即使人们具有相同的目标并且共同承担结果,在群体决策的过程中仍然会产生冲突。这种过程结果的区分为群体冲突研究提供了分析的框架。

(二) 群体冲突的特殊属性

1. 有时冲突是有益的

人们发现,尽管冲突的潜在消极后果相当严重,但与此同时,冲突也带来一些好处。冲突可能会成为组织变革的催化剂,它会促使组织重新评价公司目标或对优先顺序重新作出排列,迫使管理者发现那些过去一直被忽视的重要问题,并对这些问题作出高质量的决策。群体冲突往往会给组织带来冲击,使组织不满足于现状,从而走向革新。

2. 有时压制所有冲突会导致更消极的后果

如果对所有冲突都进行压制,人们就开始暗地里互相拆台而不是互相直接对抗。群体把精力花在企图削弱对手而不是努力去解决与对手间的问题上。作为解决冲突的一种策略,对抗有时比压制更为有效。

3. 冲突是不可避免的

很多组织目前提供的产品和服务都很复杂,因而无论是产品的生产还是服务的提供都要求很多群体紧密合作。而当众多的群体共同致力于多项任务时,不发生冲突实际上是不可能的。另外,公司的财务状况以及整个国家的经济形势一年中可能会多次发生变化,这些变化常常造成大家互相竞争预算和资源,而由此引起的冲突并不易预见或并不总能避开。

因此,按照现代冲突观,管理者不应不惜一切代价去压制冲突。管理者的工作应该允许适当的冲突存在,并设法以那种能加强组织有效性且不产生更深敌意或破坏性行为的方式去解决、消除冲突。

(三) 群体冲突产生的原因

群体冲突一般不会因为非理性或微不足道的小事而发生。相反,而是由于组织协调不同群体的工作和在这些群体间分配奖赏的方法造成的。

1. 工作协调

群体冲突最常见的原因可能是出自几个不同部门之间的工作协调问题。组织要制造产品或提供服务,就需要协调若干部门的活动,而摩擦常常发生在这一过程中。

(1) 序列工作相互依赖。一个工作群体为了完成其任务必须依赖组织的其他单位。序列工作相互依赖的情况是:一个群体的产品(产出)是另一群体的原材料(投入)。例如,市场研究职能部门进行的消费者调查结果成为广告部门促销活动设计的原始数据;建筑师设计的规格参数成为工程部门活动的起点。一个群体的活动对另一群体的绩效影响越大,群体冲突的可能性就越大。直线和职能群体常常由于序列工作的相互依赖而互相冲突。一般来说,职能人员执行监控职能,向最高经理汇报他们在监控直线人员工作中发现的问题。不用说,直线人员常常把职能人员的工作看作是"密探"而不是建设性的指导;更为严重的是,直线人员常常拒绝接受职能人员提出的有关改进生产率的建议。直线人员往往抱怨说,职能人员虽然掌握技术专长,但他们不具有有效实施其想法的才能。

(2)相互工作的依赖。这是指每个群体的一些产出都成为另外群体的投入。生产部门和质量保证部门之间的关系也许是说明相互工作依赖的最好例子:生产部门生产出来的产品由质量保证部门来检验安全性和其他标准,而质量保证部门则把那些不符合标准、需要修正的产品送返生产部门。相互工作的依赖也存在于生产部门和销售部门之间,生产部门为销售人员提供要推销的产品,而销售人员的订单和估算则有助于生产部门决定产量。由于相互工作的依赖而产生的群体冲突在于群体对绩效认识的差异,每个群体都对接收来自其他群体工作的质量或数量感到不满意。采购部门和工程师也常常因为任务依赖性而发生群体冲突。采购部门承担在符合质量要求的前提下以最低成本为组织获得原材料的责任,采购人员特别不希望工程师告诉他们应该购买什么特定牌子的物品,他们只要得到所需采购物品的功能和规格,以便他们能够更有效地和许多供应商讨价还价。然而,采购人员的这种要求却会造成工程师工作量的增加,因为如果那样的话,工程师必须在材料订单中提供更详细的情况,而且必须测试多种牌子的产品,以确定哪些能够符合他们的规格要求。工程师和采购人员双方都认为对方侵犯了本属于自己管理的职责范围。

(3)工作模糊。如果组织不明确规定哪个群体应对某项活动负责,那么群体冲突也可能发生。这种对工作职责缺乏明确规定的情况称为工作模糊。工作模糊常常引起工作群体间的相互敌视。因为工作模糊往往使得重要的工作责任模棱两可,处于群体之间谁也不负责的真空之中,而每个群体却因为它所认为的是对方的缺点而感到义愤填膺。工作模糊导致群体冲突的一个很好例子便是新员工的录用。公司的人事部门和特定的职能部门(如营销、生产、财务)双方在招收新员工时都负有责任:鉴定应试者,面试候选人,做出录用决策并商定工资。但有时在谁最终有权决定和执行录用的决策上双方发生冲突,正是由于公司没有明确规定所造成的工作模糊,致使人事部门和其他职能部门各自宣称自己有决定权,最终使公司不得不推迟答复。工作模糊在组织迅速扩大或组织环境显著变化时常常发生。贝尔系统(Bell system)在1984年大规模分裂后,群体间出现了因工作模糊引起的若干问题。

(4)工作方向的差异。组织中的员工进行工作和与别人交往的方式随职能不同而各有差异。第一,各职能群体对时间的看法不一样。例如,研究与开发部门人员比制造人员的目标要长远得多,评价制造部门是根据它生产高质量产品的速度,而对研究与开发部门人员的评价只能等到很长一段时间的产品开发和试验之后。第二,不同职能部门的目标差异很大。制造部门的目标要比研究和开发部门的目标来得更具体、更明确,制造部门在产量、成本节约和拒收百分率上都有很精确的目标,而研究和开发部门的目标要笼统得多且不容易衡量,如研究基础科学知识以及开拓潜在的市场应用。第三,不同职能部门人员的人际关系是有差异的。研究与开发部门需要且鼓励组织的松散性、社团性和非正规性,而这些如发生在制造部门中,将会造成组织功能失调。两个工作群体的目标、时间和人际关系差异越大,在他们不得不协调他们的工作时，两个群体就越容易发生冲突。这些工作方向上的差异使各群体对其他群体的行为感到失望或不可理解。

2. 组织的奖赏制度

组织监控群体绩效和分配资源（如资金、人力和设备）的方式是产生群体冲突的第二个主要来源。在群体间为稀少的资源展开竞争时，他们就会发生冲突。

（1）资源的相互依赖。群体间在完成其工作任务时是相对独立的，但相互竞争资源、生产同样产品的两家独立的制造工厂可能会从公司总部为额外的预算分配或额外的人力资源展开竞争。例如，不同的产品群体可能会争夺市场研究部门的时间。当组织发展缓慢或根本不发展时，这种在资源方面不可避免的冲突将变得更加激烈。

（2）矛盾的奖赏制度。有时，组织的奖赏制度的设计造成这样一种情形：一个群体只能通过牺牲其他群体的利益来实现自己的目标。例如，职能部门可能会由于削减成本和人员而受到奖赏，而直线部门则因为出售的产品数量或提供的服务增加而获奖。为了增加产品销售量，直线部门可能不得不更加依赖于职能部门如广告部，然而职能部门因为降低了成本和削减了人员正在受到表彰，因而向直线部门提供他们所要求的服务种类可能会使他们自己不能完成目标（成本和人员的削减）。可见，冲突的奖赏制度不可避免地会导致群体间关系的恶化。

（3）竞争作为一种激励手段。管理者有时利用群体间的竞争作为激励工人的一种手段。这种策略的基本原理是：人在有压力时将会生产出更多的产品，因而群体间的竞争对组织来说是有益的。不幸的是，这个理论虽然看上去似乎很诱人，但实际上群体间的竞争常常导致群体间冲突的增加，而生产率却没有得到提高。如果系统地考察一下这个理论，就会发现，不竞争带来的是群体生产率的提高。一般来讲，相互合作的群体能更好地协调它们的活动，而且更充分地沟通信息和交流思想，从而相互合作的群体所生产的产品往往既多又好。更为严重的是，如果互相竞争的群体工作上高度依赖，竞争将使生产率降低更多。如果这些群体的工作并不相互依赖，它们能增强实力的唯一途径是生产更多的产品。然而，如果群体之间工作上相互依赖，他们就可能花时间和精力去阻挠其他群体的活动，这样的阻挠行动在降低自身生产率的同时将降低其他群体的生产率。在销售部门可以看到合作和竞争对生产率产生影响的一个很好的例子。通常，销售群体之间常常相互竞争，推销得最多的群体能得到一些特别的奖金。然而，如果销售群体之间相互合作、共用办公室和分担辅助群体的费用并努力向同一顾客推销若干产品系列的话，那么组织的生产率可能会更高。

二、群体冲突的解决

在人际互动过程中，组织成员对冲突的知觉、预期以及信念是各不相同的，因此首先应该有针对性地选择适当的冲突管理风格。

（一）两种冲突管理取向

采用不同的立场会影响成员解决冲突的方式和风格。双向取向认为双方最终能够寻找到一种互惠、共赢的方式来解决分歧；而输赢取向则认为双方的共有资源是有限的，若一方赢得较多，另一方的利益就会相应受损。在组织沟通过程中，若双方均持有输赢取向的立场，则容易激化冲突。事实上，在很多情况下，如果双方不以非此即彼的方式来看待冲突，而是以建设性的态度来理解分歧，则会有更多机会实现互惠和双赢。

（二）五种冲突管理风格

根据组织成员介入冲突的方式，研究者区分了五种冲突管理风格。每种风格均可用两个维度上的不同水平组合来标识。维度一为武断性，代表成员试图满足自身利益的动机；维度二为合作性，代表成员试图满足他人利益的动机。这两个维度形成了五种典型的冲突管理风格。

（1）协同：是指双方通过积极地解决问题来寻求互惠和共赢。其特征是双方乐于分享信息，并善于在此基础上发现共同点，找到最佳解决方法。通常，协同是首选的冲突管理方式。但只有在双方没有完全对立的利益，且彼此有足够的信任和开放程度来分享信息时，协同才能有效地发挥作用。

（2）回避：是指试图通过逃避问题情境的方式来平息冲突。这种比较消极的冲突管理方式在应对不太紧要的问题时比较有效。此外，当问题需要冷处理时亦可采用回避作为权宜之计，以防止冲突进一步激化。但是回避无法从根本上解决问题，且容易导致自己和对方产生挫败感。

（3）斗争：是指以他人的利益为代价，试图在冲突上占上风。这种极端不合作的冲突管理方式通常并不是最佳解决方案。但是，当确信自己是正确的，且分歧需要在较短时间内解决时，斗争是必要的。

（4）迁就：是指完全屈从于他人的愿望，而忽视自身的利益。当对方权力相当大或问题对于自身并不是太重要时，迁就就是比较有效的方式。但它容易令对方得寸进尺，从长远看，迁就并不利于冲突的解决。

（5）折中：是指试图寻求一个中间位置，使自身的利益得失相当。折中方法比较适合难以共赢的情境。当双方势均力敌时，且解决分歧的时间期限比较紧迫时，折中比较有效。但由于忽略双方共同利益，因此折中往往难以产生非常令人满意的问题解决办法。

总的来说，没有一种风格适用于所有情境。因此，冲突管理的精髓在于针对不同情况采取不同冲突管理风格。

（三）选择合适的冲突管理方式

有效的冲突管理可以缓解冲突对渠道关系的消极影响，有利于双方关系的修复。发生冲突后，双方由合作转向敌对，打破了由冲突双方和其他成员组成的平衡关系。当整个群体的关系处于不平衡状态时，冲突双方体验到不愉快、紧张的情绪，而这种负面的体验作为一种动机驱使双方将不平衡状态转化成平衡状态。但由于处于冲突中的双方都强调自身利益，各持己见无法达成一致，而了解双方和冲突缘由的第三方能够突破固化的思维限制，有效地平衡整个群体的关系。

第三方的介入可为冲突划分缓冲区或冷却区，防止冲突进一步恶化。第三方为双方提供建议，帮助他们理智分析问题，正确判断事实，进而改变对冲突事件的归因和态度。由双方认同的第三方介入冲突，使双方认为冲突解决的过程和程序都是公平的。而第三方的公正性，能提升冲突双方间的满意度。当信任和满意度得到修复时，冲突双方希望彼此继续保持合作，因此第三方介入能促进渠道冲突后的关系修复。具体来讲，第三方的过程介入可以为冲突双方沟通建立平台，承担信息传递的媒介，减少信息不对称，促进双方交流。而建设性的交流有助于双方更好地理解对方的意见，由敌对转向愿意共同协商。另外，由于第三方对冲突有专业的见解，可以站在全局的角度，平衡各方利益寻求共赢。因此第三方的介入能为冲突双方提供有效的解决方案，将各方由"零和"思维转变为提高渠道整体利益，进而修复双方的关系。

（1）强调高级目标。高级目标是指超越冲突双方各自具体目标的更高一级的目标，是冲突双方服务和追求的共同目标。通过多种方法突出高级目标的重要性，有利于增强组织的凝聚力，减少社会情绪性冲突。在解决由目标不兼容和差异化造成的冲突时，此种策略的作用尤为显著。通过提高成员对组织共同目标的忠诚度，可有效解决由部门目标不一致造成的分歧；在异质性团队中，若成员理解并认同了组织的共同目标，则能够有效地避免差异带来的潜在冲突，使团队成员能够各施所能，全力为组织的共同目标服务。但由于该策略仅仅是通过引入一个参照目标来抵制差异化，因此它无法从根本上消除组织内部各种潜在的多样性及其负面影响。

（2）减少差异化。减少差异化是指通过改变或消除导致差异的各种条件，直接抵制分化。它包括消除形式上的差别和培养共同经历等方法。消除形式上的差别主要是指在工作流程、工作形式等方面，尽量让双方有更多的相同点，以便更容易相互理解对方的处境和难处。培养共同经历是让双方共同经历相同的或相近的成长或工作经历，因为经历相同或相近，因此看待问题的视角和态度就容易趋同，这样会有效减少分歧。

（3）增进沟通和理解。有效的沟通对冲突管理是至关重要的，它能够消除刻板印象带来的偏见和负面情绪，增进彼此的理性认识。在组织管理中，常用沟通方法有对话法和组间镜像法。对话法是指通过团队成员之间正式或非正式的交谈来讨论彼此的分歧，在了解各自基本设想的基础上构建团队共同的思维模式。组间镜像法是指为冲突各方提供一个充分表达各自观点、讨论分歧的机会，并最终通过改变错误观念来找到改善双方关系的途径。

（4）降低任务依赖性。降低任务依赖性可以有效减少冲突发生的概率。对于共用型任务依赖，可采用分别共用资源方法；对于顺序型和交互型任务依赖，则可采用合并任务的方式来降低任务依赖性。此外，还可通过建立缓冲带方法（如建立专门的调解委员会）来协调不同部门的工作。

（5）渠道关系因冲突受损时，第三方选择过程介入或结果介入均能有效修复关系。因为冲突陷入僵局后，第三方的介入建立了沟通纽带或厘清争议，能够重塑网络平衡，有助于渠道双方的关系修复。相较于第三方介入冲突前，过程和结果介入后信任、满意度、关系持续意愿均显著得到提升。这一结论与人际间、组织内以及国际政治领域冲突管理的相关研究一致。

（6）在情感冲突情境下，过程介入对关系修复的效果要好于结果介入。情感冲突双方的分歧更多表现为对双方关系的不认同及其情绪上的不协调，所以解决情感冲突的关键是缓解双方的非理性情绪，为冲突方充分地表达意见提供通道。第三方的过程介入能促进双方创造性的互动和建设性的交流，消除他们之间的紧张状态，为双方沟通搭建有效的平台。因此，情感冲突时第三方选择过程介入更有利于关系的修复。

（7）在认知冲突情境下，结果介入对信任和满意度的修复效果要好于过程介入。认知冲突主要表现为双方对行为规则的理解与执行上的不一致，冲突解决的关键在于双方需要一个共同认可的行为规则。所以，为了修复受损的信任和满意度，双方需要第三方帮助他们对分歧做出清晰的界定，制定具体的解决方案。因此，在认知冲突时，第三方选择结果介入更有利于冲突的缓解。结果介入在恢复信任与满意度方面都显著优于过程介入。但两种介入方式对关系持续意愿修复效果无明显差异。可能的原因是，为了利益理性的冲突方都不会轻易终止交易。

（四）企业解决冲突的对策

（1）为冲突后渠道企业修复关系提供新的有效路径。

本书证实网络成员作为第三方介入干预能够有效地修复组织间的关系，重塑网络平衡。第三方通过搭建沟通平台或提供解决方案，打破冲突僵局，从而提升渠道整体利益。

（2）企业应区分不同的冲突情境，选择匹配的第三方介入方式。

情感冲突时，为了舒缓负面情绪，确保双方建设性地沟通以及冷静地解决冲突，第三方调解或过程咨询的介入方式更适宜。而在认知冲突时，由于双方对程序和规则的理解存在偏差，需要对冲突双方和冲突事件有专业认识的权威第三方，帮助双方缩小认知差异、理清争议，因此，第三方的结果介入更有效。

（3）企业管理者应具备全面关系修复理念。

管理冲突后受损的关系，提高组织间的关系质量。实质性修复组织之间的关系需要同时考虑信任、满意度和关系持续意愿三大要素。若只关注关系修复的某个维度，可能会导致短期关系的修复，但却影响企业间的长期关系。

Stephen P. Robbin 认为：最强大的组织并不是规模最大的，而是能够不断地适应环境的，然而，只有通过改变，适应才能实现；只有通过冲突，改变才能发生。

（五）通过谈判解决冲突

谈判是指冲突各方试图通过重新界定他们之间相互依赖关系的条件来解决目标分歧。只要存在彼此信赖关系，谈判也是解决冲突的有效方法。在谈判过程中，冲突双方通常会确立三个基本点：起始点、目标点和阻抗点。起始点是各方开始时的报价或要求，代表了各自理想的目标或状态；目标点代表各方比较现实的目标；而阻抗点则代表谈判各方的底线。谈判之初，双方分别陈述自己的起始要求，随着谈判的进行，各方都会有所让步，要求也会相应地发生变化。只有当双方的要求均落入中间的交易区时，谈判才会达成协议，冲突才能得以解决。

讨论题

1. 简述群体的重要性。
2. 群体对个人会有哪些影响？
3. 解决群体冲突的合适管理方式有哪些？

【小测试】

斑羚飞渡

狩猎队把七八十只斑羚逼到戛洛山的伤心崖上，伤心崖是一个断裂的大峡谷，两岸相距六米左右，两座山都有笔直的绝壁。健壮的公斑羚最多只能跳五米，母斑羚、小斑羚和老斑羚只能跳四米左右。斑羚们陷入了进退维谷的绝境，可预想不到的事情发生了，在带头斑羚的指挥下，队伍分成了两拨，一拨年老，一拨年轻。接着一老一少结对起跳，一先一后，在半空中，年轻的踏在年老的身上，就像踏在一块跳板上，再次跨越到了对岸，而年老的则坠入了万丈深渊，摔得粉身碎骨。在面对种群灭绝的关键时刻，斑羚群竟然能想出牺牲一半挽救另一半的办法来赢得种群的生存机会。

请根据斑羚的表现，阐述群体合作的重要性。

第六章 人际沟通与人际关系

【课前案例】

小道消息传播带来的问题

最近,某航空公司总部发生了一系列的传闻。公司总经理波利想出售自己的股票,但又想保住总经理的职务,这已经是公开的秘密了。他为公司制定了两个战略方案:一个是将航空公司的附属单位卖掉,另一个是利用现有的基础重新振兴发展。他对这两个方案的利弊进行了认真的分析,并委托副总经理本查明提出一个参考意见。本查明为此起草了一份备忘录,吩咐秘书比利打印,比利打印后就去了员工咖啡厅。在喝咖啡时,比利碰到了另一副总经理肯尼特,并把这一秘密告诉了他。

比利对肯尼特悄悄地说:"我得到了一个极为轰动的最新消息。他们正准备成立另外一个航空公司。他们虽说不会裁减员工,但是,我们应该联合起来,有所准备啊!"这些又被办公室的通讯员听到了,他立即把消息告诉了他的上司巴巴拉。巴巴拉为此事写了一个备忘录给负责人事的副总经理马丁。马丁也加入了他们的联合阵线。

第二天,比利正在打印两份备忘录,备忘录又被探听消息的摩罗看见了。摩罗随即跑到办公室说:"我真不敢相信公司会做出这样的事情。我们要被卖给联合航空公司了,而且要大量削减员工呢!"

三天后,这个消息又传回到总经理波利的耳朵里,波利也接到了许多极不友好甚至是带有敌意的电话和信件,波利被弄得迷惑不解。

资料来源:王晶晶. 组织行为学[M]. 北京:中国统计出版社,2001:169-170.

第一节 人际沟通

一、人际沟通的内涵与模式

(一)人际沟通的内涵

人际沟通是指人与人之间相互传递信息和情感的过程。人际沟通是群体沟通、组织沟通乃至管理沟通的基础。从某种程度上来讲,组织沟通是人际沟通的一种表现和应用形式,是有效管理沟通的基本保障。管理者在一个组织中扮演着各种不同的角色,而这些角色都要求管理者掌握人际沟通的技能。

人际沟通是一种特殊的信息沟通,是人与人之间情感、态度、兴趣、思想、人格特点的相互交流、相互感应的过程。人际沟通本质上是人与人之间的心理沟通，是一种受多种心理作用和影响的复杂的心理活动。

当个体接受了外界刺激所带来的信息后，将从3个方面展开其分析过程。一个是认识过程，通过对信息的记忆存储、分类检索、归纳合并、联想分析等逻辑思维过程，进行信息处理；另一个是情感过程，通过逻辑思维所认识到的事物，在情感上不一定能予以接受，在这个过程中起主要作用的是信念、价值观、态度和偏好等；再一个是生理过程，大脑的活动、血压、体温、心率等生理因素会由于外界的刺激而改变，从而影响感觉和行动。综合3个方面的结果，信息接收者才会对所接收到的外界信息做出相应的反应。可见，人际沟通不是简单的"传递信息"，而是以改变对方的思想、行为为目的的一种积极交流。沟通的结果可能使沟通者之间原来的关系发生变化，这是"纯粹"的信息交流过程所没有的。因此，人际沟通不同于一般的信息沟通，它有自身的特点。

（二）人际沟通的一般模式

人际沟通必须具备三个要素：信息发送者（信息源）、信息接收者和所传递的信息内容；由发送者将信息内容传递给接收者，这就构成了思想、观念、想法或事实、现象等交流的过程（如图6-1所示）。信息沟通的过程可分为5个步骤。

（1）信息发送者获得了某些观点、想法或事实、现象，并有传送出去的意向。

（2）发送者通过某种方式将所要发送的信息表达出来，即编码。信息内容或以言语方式来表达，或以非言语方式来表达。

（3）根据信息表达的方式，寻找适合的传递渠道传递到接收者一方。

（4）当接收者通过传送媒介接收到信息后，对信息进行"解码"，接收者通过自己的主观理解将信息"还原"成发送者的观点、想法等。

（5）接收者在理解发送者的信息后，进行思考、判断，并将这一信息反馈给发送者，从而开始新一轮的沟通。

在沟通过程中，每个环节都可能受到各种干扰，既有主观干扰也有物理干扰。

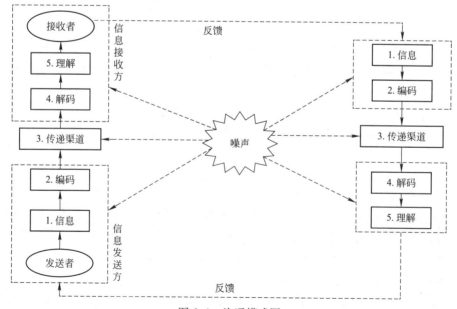

图6-1 沟通模式图

二、人际沟通的功能

研究表明，一个人除了睡眠之外，70%的时间用于进行这样或那样的沟通，如读书、看报、与人交谈、看电视等。人际沟通是人与人之间相互联系、相互交往的基本形式。存在组织和群体就存在沟通，没有组织成员间的有效沟通，组织活动不但不能进行协调和合作，而且会给组织运行造成很大的障碍。在组织运行和管理过程中，人际沟通具有以下四种功能。

（一）人际沟通是统一员工思想和行为的工具

当组织上做出某一项决策或制定某一项新的政策时，由于所处的位置不同，利益不同，掌握信息的多少不同，知识经验不同，组织成员对决策和政策的态度是不可能一致的。为了使人们能够理解并愿意执行这些决策，就必须进行充分而有效的沟通来交换意见、统一思想、明确任务并统一行动以达到组织目标。所以，没有沟通就不可能有协调一致的行动，也不可能达到组织目标。

（二）人际沟通是激励员工的基本手段

通过沟通可以明确告诉员工做什么，如何去做，没有达到标准应如何改进；沟通提供了一种释放情感（如挫折感、满意感）的表达机制，并满足了员工的社交需要。许多激励技术实际上都与加强群体内部的沟通有着直接关系。例如，目标管理的方法、参与管理的方法，都主张管理者必须同员工保持持续、广泛的沟通和交流，积极听取员工的意见、建议，关心员工的需要，使员工明确组织目标，支持组织目标，并愿意致力于组织目标的达成。

（三）人际沟通是在组织成员之间建立良好人际关系的关键

群体内的人际关系如何，主要是由沟通的水平、态度和方式来决定的。我们说人际关系融洽主要是指成员之间彼此了解，感情融洽，配合默契。例如，一个领导者作风好，深入基层，虚心听取大家意见，关心大家疾苦，是形成良好人际关系的关键。

（四）人际沟通是正确决策的前提和基础

在决策过程中无论是问题的提出，各种可供选择方案的制订与评估，还是决策方案的选择与实施都需要沟通。决策的某种失误很多情况下是由于信息不全、沟通不畅造成的。因此，没有沟通就不可能有正确的决策。

三、人际沟通的方式与网络

（一）人际沟通的方式

人际沟通方式多种多样，从不同的角度划分，就有不同的沟通方式。一般的划分角度有沟通媒介、沟通的组织性质和沟通有无反馈等方面。

1. 从沟通媒介角度划分，有口头沟通、书面沟通、非言语沟通及电子媒介沟通等方式

1) 口头沟通方式

口头沟通是信息传递的主要方式之一，发言、讨论和小道消息传播等都是口头沟通的常见方式。口头沟通方式的优点是传递和反馈直接、简便、快速，但是信息经过多人传递时，人数越多信息失真的可能性就越大，因为每个人都以自己的方式理解和解释信息。同时，口头沟通的信息难以保留和核实。

2) 书面沟通方式

书面沟通方式包括备忘录、内部刊物、公告栏、传真等利用文字或符号传达信息的方式。书面沟通方式具体而直观，信息持久并且可以随时核实，不易出现信息失真的情况。此外，与口头沟通方式相比，书面沟通传达的信息因为准备较充分而更具逻辑性及条理性。当

然，书面沟通方式所花费的时间较长，同时，反馈也不如口头沟通方式快速及有效。

3）非言语沟通方式

上述两种沟通方式主要通过言语方式传递信息，而非言语沟通方式是指借助人的身体语言（又称"体语"）或装饰、着装等符号来传递信息，比如，一个人用"点头"表达"同意"的信息；一个女青年穿着鲜艳而时髦，向人们传递她喜欢接受新事物的信息。"体语"在非言语沟通中起着非常重要的作用，它包括手势、坐姿、走姿、表情、神态及其他身体动作。

在沟通中，体语一般与言语一致，若不一致时，体语则能更真实地反映人的内心世界。因此，对于接收者而言，对非言语沟通方式表达的信息应特别关注。

4）电子媒介沟通方式

当今时代是信息时代，电信技术空前发展，各种电子设备成为信息传递的重要媒介。电子媒介沟通方式包括视频会议、互联网交谈、电子邮件交流等。电子媒介沟通方便、迅速，不受时空限制，但安全性受到影响，且需要沟通者双方懂得计算机的基本知识，以及需要具备相关电子设备等。

2. 从沟通的组织性质角度划分，有正式沟通和非正式沟通两种方式

1）正式沟通方式

正式沟通是指按照组织内规章制度所规定的原则并遵循组织结构设置的路径进行的沟通。根据沟通的方向，又可分为自上而下、自下而上和水平的沟通方式。

自上而下的沟通方式，又称下行沟通，是指从较高的组织层次向较低的组织层次进行的沟通。通常这种方式用于上级向下级传达组织目标、规章制度、工作程序，或者向下属指派工作任务、提供下级工作绩效的反馈、指出工作中需要注意的问题等。

自下而上的沟通方式，又称上行沟通，则是指从较低的组织层次向较高的组织层次进行的沟通。通过这种沟通方式，员工向上级提供反馈、汇报工作进度，并告知当前存在的问题。但是如果信息的上传经过多个层次，往往也会使信息的许多细节在传递过程中丢失。上级应鼓励下级积极向上反映情况，只有上行沟通渠道通畅，才能掌握组织运行的全面情况，做出符合实际的决策。上级应通过多种渠道，如与下属座谈、设立意见箱、建立定期的汇报制度等，确保上行沟通顺畅。

所谓水平沟通，指同一级别的部门或成员之间进行的沟通。由于水平沟通通常能节省时间、促进合作，因此保持同一级别的沟通，也是减少部门或成员之间误解与冲突的一种重要手段。

正式沟通的优点主要是沟通的信息比较真实、准确，缺点是沟通速度缓慢、经过逐级执行，容易延误时日。

2）非正式沟通方式

在组织中，除了正式沟通之外，还存在大量的非正式沟通，这种无须由管理层批准或认可，不受等级结构限制的交流往往比正式沟通更需引起关注。这种非正式沟通方式最典型的表现形式就是"小道消息"。由于小道消息的传递都是非正式的，比较难以查询信息来源，组织中的每个人都有可能成为小道消息的发送者和接收者；并且，由于小道消息中夹杂着谣言、对真实信息的夸张与扩大等，因而会对组织产生较大的负面影响。小道消息的产生通常源自组织信息的不透明、员工的抵触情绪等，因此，要消除小道消息的消极影响，可以从改善组织信息渠道入手，用正式沟通渠道代替小道消息的传播。

3. 从沟通有无反馈角度划分，有单向沟通和双向沟通两种方式

1）单向沟通

在沟通中，信息发送者与接收者的地位不变，一方只发送信息，另一方只接收信息而不给予信息反馈，称为单向沟通。如做报告、演讲、做指示等都是单向沟通。单向沟通一般速度较快，但无法判断接收信息的准确性。

2）双向沟通

在沟通中，信息发送者与接收者的地位不断变化，发送信息、接收信息、反馈信息，多次往复，称为双向沟通。如交谈、协商、谈判等都是双向沟通。双向沟通比单向沟通准确性高，信息接收者对自己的判断比较自信；但双向沟通比单向沟通速度要慢，并容易受到干扰，信息发送者容易产生心理压力，可能会影响其条理性。

（二）人际沟通的网络

在组织内，人际沟通方式可以组成各种结构形式，这种结构形式称为沟通网络。不同的沟通网络与沟通有效性有一定关系。主要的沟通网络结构有链型、星型、环型、全通道型和Y型五种。

1. 链型

如图 6-2（a）所示，链型沟通方式的信息传递遵循正式的命令系统，往往以逐步传递的方式进行。在组织中，最常见的应用就是直线式上下级间的信息传递，这种结构传送的通路十分清晰，不存在分支通路；但对位于两端的成员而言，信息经过的层次越多，花费的时间越多，信息失真的可能性就越大。因此，上级的指示经过各管理层的层层"诠释"与"理解"，下级的反馈经过各中层的"提取"和"归纳"，往往都易出现偏差。

2. 星型

如图 6-2（b）所示，星型网络结构呈现一种发散式的方式，位于交汇点处的人员往往占据着举足轻重的地位，网络中所有的人员通过他才能与别人沟通。通常，该结构的核心人员由该群体中的领导者担任，所有成员可以第一时间与领导者取得沟通，因而决策的效率较高。同时，由于信息经过的传送环节比"链型"少，因此，传送的时间也大大缩短。但是，这种结构过度强调了领导者的作用，可能会导致整个群体的士气比较低落。

3. 环型

如图 6-2（c）所示，在环型结构中，所有成员都仅与相邻的两人保持沟通。相对而言，这种结构中的每个成员所处的地位相当，成员的士气与满意度都较高。但对于非相邻成员的

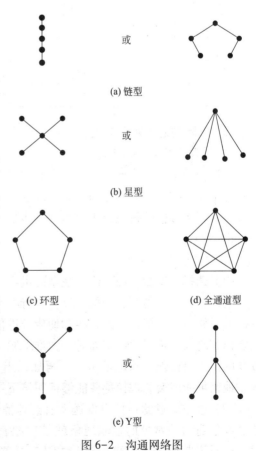

图 6-2 沟通网络图

沟通，必须通过多级中转，传送的速度以及信息的可靠性都会随之降低，当群体中人数较多时，这种方式的效率会变得非常低。

4. 全通道型

如图6-2（d）所示，群体中的每个成员都可以自由地与其他成员进行沟通，而不需经过任何中间环节。群体中没有中心人物，各成员地位平等，群体士气很高。由于沟通的通路选择多，成员可以在第一时间直接与目标接受方沟通信息，因而信息传送快速而有效。这种自由充分的沟通方式特别适合于解决需要群策群力的复杂问题。

5. Y型

如图6-2（e）所示，Y型结构类似于星型与链型结构的结合，位于节点上的人掌握的信息相对其他成员更多，而且占有比较重要的地位，一些成员必须经由他才能与群体中的其他成员联络；另一些成员则按照类似链型层层传递的方式，进行沟通。

表6-1从沟通速度、准确性、突出领导者和成员士气等方面对五种网络结构进行了评价。事实上，每种沟通网络结构都有其优点与不足，没有一种网络在任何方面都是优点。对于管理者而言，关键的问题是根据不同的沟通目的来选择合适的沟通网络结构。

表6-1 沟通网络与评价维度

评价维度	沟通网络				
	链型	Y型	星型	环型	全通道型
沟通速度	中	中	快	慢	快
准确性	高	高	高	低	中
突出领导者	中	中	高	无	无
成员士气	中	中	低	高	高

四、人际沟通的障碍与改善

（一）常见的人际沟通障碍

从过程上来看，沟通应该是一个非常简单的过程，可是在现实生活中，人们之间的沟通却总是不那么顺利。究其原因，人际沟通是否成功受到很多因素的制约，总结这些因素就会发现，人际沟通的障碍主要来自两个方面：沟通者的因素（内部因素）和沟通环境的因素（外部因素）。

1. 沟通者自身的障碍

（1）选择性知觉。面对纷繁复杂的世界，信息接收者不是一味被动地接受和理解信息，而是会根据自己的需要、动机、经验、背景及其个人特点有选择地接收信息，在对信息进行解码的时候，还会把自己的兴趣和期望带进信息中去，这就是所谓的选择性知觉。例如，当负责招聘的人力资源部经理面对一大堆求职资料无所适从的时候，可能没有比突然发现一位校友的简历更让他感兴趣的事了。再如，当一位经理认为某位下属工作表现一向很好的时候，他很可能就会忽视掉那些能够证明该下属表现不佳的证据。

（2）过滤。过滤指信息发送者有意地操纵信息，以使信息显得对接收者更为有利的现象。我们身边最常见的过滤现象就是"报喜不报忧"现象，下级在向上级汇报工作的时候，故意投其所好，对事实进行加工，主要汇报取得的成绩，回避问题和过失，这种经过过滤的汇报往往使上级无法全面掌握真实信息,从而做出错误的决策。当然,在下行沟通中也存在过滤现象,例如,董事会的决议通过链式沟通网络向下传达,不断有信息被中间层级的管理者过滤掉,以至于传达到基层管理者那里,只剩下原始信息的30%,这主要是由于沟通网络层级过多,每一层次的管理者都故意截留部分信息或去掉对自己不利的信息,如图6-3所示。

(3)语言障碍。言语沟通是组织中人际沟通的主要形式,因此语言问题是沟通的一个核心问题。言语沟通要求沟通双方必须能够熟练掌握同一种语言,这对跨文化管理的组织尤为重要,因此很多跨国公司将语言培训作为员工培训的一项重要内容。然而,即使沟通双方都能够熟练地运用同一种语言进行交流,仍然存在某些语言障碍可能影响沟通效果。例如,语义噪声就是因为不同地域、年龄、教育、文化背景下的人对同一词汇的理解不尽相同,从而造成沟通的失败。还有一种常见的语言障碍是专业术语(或行话)的使用,专业术语是同一领域的专业人员进行快速沟通的方式,例如,人力资源管理专业的学生通常把

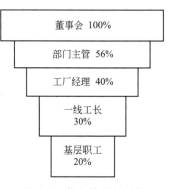

图6-3 信息传递链现象

"目标管理"简称为MBO(management by objective),把"工作分析"简称为JA(job analysis),把"在职培训"简称为OJT(on the job training),这些专业词汇对从来没有学习过人力资源管理的人来说简直是不知所云。

(4)情绪。每个人都常常从工作中体验到喜、怒、哀、惧等不同情绪,这些情绪会使沟通双方在编码和解码过程中不由自主地带上情绪的色彩,不同的情绪体验会使人们采用不同的说话方式,也会使人们对同一信息的解释截然不同。情绪与沟通的关系非常复杂,积极的情绪可以促进沟通,消极的情绪会成为沟通的障碍,某些极端的情绪体验,如狂喜或抑郁,可能阻碍有效的沟通。优秀的管理者不会试图把情绪因素全部剔除出职业活动,而是学会管理和控制好自己的情绪,在工作群体中建立良好的沟通氛围。

(5)个体差异。个体差异是一个个性心理学概念,从心理学上来看,人与人的差别主要包括个性心理特征差异(能力、气质和性格)和个性倾向性差异(需要、动机、爱好、兴趣、态度、价值观等)。中国人有一句俗语叫"酒逢知己千杯少,话不投机半句多",实际就说明了个体差异对人际沟通有很大影响。我们很容易发现与个性开朗、外向、坦诚的人易于沟通,而与个性内敛、内向、含蓄的人沟通则比较困难,这是由于人们之间的个性特征差异造成的。我们还会发现,相近年龄的女性之间总是有很多话说,相同职业的人碰到一起不会担心没有话题,这是因为他们的个性倾向性比较接近。管理者在沟通前应当分析沟通对象的个体差异,找到对方感兴趣的"切入点",选择对方能够接受的沟通渠道,有的放矢地进行沟通,这样才能提高沟通效率。

2. 沟通环境的障碍

(1)沟通距离。沟通双方占有一定的空间,并且需要保持一定的沟通距离,沟通距离一般可以分为物理距离和心理距离。美国学者爱德华·霍尔(Edward Hall)研究了美国人人际沟通中物理距离与心理距离之间的关系,他发现美国人沟通距离可以分为四种:亲密距离(0~0.44 m)、个人距离(0.44~1.2 m)、社会距离(1.2~3.6 m)和公共距离(3.6 m以

上)。在一般情况下，物理距离能够反映心理距离。另一项心理学研究（Festinger 法则）发现，人与人空间距离上彼此接近可以增加沟通的频率，是建立良好人际关系的必要条件。在组织中，工作场所的空间设计、陈设会直接影响到沟通距离，继而影响人际沟通。在跨文化沟通中，沟通距离具有特别重要的意义，因为不同文化背景中的人对于沟通距离有不同的要求。例如，英国人与人交谈的时候希望保持一个手臂的距离，而阿拉伯人与人交谈时却几乎可以感觉到对方的鼻息；美国的经理一般都拥有独立的办公室，以便将自己与下属分隔开，而日本的经理却习惯于将办公桌与下属的办公桌放在一起，与下属分享同一个开放的空间。

（2）沟通渠道选择。组织中的沟通渠道多种多样，每种沟通渠道能够承载的信息各有不同，选择什么样的沟通渠道，要综合考虑沟通的目的、沟通对象的特点和技术条件，沟通渠道的误选和误用都有可能造成沟通的失败。例如，培训师在设计培训课程的时候，必须事先对培训对象的沟通习惯和教育水平进行分析，看培训对象是习惯接受课堂授课式培训，还是善于从实践中进行学习，抑或是喜欢通过阅读培训手册掌握信息，然后根据分析结果再设计培训课程，否则，培训的沟通方法与培训对象的需要不符，培训效果自然不好。再如，有些重要的沟通结果（如聘用合同、报价单、采购协议、发票等）必须留下书面凭据，因此必须采用书面沟通方式进行确认，而不能仅仅口头答应了事。有些管理者在遇到类似重要问题的时候，往往善于综合利用多种沟通渠道，在面对面谈妥后还追加一份备忘录请求对方确认，这是非常好的习惯。

（3）信息过载。每个人在有限时间里处理信息的能力是有限的，当我们面对的信息量超过能够处理的信息量时，就会出现信息过载，信息过载会严重地降低沟通效率。大部分管理者都有信息过载的经历，每天走进办公室，打开电子信箱，都有数十封 E-mail 等待回复，下属递交的报告要看，例行会议要参加，还有几份文件要批阅……管理者每天被淹没在海量的信息中，难免会忽略或者遗漏某些重要信息，这样必然会降低沟通效率。因此，管理者必须学会时间管理，学会向下属授权，科学地安排自己的时间，发送信息时言简意赅，接收信息时抓住重点，避免信息过载引发的沟通不畅。

（4）文化差异。全球化趋势和跨国公司的业务拓展，使现代组织的人力资源构成越来越复杂，许多组织中都出现了来自不同文化的雇员在一起工作的现象，跨文化沟通进一步增加了沟通的难度。

（二）人际沟通障碍的改善

克服沟通障碍、提高沟通的有效性是管理者义不容辞的责任，那么管理者应当从何着手改善组织中的人际沟通呢？

1. 创造良性的沟通氛围

有利于沟通的氛围是建立在沟通双方相互理解和相互信任的基础上的，如果沟通双方在沟通前就心存芥蒂、相互猜忌，难免会在沟通中产生偏见、感情用事，甚至尖锐对立，那么沟通的结果就不难想象了。管理者与被管理者之间的信任感不是一朝一夕建立起来的，而是长期经验积累的结果，因此管理者应当重视自己的日常言行，不仅要保证发送信息的可靠性，言必行、行必果，还要善于换位思考、替人着想，争取得到被管理者的信赖，在被管理者心目中树立良好的形象。

同时，良好的沟通氛围还要求组织建立健康、积极、民主的组织文化，保障组织中的正式沟通渠道畅通无阻，小道消息的消极作用得到有效控制。基层员工在组织中向上级提出意见、发表观点没有恐惧感，员工的想法和建议都能够迅速、准确地向上传递，而高层管理者的指示、计划都能够高效地向下传达。这就要求管理者（尤其是中间层次的管理者）以组织利益为重，不做信息通道中的"过滤器"，"原汁原味"地将信息上传下达。

2. 利用反馈，采用双向沟通

从沟通的过程上来看，没有反馈的沟通是不完整的沟通。沟通中的很多问题都是由于误解造成的，误解实际上就是信息接收者产生了解码错误，如果管理者能够在沟通中正确地使用反馈，以双向沟通代替单向沟通，就会有效地降低误解发生的概率。因此，管理者应当学会主动反馈，与上级沟通时积极主动地汇报工作进度，与下级沟通时不断检查任务执行情况，与伙伴沟通时经常交换意见，使信息在沟通双方、多方之间流动起来，这样就能够有效地避免误解，提高沟通的有效性。

3. 使用多种沟通渠道发送、接收信息

使用多种沟通渠道可以使信息接收者获得来自多方面的信息，避免只使用单一沟通渠道造成的局限。假如，一位秘书要向 20 名部门经理发出一个重要的会议通知，书面通知和电话通知分别可以给这些经理带来视觉和听觉刺激，有的经理认为电话通知不太正规、容易遗忘，因此比较习惯接到较为正式的书面通知，另一些人则认为书面通知费时费力，不如电话通知简便易行。此时该秘书如果能够先通过内部网络向每位经理发出正式的书面会议通知，然后在会议前一周电话提醒这些经理，让他们注意到会议的重要性，那么经理们缺席这次会议的可能性就大大降低了。

换一个角度，在面对面的言语沟通中，信息发送者除了发送言语信息外，还有会伴有大量的非言语信息。这些非言语信息与言语信息同样重要，管理者应当特别关注这些非言语信息，还需要学会比较言语信息与非言语信息是否一致，我们可以依此判断对方言语信息的感情色彩、意图和真实性。

4. 克服沟通中的心理障碍

选择性知觉、过滤、情绪问题和个体差异问题都是由于心理原因造成的沟通障碍，对于个人来说，这些障碍自然而然、不知不觉地就产生了，而要克服这些沟通中的心理障碍却需要长期有针对性的训练。例如，要克制情绪，在下属办糟了某件事后不发脾气，对于那些胆汁质气质类型的管理者来说简直是不可能完成的任务，但是聪明的管理者在这个时候都会冷静下来，因为过度的情绪表达解决不了问题，学习以理性的态度对待工作是一个管理者的基本素质。再如，有些原先从事技术工作的人转而从事管理工作，发现自己的个性内向、言语生硬、不善交际，不禁对管理沟通产生畏难情绪，这也是一种常见的沟通心理障碍，克服这种障碍需要经过必要的训练和疏导。

5. 学习沟通技巧，提高沟通能力

沟通能力不是与生俱来的，而是在成长过程中学习和锻炼出来的，因此不管是管理者还是被管理者，都应当加强对沟通技巧的学习，努力提高自己的沟通能力，这是改善组织中的人际沟通的根本途径。

第二节 人际关系

一、人际关系的内涵

美国人际关系学大师卡耐基经过长期研究得出结论：专业知识在一个人成功中的作用只占15%，而其余的85%则取决于良好的人际关系。美国石油大王约翰·洛克菲勒说，"我愿意付出比天底下得到其他本领更大的代价来获取与人相处的本领。"在美国，曾有人向2 000多位雇主做过这样一个问卷调查："请查阅贵公司最近解雇的3名员工的资料，然后回答：解雇的理由是什么？"结果无论什么地区和行业的雇主，2/3的答复都是："他们是因为不会与别人相处而被解雇的。"由此看来，人际关系对组织来说非常重要，对管理者提高群体工作效率、实现组织目标具有重要的现实意义。

所谓人际关系，是人们在相互交往、相互沟通的过程中发生、发展和建立起来的人与人之间的关系。人际关系形形色色，多种多样。例如，家庭成员关系，邻里关系，朋友关系，同学关系，师生关系，服务员与顾客关系，售货员与顾客关系，司乘人员和乘客关系；在单位里，同事关系，领导和下属人员关系，都是人际关系。人际关系的发展是个人关系向协调、和谐和合作的方向发展。关系发展表现在关系双方彼此更好地满足期望，相互评价水平增高，彼此的好感增强，对事物的认识和行动更为一致和协调。

组织要完成任务，达到目标，需要成员们的认识和行动协调一致。人际关系发展对组织的稳定和活动的效果、效率是至关重要的，对成员的心理保健也是必要的。关系和谐的群体，成员之间相互影响力增大。人际关系紧张，相互影响力彼此抵消，趋于减弱。因此，发展良好的人际关系是组织管理的一项中心任务。有人说，领导人的作用主要就是两项：一是决策；二是维系组织成员的团结。这样说，虽然简单化了，但也确实指出了领导人最重要的作用。

二、人际关系的构成和类型

(一) 人际关系的构成

人际关系的构成成分有三种：一是认知成分，指人与人之间是相互肯定还是相互否定，以认识上的一致为相互选择的标准；二是情感成分，指人与人之间是相互喜爱还是厌恶，以情感上的倾慕为相互选择的标准；三是行为成分，指人与人之间是相互交往还是相互隔绝，以行为上的共同活动为相互选择的标准。

(二) 人际关系的类型

1. 舒茨的人际需要三维理论

美国心理学家威廉姆·舒茨提出，人有自发的人群关系倾向。因为在社会生活中，人的心理需求必须依赖他人的协助才能获得满足，而且这种社会与自我需求的实现越来越与他人或群体有关。比如，一个人的安全感就与其所属群体成员的接纳与排斥态度有关。舒茨经过调查研究，认为个体的人际关系呈以下三种类型：容纳型、控制型和情谊型。

(1) 容纳型。作为社会动物的人，都希望与人交往，希望被群体所容纳。具有容纳型需求的人在人际交往时希望与他人建立和维持相互容纳的和谐关系，因而在行为上表现出交往、接近、沟通、参与、合作等特征。而与此相反类型的人则表现出孤立、疏远、排斥、退缩等特征。

(2) 控制型。人们都希望支配、控制他人或期待别人来引导自己。具有控制需求的人的控制欲望较强，在人际交往中时常表现为运用权力、权威影响、支配和领导他人。与此相反类型的人则常表现出依附、追随、受人支配的特征。

(3) 情谊型。人们都有与他人建立和维持亲密情感联系的欲望，人们在感情需要满足时产生稳定感和幸福感，否则便产生恐惧和焦虑感。具有感情需要的人，愿意对他人表示亲密，或期待别人对自己表示亲密。在人际交往时，具有感情需要的人常常表现为友善、热心、同情、喜爱、亲密、照顾、尊重、理解等特征。与此相反类型的人则表现出憎恶、厌恶、冷漠等特征。

2. 霍妮的人际关系理论

根据交往双方的相互关系状况，霍妮（K. Horney）把人际关系分为：谦让型、进取型和疏离型。

(1) 谦让型。该类型人的特点是"朝向他人"，行为顺从，讨人喜欢。

(2) 进取型。该类型人的特点是"对抗他人"，总想知晓他人力量或他人对自己是否有用。

(3) 疏离型。该类型人的特点是"疏远他人"，常考虑别人是否干扰自己。

三、人际关系的作用

1. 沟通信息

人是群体性动物，在群体中人与人之间的交流带来信息的交换。高质量的人际关系，会带来高质量的信息。高质量的信息又会增进人际关系，增加人与人之间的相互了解。

2. 心理保健

与人交往是每个人内心深处与生俱来的一种基本需求。向朋友诉说可以降低和消除消极情绪的影响，恢复心理平衡，产生归属感和安全感。参加联谊会可以满足人们包容、控制、感情的需求。在工作群体中，人与人之间相互理解、信任、关心、友爱使人产生开朗、乐观的情绪，激发工作热情；反之，则容易使人压抑、孤独、苦闷，从而对工作、社会、人生形成逃避甚至对抗等消极态度。

3. 提高工作效率

"1+1=2"是个常识，但在管理中，这个等式可能并不成立。人际关系是群体成员之间的一个独特的联系，群体中人际关系是否融洽、协调，对工作效率有着直接影响。如果人与人之间猜忌、冷漠、排斥、冲突，不仅使人分散精力，浪费时间，而且会造成心理消耗，把心思用在如何对付别人身上，势必影响工作效率；反之，群体中成员相互理解、沟通、体谅、同情，有助于形成宽松、相容的心理气氛，提高组织工作的绩效。所以，人际关系是影响群体活动效率的一个重要因素，是实现管理目标的重要环节。

4. 自我认识

人们在交往过程中，可以通过与别人的比较和别人对自己的反应来认识自己，有利于形成对自己较客观、准确的评价。

5. 促进自我发展

人是社会化的动物，个体在自我发展的过程中，既受外部客观环境的影响，又受人与人之间相互交往关系的影响。良好的人际关系常常会导致一种社会助长作用，促进个人的成长。组织中员工互帮互学，可以相互促进，增进员工之间的行为模仿和相互竞争的动机，加速员工的自我发展和自我完善。

四、人际关系的形成过程

(一) 人际关系的形成历程

人际关系是人由动物进化为人之后逐渐形成的。人际关系的形成历程主要有以下几个阶段。

1. 原始社会的血缘关系

血缘家庭是人类形成的第一种社会组织形式。它的出现标志着人类从原始群进入了原始社会。血缘关系在原始社会中是占据统治地位的人际关系。

2. 封建社会的宗法关系

宗法关系是以宗法制度为基础建立起来的，按家族血统远近区分亲疏贵贱的等级关系。宗法制度起源于原始社会的父系家长制，形成于奴隶社会，到封建社会日臻完善。宗法制度以家庭为中心，以血缘关系为依据划分并确定人的等级，主要是为家族世袭制度服务。宗即家族，有大、小之分。嫡长子为大宗，其余子孙为小宗。按照宗法制度，大宗贵于小宗，小宗服从大宗。

宗法关系是封建社会人际关系的基本特征。封建社会的宗法关系具有以下特点：①以血缘关系为基础；②以等级差距为准则；③以土地占有为标准。

3. 社会主义的平等关系

社会主义的平等关系主要表现在以下三个方面：①经济上的平等；②政治上的平等；③生活上的平等。

建立社会主义新型的人际关系必须注意以下几点。第一，必须以马克思主义和社会主义思想为指导。批判封建主义、资本主义的人际关系理论与思想；特别需要警惕以维护个人尊严、价值、权利为幌子，而兜售极端利己主义的资产阶级自由化思潮。第二，要重视并应用协调人际关系的理论与方法，以改善人际关系的结构和状态，增强人与人之间的诚信度、和谐度、吸引力、凝聚力。第三，提高全民族的素质，培养有思想、有道德、有文化的一代社会主义新人。

(二) 人际关系的形成阶段

1. 奥尔特曼和泰勒的观点

美国心理学家奥尔特曼和泰勒认为，良好的人际关系的建立和发展，从交往由浅入深的角度来看，一般需要经过定向、情感探索、感情交流和稳定交往四个阶段。

1) 定向阶段

定向阶段包含着对交往对象的注意、抉择和初步沟通等多方面的心理活动。在熙熙攘攘的社会中，我们并不是同任何一个人都能建立良好的人际关系，而是对人际关系的对象有着高度的选择性。在通常情况下，只有那些具有某种特征、会激起我们兴趣的人，才会引起我们的特别注意。在一个团体中，我们将这些人放在注意的中心位置。

注意也是一种选择，它本身反映着某种需要倾向。比如，我们在选择恋人时，那些与我们观念中理想的情人形象接近的异性，尤其会吸引我们的注意。与注意不同的是，抉择是理性的决策。而注意的选择是自发的、非理性的。我们究竟决定选择谁作为自己的交往对象，并与之保持良好的人际关系，往往要经过自觉的选择过程。只有在我们的价值观念里具有重要意义的人,我们才会选择其作为交往和建立人际关系的对象。

人际关系的定向阶段,其时间跨度随情况的不同而不同。邂逅相见恨晚的人,定向阶段在第一次见面时就会完成;而对于经常有接触机会而彼此又都有较强自我防卫倾向的人,这一阶段要经过长时间沟通才能完成。

2)情感探索阶段

这一阶段的目的是彼此探索双方在哪些方面可以建立真实的情感联系,而不是仅仅停留在一般的正式交往模式。在这一阶段,随着发现共同的情感领域,双方沟通也会越来越广泛,自我暴露的深度与广度也逐渐增加。但在这一阶段,人们的话题仍会避免触及别人私密性的领域,自我暴露也不涉及自己最根本的方面。尽管在这一阶段人们在双方关系上已开始有一定程度上的情感卷入,但双方的交往模式仍与定向阶段相类似,具有很大的正式交往特征,彼此仍然都在注意自己表现的规范性。

3)感情交流阶段

人际关系发展到感情交流阶段,双方关系性质开始出现了实质性的改变。此时双方的人际关系安全感已经得到确立,谈话也开始广泛涉及自我的许多方面,并有较深的情感卷入。在这一阶段,双方的表现已经超出了正式交往的范围,正式交往模式的压力已经趋于消失。此时,人们会相互提供真实的评价性反馈信息,提供建议,彼此进行真诚的交流。

4)稳定交往阶段

在这一阶段,人们心理上的相容性会进一步增加,自我暴露也更加广泛深刻。此时,人们可以允许对方进入自己更高私密性的领域,分享自己的生活空间和财产。但在实际生活中,很少有人达到这一情感层次的友谊关系。许多人同别人的关系并没有在第三阶段的基础上得到进一步发展,而仅仅是在第三阶段的同一水平上进行简单的重复。

2. 莱文格和斯诺克的观点

莱文格和斯诺克提出的人际关系发展过程,从彼此吸引的过程来看,大致可以分为五个阶段,如图6-4所示。

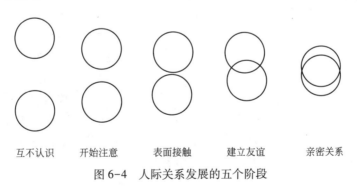

图 6-4 人际关系发展的五个阶段

第一阶段:陌生,互不相识,可能均未注意到对方的存在。

第二阶段:单方(或双方)注意到对方的存在,知道对方是谁,但没有接触。

第三阶段:单方(或双方)受到对方吸引,与之(或彼此)接近,形成表面接触。第一印象就在此阶段形成,如果第一印象不深,关系可能就会到此为止,流于泛泛。日常生活中这种关系大量存在。

第四阶段:双方交互感动,开始了友谊关系。此时,开始把对方视为自己的知己,愿意分享信息、意见和感情。对别人表达自我的心理历程，称为自我表露。到这时，友谊开始了。日常生活中能使人进行自我表露的对象并不多。

第五阶段：朋友之间的关系也有程度深浅。有的关系主要是分享信息，有的关系是在此基础上更重视情感的表露，在感情上相互依赖。尤其在痛苦或快乐这种两极情感状态时，更渴望朋友在身边。此时，如双方是同性，则可能成为至交或者莫逆；如果是异性，在感情的基础上再添加性的需求、奉献与满足的心理成分，就成为爱情。当然，爱情的形成并不仅仅是这一种方式。

通常情况下，前三个阶段发展顺利，到第四个阶段就不容易了，而第五个阶段尤其困难。

五、影响人际关系的因素

研究表明，影响人际关系形成的因素主要可以归纳为以下几种。

（一）时空上的接近

时空上的接近主要表现在空间距离的远近和相互交往的频率这两个方面。第一，空间距离的远近。凡是空间距离接近者，如工作位置相近的同事，住宅接近的邻居，彼此接触的机会多，自然而然就容易建立人际关系，而距离较远的人形成或继续友谊的机会就比较少。"远亲不如近邻"即是此理。第二，相互交往的频率。人与人由于共同工作、学习、生活，或由于地理位置邻近，相互交往的次数较多，较易具有共同的经验、话题，容易了解对方对自己的态度、情感，容易彼此建立密切的人际关系。研究表明，人在相处的初期，时空上的接近，往往对建立人际关系具有决定性作用，但是随着时间的推移，作用将越来越小，尤其是双方关系紧张时，时空上越接近，人际反应反而更消极。

（二）个人特征方面的类似性

俗话说：物以类聚，人以群分。在个人特征方面，双方若能意识到彼此的相似性，则容易相互吸引，且相似性越大，这种吸引力也就越大。这里所说的个人特征主要指人的年龄、性别、社会背景以及态度、信念、价值观等社会心理特征。在缺少其他信息的情况下，年龄相近、性别相同者比较容易相互吸引。随着交往的加深，信息的增多，双方如果意识到彼此在教育水平、经济收入、籍贯、职业、社会地位、价值观念等方面是相同或相似的，交往双方就更容易出现相互吸引。有些心理学家研究指出，个人所指出的最好朋友大多都是同等地位的人，一般来说他们在教育水平、经济条件、社会价值等方面很相似。

在相似性因素中，态度的相似是最主要的。如政治主张、宗教信仰、对社会问题的看法一致，在感情上更为融洽，即所谓志同道合。在相处初期，空间距离决定了人与人之间的吸引，到了后期，相互间的吸引力大小取决于彼此之间在态度上是否一致，即态度和价值观越相似的人，相互间的吸引力越大；反之，则越小。

（三）需求的相补性

需求的相补性是指交往双方在交往过程中获取互相满足的心理状态。当交往双方的需要以及对对方的期望正好成为互补关系时，彼此就会产生强烈的吸引力。

人际关系的状况根本上决定于人与人彼此需要的满足度，两个人通过交互作用所获得的报偿超过由此而带来的损失时，两个人之间的关系才能得以维持。

（四）外表的吸引性

一个人的体形外貌是在先天遗传基础之上形成和发展起来的，它一般不以人的主观愿望为转移，但一般人在判断别人时，从心理上却无法消除由于别人外表所产生的影响。一般来说，一个人如果仪表堂堂、衣着得体、举止大方，便会得到注意和吸引，而一个相貌丑陋、衣着随便、举止猥琐的人，往往缺乏人际吸引力。但外表的吸引力会随着交往的深入而越来越小，吸引力从外表逐渐转到人的人格魅力和能力等方面。

（五）个性、能力的差异性

大量研究表明，无论是长期交往还是短期交往，人际关系的好坏，或者说人际吸引力的强弱，与交往者的个性特质和人格魅力直接相关，人们一般都喜欢真诚、热情、开朗、豁达的人，而不愿与恃才傲物、冷漠自私、自卑软弱、偏激狭隘或求全责备的人交往。

一个人的能力或某种特长比较突出，与众不同，其本身就是一种吸引力，使他人对其产生钦佩之情并欣赏其才能，愿意与之接近。在现实生活中，人们一般都比较喜欢那些聪明能干的人，而不喜欢愚笨无能之辈。一方面是因为聪明能干的人或许能给人以帮助；另一方面聪明能干的人的言行、举止往往使人觉得恰当、得体，令人赏心悦目，获得一种精神上的满足。

但有关研究表明，一个很有才华的人，如果表现出一点小小的过错或暴露出一些个人弱点，反而会使一般的人喜欢接近他；如果一个人表现得完美无缺、十全十美，倒会使人感到高不可攀，望而却步，敬而远之。

以上影响人际关系的诸因素，都必须通过人们之间的交往才能起作用，所以主动地与他人进行交往是建立良好人际关系的基础。有人将建立人际关系当成个人的小事，也有人由于性格内向或因工作、学习紧张，而不愿花费时间与人交往，这样就难以和别人建立并维持良好的人际关系。

六、建立良好的人际关系的方法

人际关系建立的目的在于满足个人的种种需要和动机，因此人们不只是单纯地与他人交往以满足心理需要，同时也企图透过彼此的交互作用来影响对方的态度，改变对方的行为符合自己的愿望。例如，推销员与顾客建立良好的人际关系，想尽办法影响顾客购买他的商品；管理者与员工保持良好的人际关系，其目的也是使员工提高积极性、完成工作目标。

人际关系的状况，取决于人与人之间需要和动机的满足程度。如果交往可以使双方的需要都能获得良好的满足，则相互之间会发生并保持相互吸引、相互接近的关系；相反，如果其中的任何一方不能满足对方的需要，则相互之间会加大距离，人际关系趋于疏淡；如果交往双方不仅不能满足对方需要，还可能对对方需要的满足构成障碍和干扰，那么，彼此的关系则可能趋向于敌对。早在1939年，罗特利斯伯格就曾在工业界做过大量研究，发现同一班组的成员，以互相关心、互相尊重、互相同情为基础的人际关系是完成生产指标的重要原因。以后的理论和实践都表明，人际关系的状况对个人、群体和组织行为乃至社会的文明和进步都将产生深远的影响。因此，调节和改善人际关系对组织和个人的意义都十分重大。

建立良好的人际关系，涉及许多方面，以下几个要点既是经验的总结，也是正确处理人际关系的原则和方法。

（一）要在组织内形成良好的人际关系氛围

1. 明确职责关系

要不断完善组织结构，明确每个人每个岗位的责、权、利关系，形成一套完整的、切合实际的正确处理人际关系的规范、原则、制度和方法。这对于化解矛盾、化解冲突、协调关系、提高效率具有重要作用。

2. 了解并满足员工的需要

不仅要激励员工为组织做贡献，还应时刻关心员工的物质和兴趣需要，使他们的合理需要能通过正当途径得到解决。

3. 保持良好的信息沟通渠道

通过经常的、畅通的上下左右之间的意见沟通，来增加了解，增加感情，或缓解冲突、消除误解。

(二) 改进不良的人际反应特质，提高人际交往的技巧

1. 端正对人际关系的看法

人们通常是由于工作和个人的需要，特别是社交和情感的需要而与别人建立人际关系的。但人与人之间的关系不应是等价交换的，更不应是相互利用的。在处理人际关系时，应该在社会伦理、道德和常规的范围内实行利他主义，先人后己，助人为乐，不怕吃亏，有了这样的思想基础别人就乐于与你交往，易于形成良好的人际关系。

2. 改变不良的人际反应特质

每个人的人际反应特质各不相同，因此会引起不同的人际关系效果。如谦让型的人易于和别人建立良好的人际关系，进取型的人则人际关系紧张。一个人的人际反应特质是可以改变的，关键在于正视自己在人际关系反应特质上存在的某些缺点，并愿意做出切实改进。

3. 以诚待人，严于律己

要形成良好的人际关系，必须待人热情、诚恳，真心实意地与别人交往。如果你是一个列车服务员，在和旅客打交道时，能够把自己想象成一个乘客，就很容易理解乘客的困难与要求，也就易于和乘客形成良好的人际关系。

要建立良好的人际关系，在与人交往中必须谦虚谨慎、言行一致，严格要求自己，要求别人做到的首先自己要做到。对于自己的缺点要勇于做自我批评。对于别人的批评应当虚怀若谷，客观地做出分析判断，有则改之，无则加勉，不应形成偏见、耿耿于怀。

4. 尊重他人，甘当配角

要尊重别人的劳动、尊重别人的人格。只有尊重别人，才能赢得别人对你的尊重。在和别人讨论问题时，要尊重别人的想法，多采用肯定式，肯定别人正确的意见。因为任何人都希望得到别人的赞赏和认可，不要因为别人的意见不完善就否定它，在肯定其正确的同时弥补他的不足。那种以教训的口吻说"不"的人是不会受人欢迎的。

不要过高地估计自己的能力，夸大自己的作用。在人际交往中应尽量少用居高临下的命令和支配口吻，因为那只能使对方处于被动状态并易引起反感。而应采用平等协商、说服、支持、帮助的态度使对方处于主动状态，自己甘当配角。在人际交往中，不应只考虑发挥自己的作用和长处，而应更多考虑如何发挥别人的作用和长处，这样就易于形成良好的人际关系。

(三) 训练和培养体会别人、洞察别人的需要与情感的能力

体会别人、洞察别人的需求和情感的能力，是建立良好人际关系的基础。为此组织行为学家通过研究和实践，设计了两种方法对人们进行训练和培养。

一是角色扮演法。在人际交往的过程中，假如每一个人都能站在别人的立场，多替别人着想，势必可以减少很多不必要的误会与不愉快的冲突，而维持彼此和谐的人际关系。角色

扮演法就是模拟某些现实的问题场面，让一个人扮演各种不同的角色，站在不同的立场处理事物，以期了解别人的需要与感受，从而改善待人的态度。例如，让一个经理扮演下级的角色，听从别人的指挥执行任务，有助于他了解运用权威的命令口气将使人感到不愉快，从而改变其说话的语气。

二是敏感性训练或实验室训练法。这种方法通常是将十二三名受训者集于一堂（实验室或远离日常工作场所的某一地点），加上一名指导者（通常为心理学家）及一名助手，时间短则一至两周，长则三至四周，没有特别的任务，也没有一定的议程，只许他们自由交谈有关目前在身边（此时此地）所发生的事，不涉及工作上以及观念上的问题。

这项训练采取非指导性、未经组织的群体自由讨论的方式，因此受训者不知何去何从，逐渐陷入不安、焦躁、厌烦、不快等情绪状态，"此时此地"乃指受训者这时的心理经验。

根据 L. P. Bradford 等的分析，受训者在集会开始三至六小时后，即发现两种事实，那就是：第一，要谋求大家一致赞同的议题是相当困难的；第二，成员彼此不太注意倾听别人说的话。

由此，受训者便会体会到在一个群体中各成员对群体整体的关心远不如对自己本身的关心，这种体会将使受训者了解"为什么在讨论问题时，很难统一成一致的论点，或者某些人为什么经常在讨论会中离题谈论私人的事"。

此外，受训者因面对"此时此地"的情绪混乱状态，慢慢地发现自己的真面目，了解平时自己对愤怒、不安等情绪都是不太愿意承认，或压抑不表达出来的状态。了解自己，同时也感受其他人跟自己一样陷入痛苦的情绪状态，于是逐渐能够体会其他人的感情。

讨论题

1. 什么是人际沟通？指出沟通在组织和群体中的功能。
2. 有效沟通的障碍有哪些？联系实际谈谈如何提高沟通的有效性。
3. 影响人际关系的因素主要有哪些？
4. 联系实际，谈谈如何建立良好的人际关系。

【小测试】

积极倾听技巧的清单

请把下面15个题目回答两遍，如表 6-1 所示。第一遍，对每个问题回答是或否，并填在表中第 2 列的空格中（请根据你在最近的会议或聚会上的表现真实填写）。第二遍，如果你对自己的回答感到满意，则在表格第 3 列中填"+"号；如果你希望改变你的回答，则在表格第 3 列中填"-"号。

表 6-1 小测试表格

题目	是或否	+或-
1. 我常试图同时听几个人的交谈。		
2. 我喜欢别人只给我提供事实，让我自己做出解释。		
3. 我有时假装自己在认真听别人说话。		

续表

题目	是或否	+或-
4. 我认为自己是非言语沟通方面的好手。		
5. 我常常在别人说话之前就知道他要说什么。		
6. 如果我无兴趣和某人交谈，我常常通过注意力不集中的方式结束谈话。		
7. 我常常用点头、皱眉等方式让说话人了解我对他所说内容的感觉。		
8. 常常别人刚说完，我就紧接着谈自己的看法。		
9. 别人说话的同时，我也在评价他的内容。		
10. 别人说话的同时，我常常在思考接下来我要说的内容。		
11. 说话人的谈话风格常常影响到我对内容的倾听。		
12. 为了弄清对方所说的内容，我常常采取提问的办法，而不是进行猜测。		
13. 为了理解对方的观点，我总会很下功夫。		
14. 我常常听到自己希望听到的内容，而不是别人表达的内容。		
15. 当我和别人意见不一致时，大多数人认为我理解了他们的观点和想法。		

第七章 激励的基本理论

【课前案例】

关注员工的需要

一家制药业的巨无霸刚刚获得一项评审极其严格的产品质量奖。当宣读获得这个奖项的人员及公司的名字的时候,大家都兴奋不已。公司领导很快召集全体员工到自助餐厅举办庆祝大会,公司总裁表达了对每位员工的感谢,并宣布:"为庆祝这次巨大的成功,大家都会得到一份很有意义的礼物!"大家的心情就像过节一样。但是,当揭开了罩在神秘礼物上的帷幕时,竟是由无数塑料杯子搭建起的金字塔造型。会场上先是死一般的寂静,接着爆发出震耳欲聋的喊声。就像他们看到的是一个巨大的发了霉的圣诞水果蛋糕一样。

后来,大家排着队陆续领走自己的杯子。在员工摇着头、苦笑着领走奖品时,可怜的CEO好像只剩下最后一点呼吸了。

第一节 激 励

一、激励的含义与特点

(一)激励的含义

激励一词来源于古代拉丁语"movere",该词的本义是"使移动"。在管理学中,激励是指激发、鼓励、调动人的热情和积极性。从诱因和强化的观点看,激励是将外部适当的刺激转化为内部心理的动力,从而增强或减弱人的意志和行为。

从心理学角度看,激励是指人的动机系统被激发后,处于一种活跃的状态,对行为有着强大的内驱力,促使人们为期望和目标而努力。激励对不同的人具有不同的含义,对一些人来说,激励是一种动力,对另一些人来说,激励则是一种心理上的支持。

人们已经提出了许多关于激励的假说,并在这些假说和研究成果的基础上,形成了一些对激励的定义。弗鲁姆(Vroom)认为,激励是诱导人们按照预期的行动方案进行行动的行为。佐德克(Zedeck)和布拉德(Blood)认为,激励是朝某一特定目标行动的倾向。爱金森(Atchinson)认为,激励是对方向、活动和行为持久性的直接影响。盖勒曼(Gellerman)认为,激励引导人们朝着某些目标行动,并花费一些精力去实现这些目标。沙托(Shartle)认为,激励是被人们所感知的从而导致人们朝着某个特定方向或者为完成某个目标而采取行动的驱动力和紧张状态。

上述定义几乎都强调激励是一种驱动力或者诱发力。基于此，我们对激励的定义如下：

激励就是管理者运用各种管理手段，刺激被管理者的需要，激发其动机，引导并促进被管理者产生有利于组织目标的行为的过程。可以从以下三个方面来理解激励这一概念。

（1）激励是一个过程。人的行为都是在某种动机的推动下完成的。对人的行为的激励，实质上就是通过利用能满足人们需要的诱因条件，激发行为动机，从而推动人采取相应的行为，以实现目标，然后再根据人们新的需要设置诱因，如此循环往复。

（2）激励过程受内外因素的制约。各种管理措施，应与被激励者的需要、理想、价值观和责任感等内在的因素相吻合，才能产生较强的影响力，从而激发和强化工作动机，否则不会产生激励作用。

（3）激励具有时效性。每一种激励手段的作用都有一定的时间限度，超过时限就会失效。因此，激励不能一劳永逸，需要持续进行。

（二）激励的特点

激励作为一种领导的手段，最显著的特点是内在驱动性和自觉自愿性。由于激励是起源于人的需要，是被管理者追求个人需要满足的过程，因此，这种实现组织目标的过程，不带有强制性，而完全是靠被管理者内在动机驱使的、自觉自愿的过程。

激励在组织管理中具有十分重要的作用，有助于激发和调动员工的积极性；有助于增强组织的凝聚力，促进组织内部各组成部分的协调统一；有助于将员工的个人目标与组织目标统一起来。

二、激励的过程与要素

（一）激励的过程

激励过程就是一个由需要开始到需要得到满足为止的连锁反应。当人产生需要而未得到满足时，会产生一种紧张不安的心理状态，在遇到能够满足需要的目标时，这种紧张不安的心理就转化为动机，并在动机的驱动下向目标努力，目标达到后，需要得到满足，紧张不安的心理状态就会消除。随后，又会产生新的需求，引起新的动机和行为，这就是激励过程，如图 7-1 所示。

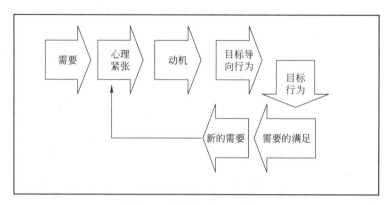

图 7-1 激励过程示意图

（二）激励的要素

1. 需要

激励的实质就是通过影响人的需要或动机达到引导人的行为的目的，它实际上是一种对人的行为的强化过程。研究激励，先要了解人的需要。需要是人的一种主观体验，是人们在社会生活中对某种目标的渴求和欲望，是人们行为积极性的源泉。人的需要一旦被意识到，它就会以动机的形式表现出来，从而驱使人们朝着一定的方向努力，以达到自身的满足。需要越强烈，它的推动力就越强烈、越迅速。

人的需要有三个方面：一是生理状态的变化引起的需要，如饥饿时对食物的需要；二是外部因素影响诱发的需要，如对某种新款商品的需要；三是心理活动引起的需要，如对事业的追求等。

2. 动机

需要的具体表现形式就是动机。当一个人感觉到某种需要，且该需要处于未被满足的状态时，主体就会处于一种紧张状态，从而在身体内部产生一种内在的驱动力，也就是动机。

动机是个体活动或维持其活动并使这一活动指向一定目标的内部动力和主观原因，诱发人们按照预先要求进行活动，在激励中发挥着重要的作用。

动机在激励行为的过程中，具有以下功能。

（1）始动功能。始动功能指动机唤起和驱动人们采取某种行动。它是推动行为的原动力。

（2）导向和选择功能。导向和选择功能指动机总是指向一定目标，具有选择行动方向和行为方式的作用。它决定个体的行为方向。

（3）维持与强化功能。维持与强化功能指长久稳定的动机可以维持某种行为，并使之持续进行。当行为目标达成时，相应的动机就会获得强化，使行为持续下去或产生更强烈的行为，趋向更高的目标；相反，则降低行为的积极性，或停止行为。

动机的表现形式有很多种：从表现程度的差异上可分为兴趣、意图、愿望、信念和理想等；从表现可信度的差异上可分为真实动机和伪装动机；从物质还是非物质的角度可分为物质性动机和非物质性动机。

物质性动机。工资、奖金、各种福利、养老计划、员工持股计划、带薪假期等，都属于物质性动机。这些动机能够吸引竞争力的员工，减少人员的流动，提高组织的士气和绩效。

非物质性动机。非物质性动机能够为员工提供个人发展和成就的机会，也被称为个人动机。研究表明，这种动机对员工的工作绩效能够产生显著的影响。例如，升迁的机会、工作中的挑战性和成就感等都是非物质性动机。

3. 行为

行为是指人们为实现某种目标所采取的直接行动，又分为目标行为和目标导向行为。目标行为是指直接从事实现某种目标的行为，如进食；目标导向行为是指为实现目标，准备过程中所采取的行为，如为解决饥饿而寻找食物的过程。

二者不可分割，目标导向行为是不可缺少的，但应尽量缩短导向过程，以减少由于导向行为过长而引起的积极性挫伤。在企业组织中，员工的行为与工作、生活环境相互作用，任何一种行为的产生，都是有其内在原因的。

4. 需要、动机、行为和激励的关系

人的任何动机和行为都是在需要的基础上建立起来的，没有需要，就没有动机和行为。人们产生某种需要后，只有当这种需要具有某种特定的目标时，需要才会产生动机，动机才会成为引起人们行为的直接原因。但并不是每个动机都必然会引起行为的，在多种动机下，只有优势动机才会引发行为。员工之所以产生组织所期望的行为，是组织根据员工的需要来设置某些目标，并通过目标导向使员工出现有利于组织目标的优势动机，同时按照组织所需要的方式行动。管理者实施激励，就是要想方设法做好需要引导和目标引导，强化员工动机，刺激员工的行为，从而实现组织目标。

第二节　激励的原则与方法

一、激励的一般原则

激励是一门学问，科学地运用激励理论，可以有效地激发员工的潜力，提高激励的效果，使组织目标和个人目标在实现中达到统一，进而提高组织的经营效率。因此，正确运用激励应注意以下因素。

1. 把握准确的激励时机

在组织管理中，并不存在一种绝对有效的、时时适宜的激励时机，激励时机的选择是随机制宜的。在组织管理中，应根据组织面临的客观条件，灵活地选择激励的时机或采用综合激励的形式，以有效地发挥激励的作用。

2. 采取相应的激励频率

激励频率是指在一定时间进行激励的次数，它一般以一个工作学习周期为时间单位。激励频率与激励效果之间并不是简单的正比关系，在某些特殊条件下，两者可能成反比关系。因此，只有区分不同情况，采取相应的激励频率，才能有效发挥激励的作用。激励频率的选择受到多种客观因素的制约，包括工作的内容和性质、任务目标的明确程度、工作学习状况及人际关系等。一般来说，工作性质比较复杂，任务比较繁重，激励频率应相应提高，反之则相反。对于目标任务比较明确、短期能见效的工作，激励频率应提高，反之则相反。在具体的管理中，应具体情况具体分析，采取恰当的激励频率。

3. 恰当地运用激励程度

有人对能通宵达旦玩游戏者不可理解，但当自己去玩时，也往往废寝忘食，原因何在？游戏软件通常由简到繁、由易到难，操作者在初始未必能轻而易举地获胜，但经过一段时间操作之后通常能够过关。这样稍有努力就进步、不努力就退步的情况对操作者最有吸引力。

这说明了激励标准有个适度性问题，能否恰当地掌握激励程度，直接影响激励作用的发挥，过量激励和不足量激励不但起不到激励的真正作用，有时甚至会起反作用，造成对工作积极性的挫伤。

4. 确定正确的激励方向

激励的起点是满足员工的需要，员工的需要有一个由低到高的满足发展过程，但这一过程并不是一种间断的阶梯式的跳跃，而是一种连续的、波浪式的演进。不同的需要通常是同时并存的，但在不同的时期，各种需要的刺激作用是不同的，只有满足最迫切需要的措施，其效价才高，激励强度才大。因此，对员工进行激励时不能过分依赖经验及惯例。激励不存在一劳永逸的解决方法，必须用动态的眼光看问题，深入调查研究，不断了解员工变化了的需要，确定正确的激励方向，采取针对性的激励措施。

二、激励的方法与策略

（一）激励的方法

有效的激励，必须通过适当的激励方式与方法来实现。按照激励中诱因的内容和性质，可将激励的方式与方法大致划分为：目标激励、工作激励、奖罚激励、考评激励、竞赛与评比激励、领导行为激励、尊重和关怀激励。

1. 目标激励

任何组织的发展都需要有自己的目标，任何个人在自己需要的驱使下也会具有个人目标。因此，通过设置适当的目标，激发人的动机，达到调动人的积极性的目的，就是目标激励。

运用目标激励，管理者应注意以下几个问题。

（1）目标要切合实际。在目标管理中，目标是最重要的。目标在心理学上通常称为"诱因"，即能够满足人的需要的外在物。一般来讲，个体对目标看得越重要，实现的概率越大。因此，在管理过程中，目标的制定，不能盲目地求高、求大，而必须是合理的、明确的、可行的，与个体的切身利益是密切相关的，是通过努力可以实现的。否则，不但起不到激励作用，还可能起消极作用，使员工丧失信心。

（2）目标的制定应该是多层次、多方向的。除了组织的基本目标外，还应包括组织的管理目标、技术考核目标、员工培训和进修目标、员工生活福利目标等。目标覆盖范围越全面，越有利于调动各方积极性，越有利于推进组织整体目标的顺利完成。

（3）目标应该分解为阶段性的具体目标。有了组织的总目标，会使员工看到前进的方向，鼓舞员工的斗志。但只有总目标，会使人感到目标遥远，可望而不可即。如果在制定总目标的同时又制定出阶段性的具体目标，就能使员工感到有实现的可能，就会将目标转化为工作压力和工作动力，既增大了员工的期望值，也便于组织目标的实施和检查。

（4）将企业的目标转化为部门、各班组以至员工个人的具体目标。企业目标不仅要分解为阶段性的具体目标，还要转化为各部门、各班组以至员工个人的具体目标，形成一个目标链，使目标和责任联系起来，再加上检查、考核、奖惩等一系列手段，以保证组织总目标的实施，使目标起到应有的激励作用。

2. 工作激励

按照赫茨伯格的双因素理论，对人最有效的激励因素来自工作本身，即满意自己的工作是最大的激励。因此，管理者必须善于调整和调动各种工作因素，搞好工作设计，千方百计地使下级满意自己的工作，以实现最有效的激励。在实践中，一般有以下几种途径。

（1）工作适应性。即工作的性质和特点与从事工作的员工的条件与特长相吻合，能充分发挥其优势，引起其工作兴趣，使员工对工作高度满意。因此，实现人与事科学合理的配合，是有效激励的重要手段。管理者要善于研究人的特点和工作的性质，用人之所长，用人之兴趣，科学调配与重组，实现人与事的最佳配合，尽可能地使下级满意自己的工作。

（2）工作的意义与工作的挑战性。员工怎样看待自己所从事的工作，直接关系到其对工作的兴趣与热情，进而决定其工作积极性的高低。因此，激励员工的重要手段就是向员工说明工作的意义,并增加工作的挑战性,从而使员工更加重视和热衷于自己的工作,达到激励的目的。

(3) 工作的自主性。人们出于自尊和自我实现的需要,期望独立自主地完成工作,而自觉或不自觉地排斥外来干预,不愿意在别人的指使或强制下被迫工作。这就要求管理者通过目标管理等方式,明确目标与任务,提出规范与标准,然后大胆授权,放手让下级独立运作,自我控制。

(4) 工作扩大化。影响工作积极性的最突出原因是员工厌烦自己所从事的工作,而造成这种现象的基本原因之一就是工作的单调乏味或简单重复。为解决这一问题,管理者应开展工作设计研究,通过工作调整,增加员工工作的种类,消除单调乏味状况。具体形式有:一是兼职作业,即同时承担几种工作或几个工种的任务;二是工作延伸,即前向、后向地接管其他环节的工作;三是工作轮换,即在不同工种或工作岗位上进行轮换。这样,既有利于增加员工对工作的兴趣,又有利于促进人的全面发展,因而是重要的工作激励手段。

(5) 工作丰富化。工作丰富化是指让员工参与一些具有较高技术或管理含量的工作,即提高其工作的层次,从而使员工获得一种成就感,使其渴望被尊重的需要得到满足。具体形式包括:一是将部分管理工作交给员工,使员工也成为管理者;二是吸收员工参与决策和计划,提升其工作层次;三是对员工进行业务培训,全面提高其技能;四是让员工承担一些较高技术的工作,提高其工作的技术含量等。

3. 奖罚激励

奖罚激励是奖励激励和惩罚激励的合称。奖励是对人的某种行为给予肯定或表扬,使人保持这种行为。奖励得当,能进一步调动人的积极性。惩罚是对人的某种行为予以否定或批评,使人消除这种行为。惩罚得当,不仅能消除人的不良行为,而且能使消极因素转化为积极因素。奖励和惩罚都能对员工起到激励作用,两者相结合,则效果更佳。

运用奖惩这一强化激励方法,必须注意以下几个问题。

(1) 及时性。拿破仑不仅是一名卓越的军事家,而且是一位非常懂得激励艺术的管理者。他曾经说过:"最有效的奖励是立即给予的奖励。"这一点在组织管理中,同样适用。一个员工工作表现好,取得良好成绩,或者提出了有效的建议,就应及时给予肯定。相反,一个员工如果表现不好,犯了错误,则应及时予以惩罚或批评,否则,时过境迁,激励作用会大打折扣。

(2) 准确性。奖励或惩罚与实际情况相符合,即奖惩的准确性,是奖惩发挥作用的前提条件。不论是对员工的表扬、奖励,还是批评、惩罚,管理人员都要做到实事求是,恰如其分,力求准确。表扬时不能为了突出某人的成绩而对其凭空拔高,否则会招来反感;批评时捕风捉影、任意上纲,也会产生不良后果。

(3) 艺术性。特别要注意表扬和批评的艺术。批评员工一定要注意时间、地点和场合,尤其不能当着其下属的面和客人的面批评员工,否则将极大地挫伤员工的积极性,伤害员工的自尊心,使其无"脸"管理下属,严重的还会因此而失去人才。

4. 考评激励

考评是指各级组织对员工的思想、业务水平、工作表现和完成任务的情况等方面进行考核和评定。通过考核和评比,对不称职者要换职换岗,必要时还要作降职处理。对工作成绩突出者，应给予奖励。除了提职、升级和表扬等精神奖励外，还有物质奖励。物质奖励包括：

（1）晋升工资。工资是人们工作报酬的主要形式，工作有成效的员工如果获得晋升工资的奖励，当然是一种重大的物质奖励。

（2）颁发奖金。奖金与工资不同，它不适用于对长期性值得奖励的事情给予物质奖励，一般是针对某一件值得奖励的事情给予物质奖励。

（3）员工持股。员工持股是在市场经济条件下，对员工激励的主要方法之一。因为员工持股后增加了他们对企业的认同感，并激发出员工巨大的工作热情和责任感。

（4）其他物质奖励。除货币性的工资和奖金外，也可以通过提供休假等激励手段激发员工的积极性、主动性和创造性。

为了让"考评激励"发挥最大的作用，在考评过程中必须注意制定科学的考评标准，设置正确的考评方法，提高主考者的个体素质等。

5. 竞赛与评比激励

人们普遍存在争强好胜的心理，在正确思想的指导下，竞赛以及竞赛中的评比对调动人的积极性有重大意义。这是由于竞赛与评比能增强人的智力效应，使人的注意力更集中、记忆状态良好、想象丰富、思维敏捷、操作能力提高，有助于员工自我价值的实现；同时竞赛与评比能增强组织成员的心理内聚力，增强集体荣誉感，促进集体成员劳动积极性的提高。管理者结合工作任务，组织各种形式的竞赛与评比，鼓励各种形式的竞争，就会极大地激发员工的热情、工作兴趣和克服困难的勇气与力量。

在组织竞赛与评比、鼓励竞争的过程中，应注意以下几方面：

（1）要有明确的目标和要求，并加以正确的引导。这样，确保竞赛与评比沿着正确的轨道进行，防止偏离组织目标。

（2）竞赛必须是公平的。竞赛的基础、条件、起点、过程、成果衡量与对待，都必须是公平合理的。

（3）竞赛与竞争的结果要有明确的评价和相应的奖励，并尽可能增加竞赛结果评价或奖励的效价，以加大激励作用。

6. 领导行为激励

领导行为激励是通过榜样作用、暗示作用、模仿作用等心理机制激发下属的动机，以调动工作、学习积极性。

"榜样的力量是无穷的"，管理者应注意用先进典型来激发下级的积极性。榜样激励主要包括以下两方面。

（1）先进典型的榜样激励。管理者要注意发现和总结先进事迹和先进人物，以他们的感人事迹来激励下级。应用中，要注意事迹的真实性、与下级人员工作的可比性、可学性等，真正令下级服气、感动并激励下级。

（2）管理者自身的模范作用。即管理者号召和要求下级做到的，自己首先要做到，应身先士卒，率先垂范，以影响、带动下级。在实践中，一定要做实实在在的事，而不是做表面文章；要始终如一，而不要一时心血来潮。

7. 尊重和关怀激励

领导对下属的尊重和关怀是一种有力的激励手段，从尊重人的劳动成果到尊重人的人格，从关怀下属的政治进步到帮助其解决工作与生活上的实际困难，都能够产生积极的心理效应。

管理者应利用各种机会信任、鼓励、支持下级，努力满足其尊重的需要，以激励其工作积极性。

（1）要尊重下级的人格。上下级只是管理层次和职权的差别，彼此之间是平等的。管理者应尊重自己的下级，特别是尊重其人格，使下级始终获得受到尊重的体验。

（2）要尽力满足下级的成就感。要尊重下级自我实现的需要，创造条件鼓励和支持下级实现自己的工作目标，追求事业的成功，以满足其成就感。

（3）支持下级自我管理、自我控制。管理者要授权于下级，充分信任他们，让下级实行自我管理、自我控制，以满足其自主心理。

管理者对下级在生活上给予关心照顾，也是激励的有效形式。它不但使下级获得物质上的利益和帮助，而且能获得精神上的尊重需要和归属感的满足，从而可以产生巨大的激励作用。这种关怀激励，主要表现在对下属的关心照顾，包括制定员工集体福利制度，帮助解决员工各种生活困难，关心和帮助解决员工各种思想、工作及其他方面的困难。

总而言之，领导者在对下属实施激励的时候，如果能够根据具体情况灵活运用不同的激励手段，则有助于领导者高效地进行人力资源管理工作，取得良好的效果，达到预期的目的。

（二）激励的策略

随着时代的发展与人们需求多样化的加深，必然对组织的激励行为提出更高的要求。根据时代的特点，提出以下组织改善激励行为的策略。

1. 奖励组织所需要的行为

清晰的目标是激励进行的前提。奖励时必须确保所激励的行为是组织需要的，是那些希望员工做出的、有利于组织目标实现的行为。清晰、具体的目标比模糊、抽象的目标对员工的激励作用更大，员工的工作绩效受其目标导向的影响，管理者通过对员工工作目标的有效管控，可以提升对员工的激励水平，任意奖励或不详细说明奖励的原因，会被认为奖励过于随意，从而会阻碍员工继续付出努力。所以，组织应奖励其所期望的行为，惩处其所不希望的行为，以确保组织目标的实现。

2. 善于发现和利用差别

利益的差别既促进竞争，也体现公平，为此管理者必须通过考核发现员工在行为和绩效方面的差别，利用利益差别激励员工。利用差别进行激励的前提是要让员工清楚其差别的所在、贡献的大小和失职的多少，使每位员工心服口服。

3. 掌握好激励的时间和力度

激励要掌握好时机，好人好事要及时表扬，员工有了失误批评时要看失误的性质及程度。对于反复出现的积极行为，不能反复表扬，而应当出其不意，使员工有所期待，有所争取。激励也要适度，奖励、表扬、批评都有一个最低限度，低于某个限度会起不到应有的作用，但激励也不能高于某个限度，过度的奖惩都会产生不良后果。

4. 激励时要因人制宜

每个人的能力和需求都不相同，激励需因人而异。不同员工因其个体不同有不同的需要、价值观及奋斗目标，应根据他们不同的需求，采用等价不同的激励手段。奖励不仅仅可以用经济手段，也可用劳动合同、培训、任职等方式；惩罚不仅仅是用金钱处罚，也可用劳动、以功代过等方式。激励举措也应把有效的激励方法优化组合，形成有效的激励格局和良好主动的工作环境。

5. 系统地设计激励策略体系

把工作系统地设计成能够包含某些特征的工作，如使工作具有技能多样性、成果明显、具有自主权、及时反馈等特征，员工从工作中得到的激励程度就会提高，对工作的满意度就会得到提升。如果一项工作可以设计成能"内在"地激励员工的工作，将会取得高绩效、高满意度、高品质的工作效果。在系统地设计激励策略体系时应注意将不同类型的激励进行有机的结合，应同时考虑到物质激励与精神激励、内在激励和外在激励、正激励与负激励等。

第三节 激 励 理 论

自 20 世纪二三十年代以来，国外许多管理学家、心理学家和社会学家从不同的角度对怎样激励人的问题进行了研究，并提出了相应的激励理论。通常把这些激励理论分为三大类：内容型激励理论、过程型激励理论和行为改造型激励理论。

一、内容型激励理论

需要和动机是推动人们行为的原因。内容型激励理论是着重研究需要的内容和结构及其如何推动人们行为的理论。其中有代表性的理论有：需要层次理论、ERG 理论、双因素理论等。需求层次理论和 ERG 理论已经在第四章进行了详细的阐述，这里不再赘述。

双因素理论是美国心理学家赫茨伯格于 1959 年提出来的，全名叫"激励-保健因素理论"。

通过在匹兹堡地区 11 个工商业机构对 200 多位工程师、会计师的调查征询，赫茨伯格发现，受访人员举出的不满意的因素，大都与其工作环境有关，而感到满意的因素，则一般都与工作本身有关。据此，他提出了双因素理论。

（一）双因素理论的基本内容

传统理论认为，满意的对立面是不满意，而双因素理论认为，满意的对立面是没有满意，不满意的对立面是没有不满意。因此，影响员工工作积极性的因素可分为两类：保健因素和激励因素。

所谓保健因素，就是那些得不到就会造成员工不满的因素，这类因素的改善能够解除员工的不满，但不能使员工感到满意并激发起员工的积极性。它们主要是指公司政策、行为管理和监督方式、工作条件、人际关系、地位、安全和生活条件等。一般与工作环境和工作条件有关。

所谓激励因素，就是那些得到就会使员工感到满意的因素，唯有这类因素的改善才能让员工感到满意，给员工以较高的激励，调动积极性，提高劳动生产效率。它们主要是指工作富有成就感、工作成绩能得到认可、工作本身具有挑战性、负有较大的责任、在职业上能得到发展等。一般与工作内容和工作本身有关。见表 7-1。

表 7-1 保健因素与激励因素

保健因素	激励因素
金钱	工作本身
监督	赏识
地位	进步
安全	成长的可能性
工作环境	责任
政策与行动	成就
人际关系	

（二）双因素理论在管理实践中的应用

善于区分管理实践中存在的两类因素，对于保健因素（如工作条件、福利等）要给予基本的满足，以消除下级的不满；要学会正确识别与挑选激励因素，善于抓住激励因素，进行有针对性的激励，例如，通过调整工作的分工、加强宣传工作、增加工作的挑战性、实行工作丰富化等来增加员工对工作的兴趣，千方百计地使员工满意自己的工作，从而收到有效激励的效果。

但是，在不同国家、不同地区、不同时期、不同阶层、不同组织甚至是每一个人，最敏感的激励因素是各不相同的，有时差别还很大。因此，必须在分析上述因素的基础上，灵活地加以确定。例如，工资在发达国家的一些企业中不是激励因素，但在我们国家的许多企业中，工资对于员工仍是一个非常重要的激励因素。

二、过程型激励理论

过程型激励理论是着重研究人们选择其所要进行的行为的过程。即研究人们的行为是怎样产生的，是怎样向一定方向发展的，如何使这个行为保持下去，以及怎样结束行为的系列发展过程。它主要包括弗鲁姆的期望理论和亚当斯的公平理论。

（一）期望理论

弗鲁姆认为，人们采取某项行动的动力或激励力，取决于其对行动结果的价值评价和预期达成该结果可能性的估计。用公式可以表示为：

$$M = V \times E \tag{7-1}$$

其中：M——激励力量，是直接推动或使人们采取某一行动的内驱力。这是指调动一个人的积极性，激发出人的潜力的强度。

V——目标效价，是指达成目标后得到的结果对于个人需要的满足程度的大小，它反映个人对某一成果或奖酬的重视与渴望程度。

E——期望值，是指根据以往的经验进行的主观判断，达成目标并能导致某种结果的概率，是个人对某一行为导致特定成果的可能性或概率的估计与判断。

显然，只有当人们对某一行动成果的效价和期望值同时处于较高水平时，才有可能产生强大的激励力。

弗鲁姆的期望理论辩证地提出了在进行激励时要处理好三方面的关系，这些也是调动人们工作积极性的三个条件。

（1）努力与绩效的关系。人们总是希望通过一定的努力达到预期的目标，如果个人主观认为达到目标的概率很高，就会有信心，并激发出很强的工作力量；反之如果他认为目标太高，通过努力也不会有很好的绩效时，就失去了内在的动力，导致工作消极。

（2）绩效与奖励的关系。人总是希望取得成绩后能够得到奖励，当然这个奖励也是综合的，既包括物质上的，也包括精神上的。如果他认为取得绩效后能得到合理的奖励，就可能产生工作热情，否则就可能没有积极性。

（3）奖励与满足个人需要的关系。人总是希望自己所获得的奖励能满足自己某方面的需要。然而由于人们在年龄、性别、资历、社会地位和经济条件等方面都存在差异，他们对各种需要要求得到满足的程度就不同。因此，对于不同的人，采用同一种奖励办法能满足的需要程度不同，能激发出的工作动力也就不同。

对期望理论的应用主要体现在激励方面，这启示管理者不要泛泛地采用一般的激励措施，而应当采用多数组织成员认为效价最大的激励措施，而且在设置某一激励目标时应尽可能加大其效价的综合值，加大组织期望行为与非期望行为之间的效价差值。在激励过程中，还要适当控制期望概率和实际概率，加强期望心理的疏导。期望概率过大，容易产生挫折，期望概率过小，又会减少激励力量；而实际概率应使大多数人受益，最好实际概率大于平均的个人期望概率，并与效价相适应。

（二）公平理论

公平理论又称社会比较理论，它是美国行为科学家亚当斯（J. S. Adams）提出来的一种激励理论。该理论侧重于研究工资报酬分配的合理性、公平性及其对员工工作积极性的影响。

公平理论的基本观点是：当一个人做出了成绩并取得了报酬以后，他不仅关心自己所得报酬的绝对量，而且关心自己所得报酬的相对量。因此，他要进行种种比较来确定自己所获报酬是否合理，比较的结果将直接影响今后工作的积极性。

（1）横向比较。即他要将自己获得的"报酬"（包括金钱、工作安排以及获得的赏识等）与自己的"投入"（包括教育程度、所做努力、用于工作的时间、精力和其他无形损耗等）的比值与组织内其他人做社会比较，只有相等时他才认为公平，如式（7-2）所示：

$$OP/IP = OC/IC \tag{7-2}$$

其中：OP 表示自己对个人所获报酬的感觉；OC 表示自己对他人所获报酬的感觉；IP 表示自己对个人所做投入的感觉；IC 表示自己对他人所做投入的感觉。

但是，在现实中，还可能出现以下两种情况。

第一，前者小于后者，他可能要求增加自己的收入或减少自己今后的努力程度，以便使左方增大，趋于相等；也可能要求组织减少比较对象的收入或让其今后增大努力程度，以便使右方减少，趋于相等。此外，他还可能另外找人作为比较对象，以便达到心理上的平衡。

第二，前者大于后者，他可能会在开始时积极主动地多做些工作，但是，久而久之他会重新估计自己的技术和工作情况，终于觉得他确实应当得到那么高的待遇，于是产量便又会回到过去的水平了。

（2）纵向比较。即把自己目前投入的努力与目前所获得报酬的比值，同自己过去投入的努力与过去所获报酬的比值进行比较。只有相等时他才认为公平。用式（7-3）表示：

$$OP/IP = OH/IH \tag{7-3}$$

其中：OH 表示自己对个人过去所获报酬的感觉；IH 表示自己对个人过去所做投入的感

觉。现实中，当上式为不等式时，也会出现两种情况。第一，前者大于后者，通常人不会因此产生不公平的感觉，也不会感觉自己多拿了报酬从而主动多做些工作。第二，前者小于后者，人会有不公平的感觉，这可能导致工作积极性下降。调查和实验的结果表明，不公平感的产生绝大多数是由于经过比较认为自己目前的报酬过低而产生的；但在少数情况下也会由于经过比较认为自己的报酬过高而产生。

我们看到，公平理论提出的基本观点是客观存在的。公平理论告诉我们，首先，影响激励效果的不仅有报酬的绝对值，还有报酬的相对值。其次，激励时应力求公平，使等式在客观上成立，尽管有主观判断的误差，也不致造成严重的不公平感。再次，在激励过程中应注意对被激励者公平心理的引导，使其树立正确的公平观，一是要认识到绝对的公平是不存在的，二是不要盲目攀比，三是不要按酬付劳，按酬付劳是在公平问题上造成恶性循环的主要杀手。为了避免员工产生不公平的感觉，企业往往采取各种手段，在企业中造成一种公平合理的气氛，使员工产生一种主观上的公平感。比如，有的企业采用保密工资的办法，使员工不了解彼此的收支情况，以免员工相互比较而产生不公平感。

（三）目标设置理论

目标设置理论是由美国心理学家洛克（Edwin Locke）在1967年提出的。他认为人的任何行为都是受到某种目标的驱使。因此，通过给员工合适地设置目标，可以激励员工。

目标和行为相互结合，便形成了目标导向行为和目标完成行为。目标导向行为是为了达到目标所表现出的行为；目标完成行为是指直接满足需要的行为。目标导向与目标完成是螺旋上升的。由于目标导向行为与目标完成行为对需要强度有着不同的影响力，需要强度会因目标行为的进展而加强，而当目标完成行为开始时，需要强度则有减弱、下降的趋向。此时，要使需要强度经常保持在较高水平上，有效的办法是循环交替地运用目标导向行为和目标完成行为，即当一个目标达到时，马上提出更高的新目标，并进入新的目标导向过程。

管理者要善于给员工设置目标。一方面，目标要有一定的挑战性，这样可使员工完成任务后有一定的成就感；另一方面，目标又是可以经过努力实现的，不能太难。

给员工定目标一定要有具体数字指标，并落实到具体的人。

给员工及时的工作绩效考核和反馈。这是指不断地对员工的工作进行阶段性考核，从而向员工指出其接近目标的程度，及时对其进行行为调整。管理者可以通过对员工提供目标达成程度的反馈信息，来使目标成为一个有效的激励因子。

三、行为改造型激励理论

行为改造型激励理论认为，人的行为是作用于一定环境的，外部环境对人的行为有着重要的影响，激励的目的是改造和修正人的行为方式。因此，行为改造型理论是研究如何改造和转化人们的行为，使其达到目标的一种理论，它不仅考虑积极行为的引发和保持，更着眼于消极行为的改造和转化。关于这一问题的探讨，不同的心理学派提出了不同的理论，从而出现了以人本主义为基础的归因理论，以行为主义为基础的强化理论，以及两者结合的挫折理论等。

（一）归因理论

归因理论是美国心理学家弗里茨·海德（Fritz Heider）在有关社会认识和人际关系理念的基础上发展起来的。归因论是说明和推论人们活动的因果关系分析的理论。归因理论认为失败的归因分析和消极行为向积极行为的转化关系十分密切。显然，把失败归咎于不稳定因素，有利于对前途充满希望，鼓舞干劲，在失败时保持旺盛的热情和信心，克服自暴自弃而奋发向上。人们用这种理论来理解、预测和控制他们的环境，以及因这种环境而出现的行为。因此归因论也称为认知理论，即通过改变人的自我感觉、自我思想认识来达到改变人的行为。

1. 外部归因与内部归因

所有的行为都被认为是由外部或内部因素所决定的。外部归因又被称为情境归因，是指因果关系是由一个不受个人主观意志控制的外界因素决定的。当感觉到没有选择的时候，一个人的行为就会局限于甚至完全由外界力量所决定。

在这种情境下，一个人会觉得对他的行为不负有责任。一个常见的例子是天气状况。

内部归因是指因果关系是由内部因素所决定的。内部因素受个人主观意志控制，个人可以选择用某种特定方式行事，此时他就会有责任感。

2. 归因论的依据

不同的归因会直接影响人们的工作态度和积极性，进而影响随之而来的行为和工作绩效；对过去成功或失败的归因，会影响将来的期望和坚持努力的行为。一般人可做出四种归因：一是努力程度，二是能力大小，三是任务难度，四是运气与机会。

心理学研究表明大多数人在判断谁应该为一个事情或者一个行为动作负责的时候有偏差：我们趋向于把别人的成功和自己的失败归结到外部因素上，把自己的成功和别人的失败归结到内部因素上。

对过去工作成功或失败的归因不同，直接影响和决定着以后的行为。在这方面心理学家们在实验的基础上得出了如下几种看法。

（1）如果学习的人把失败归于自己脑子笨和能力低这样一类稳定的内因，这样失败后则不能增强学习者今后努力学习的行为的坚持性。

（2）假如把失败归因于自己学习不够努力这个相对不稳定的内因，则可能增强学习者更加倍努力去学习的行为的坚持性。

（3）如果把失败归因于不稳定的偶然的外因，则学习者不一定会降低学习的积极性，而且能够坚持努力学习的行为。

（4）假如把失败归因于学习任务太重、太难等稳定性的外因，则很可能会降低学习者的自信心、成就动机和行为的坚持性。

因此，罗斯和安德鲁斯等人认为，把以往的工作或学习的成功与失败的原因，归于内、外因中的稳定性因素还是不稳定因素，是影响今后工作和学习的成功期望和坚持努力行为的关键。也就是说，如果失败被认为是由于能力低、任务难等稳定因素所致，就会降低随后的成功期望，会失去信心，并且不再坚持努力行为；反之，如果把失败的原因归于自己努力不够或粗枝大叶等不稳定因素，就会保持甚至增强能取得成功的动机，会进一步增强信心，坚持努力行为。

运用归因论原理来增强人们行为的持续性，对取得成就行为有一定的作用，这实际上说明了通过改变人的思想认识可以达到改变人的行为的目的，管理者在对成功者和失败者今后行为的引导方面应尽可能地把成功或失败的原因归于不稳定因素。

（二）强化理论

强化理论是由美国心理学家斯金纳（B. F. Skinner）首先提出的。该理论认为人的行为是其所受刺激的函数。如果这种刺激对他有利,则这种行为就会重复出现;若对他不利,则这种行为就会减弱直至消失。这种理论观点主张采取各种强化方式,对激励进行针对性的刺激,以使人们的行为符合组织的目标。根据强化的性质和目的,强化可以分为正强化、负强化和自然消减。

1. 正强化

所谓正强化,就是奖励那些符合组织目标的行为,以使这些行为得到进一步加强,从而有利于组织目标的实现。正强化的刺激物可以多种多样,如增加薪金、提升职位、对其工作成果的承认和赞赏等。

为了使强化达到预期的效果,必须注意实施不同的强化方式。譬如对每一次符合组织目标的行为都给予强化,或每隔固定的时间给予一定数量的强化等方式有及时刺激、立竿见影的效果,但久而久之,人们就会对这种正强化有越来越高的期望,或者认为这种正强化是理所应当的。管理者要么不断加强这种正强化,否则其作用会减弱甚至不再起到刺激行为的作用。而根据组织的需要和个人行为在工作中的反映,不定期、不定量地给予强化,能够起到较大的效果。

2. 负强化

所谓负强化,就是指预先告知人们某种不符合要求的行为可能引起的不良后果,以使人们采取符合要求的行为或回避不符合要求的行为,对避免或消除不良后果者给予适当的报酬,借以肯定某种行为,保证组织目标的实现不受干扰。

通过这种方式能从反面促使人们重复符合要求的行为,达到与正强化同样的目的。实际上,不进行正强化也是一种负强化,譬如,过去对某种行为进行正强化,现在组织不再需要这种行为,但基于这种行为并不妨碍组织目标的实现,这时就可以取消正强化,使行为减少或者不再重复出现。负强化还包括减少奖酬或罚款、批评、降级等形式。实施负强化的方式与正强化有所差异,应以连续负强化为主,即对每一次不符合组织的行为都应及时予以负强化,消除人们的侥幸心理,减少直至消除这种行为重复出现的可能性。

3. 自然消减

自然消减,又称衰减,是指对原先可以接受的某种行为强化的撤销。由于在一定时间内不予强化,强化行为自然下降并逐渐消退。例如,企业曾对员工加班加点完成生产定额给予奖酬,后经研究认为这样不利于员工的身体健康和企业的长远利益,因此不再发给奖酬,从而使加班加点的员工逐渐减少。

在管理工作中运用强化理论时,应遵循以下原则。

(1) 明确强化目标,使被强化者的行为符合组织的要求。

(2) 选准强化物。在管理中应具体分析强化对象的情况,针对他们的不同需要,采用不同的强化措施。可以说,选准强化物是使组织目标同个人目标统一起来,以实现强化预期要求的中心环节。

(3) 及时反馈。为了实现强化的目的,必须通过反馈的作用,使被强化者及时了解自己的行为后果,并及时兑现相应的报酬或惩罚,使有利于组织的行为得到及时肯定,促使其重复;而不利于组织的行为能得到及时的制止。

(4) 尽量运用正强化的方式,避免运用惩罚的方式。必须运用惩罚的方式时,应把惩罚同正强化结合起来,尽可能避免惩罚引起的消极作用,使其符合要求的行为得到巩固。

第四节 激励机制与激励模式

一、激励机制

（一）激励机制的含义及内容

激励机制是通过一套理性化的制度来反映激励主体与激励客体相互作用的方式。激励机制的内涵就是构成这套制度的几个方面的要素。根据激励的定义，激励机制包含以下几个方面的内容。

1. 诱导因素集合

诱导因素是指用于调动员工积极性的各种奖酬资源。诱导因素的提取必须建立在对队员个人需要进行调查、分析和预测的基础上，然后根据组织所拥有的资源的实际情况设计各种奖酬形式，包括各种外在性奖酬和内在性奖酬（通过工作设计来达到）。需要理论可用于指导对诱导因素的提取。

2. 行为导向制度

行为导向制度是指组织对其成员所期望的努力方向、行为方式和应遵循的价值观的规定。在组织中，由诱导因素诱发的个体行为可能会朝向各个方向，即不一定都是指向组织目标的。同时，个人的价值观也不一定与组织的价值观一致，这就要求组织在员工中间培养统驭性的主导价值观。行为导向一般强调全局观念、长远观念和集体观念，这些观念都是为实现组织的各种目标服务的。

3. 行为幅度制度

行为幅度制度是指对由诱导因素所激发的行为在强度方面的控制规则。根据弗鲁姆的期望理论公式（$M=V \times E$），对个人行为幅度的控制是通过改变一定的奖酬与一定的绩效之间的关联性以及奖酬本身的价值来实现的。根据斯金纳的强化理论，按固定的比率和变化的比率来确定奖酬与绩效之间的关联性，会对员工行为带来不同的影响。固定比率的奖酬会带来迅速的、非常高而且稳定的绩效，并呈现中等速度的行为消退趋势；变化比率的奖酬将带来非常高的绩效，并呈现非常慢的行为消退趋势。通过行为幅度制度，可以将个人的努力水平调整在一定范围之内，以防止一定奖酬对员工的激励效率的快速下降。

4. 行为时空制度

行为时空制度是指奖酬制度在时间和空间方面的规定。这方面的规定包括特定的外在性奖酬和特定的绩效相关联的时间限制，员工与一定的工作相结合的时间限制，以及有效行为的空间范围。这样的规定可以防止员工的短期行为和地理无限性，从而使所期望的行为具有一定的持续性，并在一定的时期和空间范围内发生。

5. 行为归化制度

行为归化是指对成员进行组织同化以及对违反行为规范或达不到要求的成员的处罚和教育。组织同化是指把新成员带入组织的一个系统过程。它包括对新成员在人生观、价值观、工作态度、合乎规范的行为方式、工作关系、特定的工作机能等方面的教育，使他们成为符合组织风格和习惯的成员，从而具备一个合格的成员身份。错误发生了，在给予适当处罚的同时，还要加强教育，教育的目的是提高当事人对行为规范的认识和行为的能力，即再一次的组织同化。所以，组织同化实质上是组织成员不断学习的过程，对组织具有十分重要的意义。

以上五个方面的制度和规定都是激励机制的构成要素，激励机制是五个方面构成要素的总和。其中诱导因素起到发动行为的作用，后四者起到导向、规范和制约行为的作用。一个健全的激励机制应完整地包括以上五个方面的要素。只有这样，才能进入良性的运行状态。

（二）激励机制中的三个支点

组织目标体系、诱导因素集合和个人因素集合构成激励机制设计模型中的三个支点，这三个支点通过三条通路连接在一起，构成了一个完整的激励机制设计模型。

1. 组织目标体系

巴纳德将共同目标看作组织存在的要素之一。西蒙则将组织的目标区分为两个，一个是能够维持组织生存下去的目标，另一个是保证组织发展壮大的目标。佩罗则详细地分析了组织的多层次目标，包括社会目标、产量目标、系统目标、产品特性目标及其他派生目标，如参与政治活动、赞助教育事业等。为了使组织目标更好地和员工的工作绩效衔接，根据目标设置理论，组织可以将目标进一步分解和细化，使之成为考核员工工作绩效的标准。

2. 诱导因素集合

巴纳德、西蒙等人指出，个人参加到组织中来是因为组织能提供个人所需要的各种奖酬，而这些奖酬就成为产生某种行为的刺激因素，组织将这些刺激因素作为引发员工符合期望的行为的诱导因素。

3. 个人因素集合

个人因素包括个人需要、价值观等决定个人加入组织的动机的一些因素，以及个人的能力、素质、潜力等决定个人对组织贡献大小的一些因素。只有真正了解和把握了个人的需要，才能有效地激发、控制和预测人们的行为。

（三）激励机制中的三条通路

在激励机制中，分配制度将诱导因素集合（奖酬资源）与组织目标体系连接起来，行为规范将个人因素集合与组织目标体系连接起来，信息交流将个人因素集合与诱导因素连接起来。因此，我们可以把分配制度、行为规范和信息交流称为激励机制中的三条通路。

1. 分配制度

奖酬资源（诱导因素）的分配是通过分配制度与个人实现目标的程度（绩效水平）相联系的，而个人正是通过分配制度看到了自己努力工作后得到奖酬的可能性及其多寡和具体内容的。组织分配行为的分配对象是奖酬资源，其依据是个人实现目标的程度。

2. 行为规范

行为规范是建立在对个人素质和能力水平的正确认识基础上的，个人通过遵守行为规范可以实现一定的组织目标，进而得到自己所期望得到的奖酬资源。同时，行为规范也作为控制和监督员工工作的依据。因此，行为规范成为个人素质与组织目标之间的一个通路。

3. 信息交流

信息交流一方面使组织能及时、有效、准确地把握员工个人的各种需要和工作动机，从而确定相应的奖酬形式；另一方面，通过信息交流，员工个人可以了解到组织有哪些奖酬资源，以及怎样才能获得自己所需要的奖酬资源。因此，信息交流是连接个人需要与诱导因素的通路。

二、激励模式

在心理学上,激励可以有三方面的理解。

从诱因和强化的观点看,激励就是将外部适当的刺激(诱因)转化为内部心理动力,从而强化(增强或减弱)人的行为。

从内部形态来看激励即指人的动机系统被激发起来,处于一种激活状态,对行为有强大的推动力量。贝雷尔森和斯坦纳将激励定义为"一切内心要争取的条件:希望、愿望、动力等都构成人的激励……它是人类活动的一种内心状态"。

从心理和行为过程来看,激励主要指由一定的刺激激发人的动机,使人有一股内在的动力,向所期望的目标前进的心理和行为过程。未满足的需要是激励过程的起点,由此引起个人内心(生理或心理上)的振奋,导致个人从事满足需要的某种目标行为,达到了目标,需要得到满足,激励过程也就宣告完成。

根据以上三种理解,激励有三种不同的模式。

(1)激励模式之一的基本组成部分是:刺激(内外诱因)、个体需要、动机、行为、目标、反馈等,见图 7-2。

图 7-2 行为激励模式之一

(2)激励模式之二的基本组成部分是:需要(或愿望、欲望、动力)、行为、目标、反馈等,见图 7-3。

图 7-3 行为激励模式之二

(3)激励模式之三的基本组成部分是:未满足的需要;心理紧张(愿望、驱动力);动机;目标导向;目标行为;需要满足,紧张解除;产生新的需要;反馈等,见图 7-4。

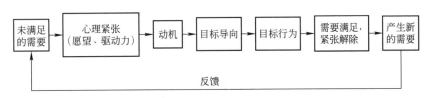

图 7-4 行为激励模式之三

讨论题

1. 需要、动机和行为之间有什么关系?
2. 赫茨伯格的双因素理论与传统激励理论有什么不同?
3. 期望理论的基本内容是什么?实施激励时如何应用?

4. 公平理论有哪些实际意义?
5. 强化理论的主要内容是什么?如何应用强化理论?

【小测试】

你的公平敏感性

下列问题是关于你希望和你可能为其工作的任何组织保持一种怎样的关系。每一个问题的两个答案 a 和 b，共 10 分，给最符合你情况的答案最高分，给你不喜欢的低分。如果你喜欢，你也可以给两个答案同样的分数。如果你愿意也可以写零分。记住对每个问题都要用 10 分回答。在下面每个字母前的空格上写下你的分数。

在我可能工作的任何组织中：

1. 对我更为重要的是：
   ____ a. 从组织中获取；
   ____ b. 给予组织。

2. 对我更为重要的是：
   ____ a. 帮助其他人；
   ____ b. 维护我自己的利益。

3. 我更为关心：
   ____ a. 我从组织中得到什么；
   ____ b. 我为组织贡献什么。

4. 我做的艰苦工作应该：
   ____ a. 有益于组织；
   ____ b. 有益于我自己。

5. 在和组织打交道中我的个人哲学是：
   ____ a. 如果你不保护你自己，没有人会管你；
   ____ b. 付出比得到更好。

第八章 有效的领导

【课前案例】

康涅狄格互助保险公司的苏·雷诺兹

苏·雷诺兹今年22岁，即将获得哈佛大学人力资源管理的本科学位。在过去的两年里，她每年暑假都在康涅狄格互助保险公司打工，填补去度假员工的工作空缺，因此她在这里做过许多不同类型的工作。目前，她已接受公司的邀请，毕业之后将加入互助保险公司，成为保险单更换部的主管。

康涅狄格互助保险公司是一家大型保险公司，仅苏所在的总部就有5 000多名员工。公司奉行员工的个人开发，这已成为公司的经营哲学，公司自上而下都对所有员工十分信任。苏将要承担的工作是直接负责25名职员。她们的工作不需要什么培训而且具有高度的程序化，但员工的责任感十分重要，因为更换通知要先送到原保险单所在处，要列表显示保险费用与标准表格中的任何变化；如果某份保险单因无更换通知的答复而将被取消，还需要通知销售部。

苏工作的群体成员全部为女性，年龄跨度从19~62岁，平均年龄为25岁。其中大部分人是高中学历，以前没有工作经验，她们的薪金水平为每月1 420~2 070美元。苏将接替梅贝尔·芬彻的职位。梅贝尔为互助保险公司工作了37年，并在保险单更换部做了17年的主管工作，现在她退休了。苏去年夏天曾在梅贝尔的群体里工作过几周，因此比较熟悉她的工作风格，并认识大多数群体成员。她预计除了丽莲·兰兹之外，其他将成为她下属的成员都不会有什么问题。丽莲今年50多岁，在保险单更换部工作了10多年。而且，作为一个"老太太"，她在员工群体中很有分量。苏断定，如果她的工作得不到丽莲·兰兹的支持，将会十分困难。

苏决心以正确的姿态开始她的职业生涯。因此，她一直在认真思考一名有效的领导者应具备什么样的素质。

第一节 有效领导的基础

一、权力和政治行为

领导的核心在权力，领导以权力为基础，权力的本质是一种影响力。领导者在领导过程中所拥有的影响力大小，与其权力的形成与运用有着密切关系。根据权力来源的基础和使用方式的不同，美国管理学家法兰西（John French）和雷温（Bertram Raven）认为可以将权力划分为法定权力、奖赏权力、强制权力、专长权力和感召权力。其中，法定权力、奖赏权力和强制权力是与组织内的职位联系在一起的并来自组织的授予，称为正式权力；专长权力和感召权力来自自身能力与修养的提高，一般都不与职位联系在一起，称为非正式权力。对于一个追求权力者，眼光不能只局限于正式权力而应更多地注重非正式权力。

1. 法定权力

法定权力是建立在一个人在组织等级中的正式职位基础之上的权力，是指按照组织明文制度的规定赋予职位拥有者的一种法定的、合理的、正式的权力。上级主管人员对下级人员拥有的命令权和指挥权就是法定权力的体现。

2. 奖赏权力

奖赏权力是指一个人通过提供加薪、奖金、晋升、有利的工作分配以及表扬等奖赏手段满足下属要求施加影响的一种权力。奖赏权力源于被影响者期望获得奖励的心理，谁拥有和控制的奖励手段越多，他的奖赏权力就越大。

3. 强制权力

强制权力是指一个人通过精神、感情或物质上的恐吓、威胁或惩罚等压力控制手段强迫下属服从施加影响的一种权力。强制权力源于被影响者的恐惧，惩罚可以使用正式谴责、减薪、扣发奖金、降职、停职甚至开除等形式。

4. 专长权力

专长权力是指一个人拥有特殊的专业技能和知识而产生的一种影响力。知识就是力量，在一定程度上来讲，知识也是权力，谁掌握了与众不同的、无可替代的专业知识和技能，谁就具有了影响其他人的专长权。

5. 感召权力

感召权力是与一个人的品质、魅力、情感、经历和背景等相关的一种权力。一个拥有独特的卓越品质、经验阅历、超凡魅力和思想情感的人，能赢得他人的认同、敬仰、崇拜、模仿和追随，从而对别人拥有了感召权。

权力本身是一个中性的概念，它可以帮助领导者更好地实现组织目标，也可以被用来达到不良目的。在组织活动中，为了更好地实现组织目标，领导者一定要借助权力，但是如果一个组织内部权力欲膨胀的人增多，不择手段争权夺利，在位的领导者滥用权力，组织就很危险。因此，领导者必须正确对待权力。领导者必须意识到，权力只是管理活动中的一种工具，不是为个人利益服务的私人财富，而是为实现组织目标服务的。领导者追求权力的动机和使用权力的目的是否正确，衡量的标准就在于他追求和使用什么性质的权力，是以组织或群体的进步为导向的积极权力，还是以个人的需要和目标为导向的消极权力。

二、领导者素质

一个人能够改变环境，一个杰出的领导人可以重塑一个组织。管理学家德鲁克在《管理：任务、责任、实践》一书中明确指出："企业领导者是任何企业最基本、最宝贵的财富。"

每个领导者所做的其实都是相同的一件事，即注意审时度势，判断当前的情况中有哪些会对企业的未来产生重大影响，从而确定新的目标和方向，并施加影响力将所有员工的意志和力量都集中到这个目标和方向上来。领导者能审时度势、制定目标、拟订战略、作出决策、选择人才、组织员工、激励人心、鼓舞士气、处理组织内外复杂的人际关系。在目前快速变动的环境里，领导者更需要具备管理和平衡各种矛盾的能力，只有这样领导者才能适应组织的变革。领导者在领导过程中处于主导地位。领导权力和领导影响力的力量使决策、计划、组织、指挥、协调等领导职能活动必须以领导者为中心。

那么，企业的领导者应该具备什么样的素质，企业才可能成功呢？

（一）领导者的知识

21世纪领导者的发展趋势表明：知识型领导者将成为未来领导的主体。所谓领导者的知识素质，指领导者所拥有和掌握的科学文化知识状况，它包括领导的知识水平、知识结构以及运用知识分析问题、解决问题的能力。

领导者的知识素质是与时代特点和领导行为相适应的。21世纪的领导者不仅应具备全新的知识，其知识结构也应不同于传统的领导者，应是领导知识的优化创新，是一个开放的动态系统。领导者要不断地学习新的知识，争取掌握更多的现代科学文化知识，这种知识结构总体上有三个要求：一是知识的全面性；二是知识的新颖性，即不断进行知识更新；三是知识的专业性，即新世纪领导者应掌握基本的专门知识和所属行业的知识。

（二）领导者的能力

领导者是否有能力、有何种能力、能力的程度都会影响领导者的素质。领导者的能力主要包括以下几个方面。

1. 领导力

领导力是一种杰出的鼓舞能力，是鼓舞追随者为了完成一个项目而能全力以赴地工作的能力和过程。领导力是领导者特质与愿望和跟随者的需求在一定情景下互动的结果。领导力是某种个人特质，而不是某种可以被"制度化"的技术。

2. 影响力

领导的实质是影响力，卡茨（Katz）和卡恩（Kahn）曾提出了这样的观点："我们认为在组织中，领导的实质是除了对组织日常指示机械服从之外的影响的扩大。"杰克·奈格尔认为："影响力是行动者之间的这样一种关系，一个或更多行动者的需要、愿望、倾向或意图影响另一个或其他更多行动者的行动或行动倾向。"一个领导人发挥领导作用是依靠影响他人行为而实现的，领导人必须要有能够影响他人为达到组织目标而努力的能力。

3. 创新能力

创新能力是领导者在组织和自己所从事的领导领域中善于敏锐地观察现有事物的缺陷，准确地捕捉新事物的萌芽，在此基础上通过分析、判断和推理，作出大胆新颖的推测和设想（即创意），然后进行周密的论证，拿出可行的方案来付诸实施的能力。创新能力包括对组织的创新、技术的创新、产品的创新和观念的创新，这些创新能力是领导者带领组织走向成功的关键。现代领导者的创新，是领导思想、领导行为、领导绩效三方面创新的统一，领导者的创新意识贯穿于领导活动的始终。现在领导者要增强创新意识，要以解放思想为领导者创新的前提，把学习知识作为创新的源泉，领导者创新意识的形成，取决于其理论知识和实践知识水平，要掌握这些知识，必须善于学习。

4. 合作能力

现在社会讲究团结与合作，作为一个领导者不仅仅要求下属有合作能力，其自身也应该具备较强的合作能力。许多工作仅靠个人或少数几个人的力量是无法完成的，作为一个领导者更应具有合作能力，要深深地体会合作精神的重要性。

（三）领导者的政治素质

任何一个组织都是在一定的国家政治经济体制的基本环境中生存发展的。因此，领导者只有具备了较高的政治素质，才能够准确地把握组织的发展方向，确保组织发展的方向和国家、政府指引、鼓励的方向一致。这样，组织就可以得到国家和政府的支持，有利于组织的健康发展。领导者要了解国家政策的最新动态，对国家的政策要有较强的敏感性和洞察力，并且应该不断培养自己对政治问题敏锐的眼光。

（四）领导者的身体素质

良好的身体是个人成功的基础，没有良好的身体一切都变得毫无意义。只有拥有强健的体魄才能有充沛的精力来管理领导一个组织。领导者在工作之余应该多注意饮食并保持适当的运动，从而使得工作更有效率。

（五）领导者的心理素质

心理素质是指人的动机、兴趣、态度、情绪、个性、气质等方面内在因素的总和。领导者是否具有稳定的、良好的心理素质，会对组织产生重要的影响。作为一名成功的领导者首先要建立追求成功的信念，要有追求成功的欲望；其次应该乐观、积极、充满激情与活力，并且要有充分的自信和坚强的意志。领导者具有良好的心理素质，能够带领组织克服各种困难和挫折，在激烈的竞争中取得胜利。

三、传统的领导模式

领导者是领导行为的主体，所以研究领导行为，一定要研究领导者。领导特质理论是一种专门研究领导者的理论，研究的重点在于领导者个人的素质、品质和个性特征，这种研究试图区分领导者与被领导者、有效领导者与无效领导者的不同特点，并以此来解释他们成为领导者的原因，也就是研究怎样的人才能成为良好的、有效的领导者。

领导特质理论认为，一个领导者只要具备了某些优秀的个人特征，就能有效地发挥其领导作用，研究领导问题主要就是研究领导者应当具有哪些个性特征、优秀品质和能力。有人提出，领导特质是与生俱来的，先天不具备这些特质者就无法成为领导者；还有人认为，很多领导者并没有天赋的个性特征，并且很多拥有良好特质的人也并未成为领导者。各种各样的研究，因为角度不同，得出的结论包罗万象，说法不一，各有特色，甚至互相矛盾，而且几乎每一种特质都有很多的例外，况且任何人都不可能具备所有这些特质。下面简单列举几种研究结果。

1. 美国普林斯顿大学鲍莫尔（W. J. Baumol）的研究结果

鲍莫尔提出了作为一个企业家具备的十个条件：合作精神、决策能力、组织能力、精于授权、善于应变、敢于求新、勇于负责、敢担风险、尊重他人和品德高尚。

2. 美国管理学家德鲁克（P. Drucker）的研究结果

德鲁克在《有效的管理》一书中指出了五种有效领导者的特性，并指出它们是可以通过学习掌握的。

（1）知道时间该花在什么地方，有效的领导者都善于系统地安排与利用时间；

（2）致力于最终的贡献，他们不是为工作而工作，而是为成果而工作；

（3）重视发挥自己的、同事的、上级的和下级的长处；

（4）集中精力于关键领域，确立优先次序，做好最重要的和最基本的工作；

(5) 能做出切实有效的决定。

3. 美国管理学家彼特（Peter）的研究结果

彼特认为人们可以找到确定的证据证明某些特性是不成功领导者的品质，这些难以胜任领导的品质可以归纳为以下几个方面：

(1) 对别人麻木不仁，吹毛求疵，举止凶狠狂妄；
(2) 冷漠、孤僻、骄傲自大；
(3) 背信弃义；
(4) 野心过大，玩弄权术；
(5) 管头管脚，独断专行；
(6) 缺乏建立一支同心协力的队伍的能力；
(7) 心胸狭窄，挑选无能之辈担任下属；
(8) 目光短浅，缺乏战略头脑；
(9) 犟头倔脑，无法适应不同的上司；
(10) 偏听偏信，过分依赖一个顾问；
(11) 懦弱无能，不敢行动；
(12) 犹豫不决，无法决断。

可见，彼特是从另一个角度来研究领导者的。

领导特质理论的各种有关实证研究所显示的结果相当不一致，该理论忽略了被领导者和情境的作用。领导特质理论并不能明确哪些素质是领导者必需的，一个领导者究竟应在多大程度上具备某种特质，而且也无法衡量和评估每种特质的相对重要性。

领导特质理论虽然有着明显的局限性，但是有关这方面的研究却从未间断过。领导的有效性是一系列实践的综合，是一种后天的习惯。领导才能并不是与生俱来的，而是可以通过后天的学习、培养和训练能够达到的。有志于成为优秀领导者的人，可以通过自身素质的不断提升与完善，向理想的领导境界迈进。

第二节 有效领导的现代发展

一、领导的概念与特征

（一）领导的概念

一个组织的成功与失败，受到许多因素的影响，其中，领导与领导行为这两个因素起着至关重要的作用。领导者要充分利用组织资源（包括有形的资源即人力、物力、财力和无形的资源即技术、品牌、商标、声誉、人际关系等），调动一切积极因素，努力实现组织目标。领导者要使领导行为更加有效，就必须掌握一些领导与领导行为的基本理论。

"领导"（leadership）在现代汉语词典中有率领、引导之意。关于领导的定义，学术界可谓众说纷纭。

美国权威的《领导手册》对"领导"下的定义为：领导是一个群体内2名或2名以上成员的相互作用。常常涉及情境的建造或再建造以及成员的感觉和期望。表8-1是不同学者对"领导"概念给出的不同定义。

表 8-1 关于领导的不同定义

学者	对领导的定义
孔茨（Harold Koontz）	领导是一种影响力，是一种对人们施加影响的艺术和过程，从而使人们心甘情愿地为组织目标努力
斯多基尔（Ralph M Stodgill）	领导是对组织内团体和个人施加影响的活动过程
施考特（W. Gscott）	领导是一项程序，使人们在选择及达到目标上接受指挥导向及影响
泰瑞（G. R. Terry）	领导是影响人们自动地为组织目标努力的一种行为
菲尔德曼（Daniel C. Feldman）	领导是一个影响过程，包括影响他人的一切活动
戴维斯（Davies）	领导是一种说服他人热心于一定目标的能力
乔·凯利（Joe Kelly）	领导是为了帮助团队达到一定目标
斯托格迪尔（R. M. Stogdill）	领导是期望和相互作用的启动和结构的维持
亨普希尔（Hemphill）和孔斯（Coons）	领导是指导团体的活动朝向一个共同的目标方向时的一种个体行为
伯鲁（Berlew）	领导是与其他人分享远景的渐进过程，创造有价值的良机，建立实现这个共同的价值观和机会的信心
伯恩斯（Burns）	领导是领导者说服跟随者为代表领导者和跟随者的价值观和动机的明确目标的行动
霍斯金（Hosking）	领导是那些一贯对社会秩序做重大贡献的人，而他们正是被期望和被发现为社会秩序做贡献的人
雅各布斯（Jacobs）和雅克（Jaques）	领导是指给集体努力指定目标（有意义的指导）的过程，并使其付出努力而达到目标
阿斯廷（Astin）	领导是被授权的团队成员向一个共同目标或远景一起协同工作的过程。这个过程将会创造变化和改变惯例，并因此改善生活的质量。领导者是一种催化力量或者通过机会和地位的效能授权给其他人朝着完成这个目标或远景共同行动的推进者

综合各种不同的观点，在本书中，我们给领导的概念作出如下界定：领导是指在一个组织中，通过影响组织内部或组织外部的他人为实现组织目标而努力奋斗的一种行为过程。

（二）领导的特征

有效的领导具有以下特征：

（1）能制订灵活的计划；

（2）能明确组织的目标；

（3）能准确地作出决策；

（4）能有效地平衡组织中存在的矛盾和冲突。

作为一位有效的领导者，要学会运用领导的特征来取得四个方面的效果：财务效果、组织和雇员效果、客户效果以及股东效果，只有在这四个方面取得良好的效果时，才能说获得了成功。

二、领导的职能与作用

（一）领导的职能

美国管理学家孔茨、奥唐奈和韦里齐认为，领导是一种影响力，是对人们施加影响的艺术或过程，从而使人们情愿地、热心地为实现组织或群体的目标而努力。在管理实践中，如何有效地领导组织成员，调动组织成员的积极性、主动性和创造性，实现领导者与组织成员间良好的互动交流，是管理中的一大关键问题。一个有效的成功的领导者能够有力地影响其下属，使下属现有的才智和能力得到最充分的发挥，从而使组织取得更高的绩效。领导者应帮助组织成员最大限度地激发和使用其才智和能力，他们往往不是站在一个群体的后面去推动、去督促，而是作为带头人来引导、指导，鼓励人们奋力去实现组织的目标。领导的实质是一种影响别人的过程，是一种人与人之间的交往过程，领导者通过该过程来影响、激励和引导人们执行工作任务，以达到组织的特定目标。

领导的职能就意味着组织成员的追随与服从，正是来自其下属成员的追随与服从，才使领导者在组织中的地位得以确立，并使领导的行为和过程成为可能，而下属成员之所以追随和服从领导者，就在于领导者能够满足他们的愿望和需求，正是在充满艺术性的领导过程之中，领导者有机地将成员个人目标与组织目标的实现结合了起来。领导的作用取决于对领导含义的理解，所谓领导职能，就是带领、指挥、指导、引导、激发和鼓励下属为实现组织或团体目标而努力的过程。

（二）领导的作用

领导活动对组织绩效具有决定性的影响，领导的决定性作用主要体现在：

1. 沟通、协调的作用

组织目标是通过组织成员的集体活动来实现的，由于组织成员对目标的理解、对技术的掌握和对客观情况的认识因其个人知识、能力、信念、态度等方面的差异而不同，人们在思想认识上发生分歧、在行动上出现偏差的现象都是不可避免的，因此需要领导者来协调人们的关系和活动，引导组织成员有效地领会组织目标，使组织成员齐心协力、共同努力、满怀信心地朝着共同的目标前进。

2. 指挥、引导的作用

在组织活动中，领导者应当通过引导、指挥、指导或先导活动，帮助组织成员最大限度地实现组织目标。领导者的眼光远见、先知先觉、胆识魄力、头脑清醒、高瞻远瞩、登高望远、胸怀全局、运筹帷幄，能帮助组织成员认清所处的环境和形势，指明活动的目标和达到目标的路径。

3. 激励、鼓舞的作用

下属成员的积极性、主动性和创造性离不开领导者的有效激励和鼓舞。任何组织都是由具有不同需求、欲望和态度的个人所组成的，组织成员的个人目标与组织目标不可能完全一致。领导活动的目的就在于把个人目标与组织目标有机结合起来，引导组织成员满腔热情地为实现组织目标做出最大贡献，在实现组织目标的同时最大限度地满足组织成员的需要。领导的作用在很大程度上表现为调动组织成员的积极性，使其以高昂的士气自觉自愿、自动自发、心甘情愿地为组织做出贡献。

三、领导行为理论

由于领导特质理论在预测领导者效能和解释领导方面表现出来的局限性，研究者开始关注领导者的具体行为。领导行为理论试图找出那些成功的领导者是否具有某些独特的行为，即是否存在某些可以清楚界定的领导行为。领导行为理论认为，领导者可以通过合适的领导行为的学习和培训而更加有效地开展领导工作。领导行为可以有不同的方式、作风、风格或形态，领导行为方式的差异，不仅因为领导者的特质存在着不同，而且由于他们对权力的运用方式及对任务和人员之间关系有不同的理解、态度和实践。在影响人的过程中，领导者对权力运用的方式称作领导风格或领导方式。西方学者对领导行为和领导风格做了广泛的研究，进行了各式各样的分类，产生了诸多派别和理论。

1. 三种领导方式理论——独裁式、民主式和放任式

关于领导行为的研究最早开始于艾奥瓦大学的柯特·卢因，他根据领导者运用权力的方式将领导方式分为三种类型。

1）独裁式领导风格

独裁式领导者认为决策是自己一个人的事情，独自负责决策，个人决定一切，布置下属执行，并要求下属不容置疑地遵从命令，而且由他去监督执行情况。这种领导行为的主要优点是，决策的效率高，执行速度快，可以使问题在短时间内得到解决；其主要缺点是，领导者负担较重，限制了下属的能动性，下属依赖性大，缺乏自动意识，失去个性，容易消极、不满、自卑、不负责任。独裁式领导适用于任务简单且经常重复，领导者只需与部属保持短期的关系，或者要求问题尽快得到解决的场合。

2）民主式领导风格

民主式领导风格指的是领导者倾向于让员工参与决策、大量授权、鼓励共同决定工作目标与方法，并且通过有效的反馈来提升员工的能力和素质。这种领导风格有利于各抒己见，集思广益，做出科学合理有效的高质量决策，同时还能使决策得到更多的认同，从而减少执行的障碍和阻力，并能使下属发扬个性、增强自信，提高他们的工作热诚、工作满足感和群体归属感；其不足之处是，决策制定过程长，耗用时间多，决策成本高，领导者周旋于各派意见之间，容易优柔寡断、唯唯诺诺、互相推诿、责任不清。

3）放任式领导风格

放任式领导者极少行使职权，而留给下属很大的自由度，让其自行处理事情。他们撒手不管，听凭下属自己设定工作目标和决定实现目标的手段，很少或基本上不参与下属的活动，只是偶尔与他们有些联系。这种领导方式的优点在于能培养下属的独立性和自主性，让下属独当一面，缺点在于领导者完全不干预，下属各自为政，缺乏群体观念，容易造成意见分歧，决策难以统一。放任式领导风格很难得到提倡，除非被领导者是专家人物且具有高度的工作热诚，才可在少数情况下采取这种"无为而治"的领导方式。

比较上述三种领导方式的优劣，大多数人都认同民主式领导风格，但从实际情况来看，无论哪种方式在不同的环境条件下都有成功的事例。例如，遇到危机情况，处事原则、方法和程序不能有违；或发生内部矛盾，用民主方法不能解决时，采用独裁式领导风格也许会更有效。因此，不能简单地说哪种方式更有效，问题在于如何根据具体情况，选择合适的领导方式。

2. 领导行为连续统一体理论

美国学者坦南鲍姆（R. Tannenbaum）和施密特（W. H. Schmidt）在1958年提出了领导连续统一体模型。他们认为领导方式各式各样，一种适宜的领导方式取决于环境和个性。领导方式不是只有独裁和民主这两种极端类型，而是在这两种极端类型之间，以领导者为中心还是以下属为中心因程度不同而存在一系列的领导方式，这些领导方式有相应的决策方式和对下属的授权程度，如图8-1所示。

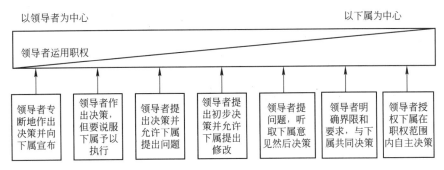

图 8-1 领导行为连续统一体

图中所示的七种领导方式,没有哪一种方式总是正确的,也没有哪一种方式总是错误的,当然也没有哪一种方式是最好的或最坏的。在不同的领导者、下属和情境之中,有不同的最适合的领导方式。坦南鲍姆和施密特认为,一个优秀的成功的领导者,不一定是独裁专制的人,也不一定是民主开明的人,而是能够针对下属特点和具体情景采取恰当措施的人。

3. 员工导向和生产导向理论

美国密歇根大学的研究者李克特和他的同事于 1947 年开始进行研究,试图比较群体效率如何随领导者的行为变化而变化。这项研究发现了两种不同的领导方式。

1) 以工作为中心的领导行为

领导者最为关心的是工作任务的完成,他们总是把工作任务放在首位;他们对下属解释工作的要求和程序,并且用密切监督和施加压力的办法影响下属;他们将下属视为达成目标的工具与手段,对下属的生活需求和情感需求却不甚关心。

2) 以员工为中心的领导行为

领导者把主要精力放在下属身上,他们重视人际关系,关注员工的生活需求、情感需求、晋级和职业生涯的发展,同时也接纳组织成员所存在的个体差异。

密歇根大学的研究人员发现,员工导向的领导者相较于工作导向的领导者更为有效,一般而言,以员工为中心的领导行为往往表现出较高的群体生产效率和工作满意度,而以工作为中心的领导行为则与较低的群体生产效率和工作满意度有关。

4. 领导行为四分图

俄亥俄州立大学的研究人员从 1945 年开始研究领导行为,并提出了领导行为四分图。他们通过大量的调查研究,归纳总结出领导行为的两个构面:①定规;②关怀。

所谓定规,是指领导者为实现组织目标界定和构造自己与员工角色的程度。领导者通过定规使下属成员明确自己的地位、角色、工作要求、工作方式以及工作程序等。在高定规下的典型行为,包括注重工作的组织、计划和目标,规定成员的工作职责和关系,建立明确的组织形态、工作效率标准、信息沟通渠道以及工作要求、程序、方法,要求群体成员遵守既定的规章制度。

所谓关怀,是指领导者希望和部属建立一种相互依赖以及关心部属感觉和尊重其想法的工作关系的程度。高关怀的领导者所提供的是一种友善和支持型的组织气氛。在高关怀下的典型行为,包括注重与下属之间的友谊、相互信任、尊重下属的意见、对下属一视同仁、鼓励下属进行沟通交流、分担他们的忧愁、关心他们的生活状况及工作满意度。

俄亥俄州立大学的研究人员通过调查发现,定规和关怀这两种领导行为在一个领导者身上有时一致,也就是说,一个领导者的行为在每一种纬度中可以出现很大的变化。因此,他们认为领导是定规和关怀两种行为的具体组合,二维构面可构成一个领导行为坐标,如图 8-2 所示,大致可分为四个象限。

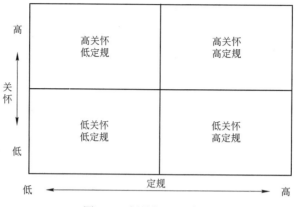

图 8-2 领导行业四分图

一般来讲,定规与关怀程度皆高的领导者往往比低关怀或低定规或两者皆低的领导者更容易使下属达到高绩效和高满意度。然而,高—高型风格并不总是产生积极正面的效果,也有特定背景下出现的例外情况,这里面还要考虑到情境因素对最佳领导行为的影响。

5. 管理方格理论

美国的得克萨斯大学的布莱克(Blake)和穆顿(Mouton)于 1964 年在"关心人"和"关心生产"的基础上提出了管理方格理论,该理论的两个维度与俄亥俄州立大学的"定规"和"关怀"以及密歇根大学的"员工导向"和"生产导向"极为类似。他们设计了一张管理方格图,横坐标表示对生产的关心程度,纵坐标表示对人的关心程度,在两个坐标轴上分别划出 9 个等级,从而产生了 81 个方格,有 81 种不同领导风格与之对应,其中有五种典型的领导风格。如图 8-3 所示。

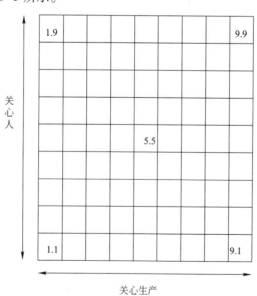

图 8-3 管理方格图

1) 1.1型：贫乏型管理

领导者对人和工作的关心度都是最低，多一事不如少一事，希望能够避免麻烦，尽量避免承担责任。他们只愿意花费最少的精力、付出最少的努力，维持自己职务所必需的最低限度的工作。

2) 9.1型：任务型管理

领导者对工作的关心度最高，只注意任务、目标以及绩效的完成和实现，但忽略对人的关心，他们常运用强制的权力来促使员工达成组织目标。

3) 1.9型：乡村俱乐部型管理

领导者对人高度关心、重视同下属的关系，强调部属与自己的感情，而对工作、任务以及效率并不关心。他们希望构建一种舒适、友善、安全、和谐的组织氛围，并且相信部属在这种氛围下会有正面的表现。

4) 5.5型：中庸之道型管理

领导者维持足够的任务效率和令人满意的士气，通过保持必须完成的工作和令人满意的士气之间的平衡，使组织的绩效有实现的可能。领导者对工作和人的关心度都是中等，强调适可而止，兼而顾之，努力保持和谐和妥协，缺乏强烈的进取心，乐意维持现状。

5) 9.9型：理想型管理

领导者对工作和人都高度关心，通过协调和综合工作相关活动而提高任务效率和士气。这是一种理想的领导风格。

布莱克和穆顿认为，9.9型管理是最理想、最有效的领导方式，应当是领导者努力的方向。但是，关于如何成为有效的领导者，管理方格理论也没有给出具体说明，只是为领导风格的概念化提供了一个基本框架。在管理实践中，还找不到足够的证据支持9.9型管理在所有情况下是最有效的这一结论。

领导行为理论将人们的注意力由领导者的特质转移到领导者的行为，领导行为理论能够帮助领导者更好地认识到自己的领导风格，找到有效改进的努力方向，也可以用于有效地培训未来的领导者。但是领导风格的有效与否要依情况而定，最有效的领导风格不是一成不变的。该理论最大的缺陷就是，它们没有在领导行为方式类型与成功绩效之间验证出一致性的关系，没有考虑到影响领导有效性的情境因素。不同的情境会导致不同的研究结果，因此领导行为理论并没有获得一般性的结论。所以，对于领导行为理论来说，虽有助于描述领导者的行为，但无法预测领导者的行为。在所有情境下，领导风格绩效的不确定性将促使研究者去尝试探索情境对领导风格的影响。

四、领导权变理论

人们越来越清楚地认识到，要找到一种适合任何环境和条件的领导特质和领导行为方式，都是不切实际的，没有什么是一成不变的。领导行为的有效型，不仅取决于领导者本人的素质和能力，而且还取决于被领导者特征和领导情境等。因此，权变理论认为没有一种普遍适用的领导方式，没有一种最好的、最有效的领导行为，领导工作强烈地受到领导者所处的客观环境的影响。一切要以时间、地点、条件为转移，具体问题具体分析，这便是权变理论的实质。领导权变理论的重点便是找出关键的情境变量，以及指出这些情境变量如何相互影响来决定最适合的领导行为。最具代表性的权变理论主要有：

1. 菲德勒权变理论

弗兰德·菲德勒（Fred Fiedler）提出了权变领导模型，其权变理论是比较有代表性的。任何领导行为都可能是有效的，也可能是无效的，关键要看它是否与情境相适应，这种情境是多种外部与内部因素的综合作用体。菲德勒认为，领导效能取决于与下属相互作用的领导风格和情境对领导者的控制及影响程度之间的合理匹配。

为了测定领导者的人格特征与情境之间的关系，菲德勒对1 200个团体进行了广泛调查，设计了一个"最难共事者"问卷，简称LPC问卷（least-preferred coworker questionnaire，LPC），问卷量表共包含16组相对的形容词，让回答者尽可能地去回想所有共过事的同事，并找出一个最不喜欢的同事，在16对形容词中按1~8等级对它进行评价。根据受访者的回答，则可以判断出该受访者的基本领导风格。如果受访者以较正面积极的语气来评价他最不喜欢的同事，则可判定他属关系导向型的领导方式；如果评价大多用较负面消极的词语，则可判定他属任务导向型的领导方式。菲德勒运用LPC问卷可以将绝大多数回答者划分为两种领导风格。

菲德勒模型根据三种情境变量来评估领导情境的有利与否。具体是：

1）职位权力

职位权力指领导者拥有权力的影响程度，也就是领导者所处的职位具有的权威和权力的大小。职位权力越大，领导情境对领导者越有利。

2）任务结构

任务结构指工作任务的程序化程度，也就是指工作任务是否规定明确。工作的例行化程度越高、越容易了解及越清楚，则任务的结构化越高，领导情境对领导者越有利。

3）上下级关系

上下级关系指下属对领导者信任、依赖和尊重的程度，也就是指领导者能否得到下属的信任、尊重和喜爱，能否使下属自动追随他。上下级关系越好，领导情境对领导者越有利。

通过将这三种情境变量加以组合，菲德勒提出八种不同的情境类型，如图8-4所示，每个领导者都可以从中找到自己的位置。

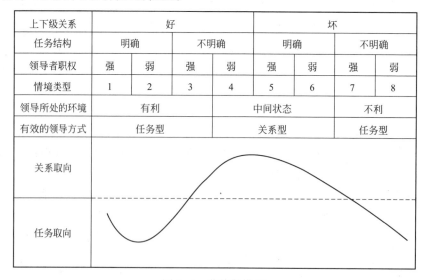

图8-4 菲德勒模型

菲德勒的研究结果表明：在情境类型有利和不利的情况下，如类型1、2、3和7、8，采用任务导向型领导方式比较有效，在情境类型中等有利的情况下，如类型4、5、6，采用关系导向型领导方式比较有效。

根据菲德勒的观点，个人的领导风格反映个人的人格特性，因此是相对不变的。所以，组织提高领导者的有效性只有两种途径：一是调换领导者以适应环境，二是改变环境以适应领导者。其后的大量研究对菲德勒模型的整体合理性进行了考察，有相当多的有力证据支持这一模型，但是，该模型也存在一些缺陷，情境变量过于复杂而难以评估，需要增加变量来加以改进和弥补。

2. 路径-目标理论

路径-目标理论是罗伯特·豪斯（Robet House）发展的一种领导权变模型。该理论认为，有效领导者的工作在于帮助下属达到他们的目标，并提供必要的指导、帮助和支持，以确保个体目标与组织或群体目标一致。"路径-目标"的概念源于这样一种认识：有效的领导者必须能为下属清楚地指出实现工作目标的路径，同时帮助下属达成其工作目标，并为他们清理各种障碍。

豪斯的路径-目标理论确定了四种领导方式。

1) 指导型

给下属提出要求，指明方向，指定下属完成工作的时间安排，并对下属如何完成工作给予具体指导和帮助，这种领导类型类似于州立大学的定规维度。

2) 支持型

领导者对下属友好亲切、平易近人、表现出对下属需求的关心，关心下属的生活福利和内心感受，这种领导类型与州立大学的关怀维度十分相似。

3) 参与型

领导者在制定决策前，与下属共同磋商，并尊重和考虑他们的建议，尽量让下属参与决策和管理。

4) 成就导向型

领导者为下属设立具有挑战性的目标，相信并鼓励下属实现其最佳水平。

与菲德勒的领导权变理论不同的是，豪斯认为领导者是灵活的。路径-目标理论认为同一领导者可以根据不同的情境表现出任何一种或所有的领导风格。该理论提出了两类情境变量作为领导-行为关系的中间变量，即员工控制范围之外的环境变量（任务结构、正式权力系统以及工作群体）以及员工个性特征中的部分变量（控制点、经验和感知能力）。

路径-目标理论认为，如果要使下属达到绩效与获得满足，则要考虑任务环境的特性和下属的特点，以决定与该两项情境因素相匹配的领导风格类型。如果领导风格不能与任务环境特性和下属的特点相匹配时，领导者的行为将会变得无效，不利于提高员工的绩效和满意度。

3. 情境领导理论

1969年，美国管理学者保罗·赫塞（Paul Hersey）和肯尼思·布兰查德（Kenneth Blanchard）提出了情境领导理论，其核心就是必须根据员工状态确定与转换领导风格，领导者不仅要对不同的人采取不同的领导风格，对相同的人也要根据其不同处境而采取不同的领导风格。有效的领导的秘密在于使领导风格与下属状态水平相适应，而且领导者要不时地对员工在给定工作上表现出的状态水平进行观察以调整自己的领导模式。

这一理论把下属的成熟度水平作为关键的情境因素,认为依据下属的成熟度水平,选择正确的领导风格,决定着领导者能否成功。赫塞和布兰查德认为,成熟度是个体对自己的直接行为负责任的能力和意愿,它包括工作成熟度和心理成熟度。工作成熟度是下属完成任务时具有的相关技能和技术知识水平,工作成熟度高的个体拥有足够的知识、能力和经验,完成他们的工作任务而不需要他人的指导;心理成熟度是下属的自信心和自尊心,心理成熟度高的个体不需要太多的外部鼓励,他们靠内部动机鼓励。高成熟度的下属既有能力又有信心做好某项工作。

领导情境理论提出任务行为和关系行为这两种领导维度,并且将每种维度进行了细化,每种维度有高和低两个水平,从而组合成四种具体的领导风格。

1)指导型领导风格(高任务、低关系)

由领导者定义角色,指定下属或团队的具体工作,做什么事,如何做,何时做,在何处做,做到什么程度,事无巨细,无微不至。该风格强调规则,结果导向,目标清楚,指令明确。

2)推销型领导风格(高任务、高关系)

领导者同时提供指导行为与支持行为,在具有指令式特征的同时,领导者与下属之间采取双向或多向的沟通、倾听、鼓励、辅导、澄清和激励。该风格强调与人沟通、建立关系并且通过正面激励的方式来促成合作。

3)参与型领导风格(低任务、高关系)

领导者与下属共同决策,领导者的主要角色是提供便利条件和沟通。领导者给下属以大致说明,并与下属一同展开工作,注意倾听下属的意见与感受,激励下属积极参与。该风格强调他人参与、乐意倾听、开放、乐于探索、寻求一致、建立团队。

4)授权型领导风格(低任务、低关系)

领导者提供不多的指导或支持,在充分相信下属的前提下,给予下属以充分的授权。该风格坚持高标准实现目标,基于数据和逻辑形成见解并自我负责。

在此基础上,领导风格和关系行为、任务行为以及下属成熟度之间的关系如图8-5所示。图中,S代表四种领导风格,分别是授权、参与、推销和指导,它们依赖于下属的成熟度M,M1代表低成熟度,M4表示高成熟度。

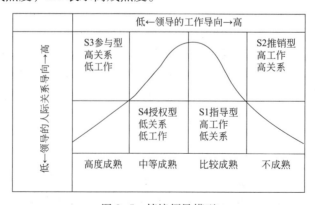

图8-5 情境领导模型

这样一来，赫塞和布兰查德就把领导风格和员工的行为关系通过成熟度联系起来，形成一种周期性的领导方式。当下属的成熟度水平不断提高时，领导者不但可以减少对活动的控制，而且还可以不断减少关系行为。当下属成熟度为 M1，即下属对于完成某一任务既无能力又不情愿时，领导者可以采用指导型领导风格 S1；当下属成熟度为 M2，即下属缺乏能力，但却愿意从事工作，领导者可以采用推销型领导风格 S2；当下属成熟度为 M3，即下属有能力却不愿意从事工作，领导者可以采用参与型领导风格 S3；当下属成熟度为 M4，即下属既有意愿又有能力完成任务，领导者可以采用授权型领导风格 S4。

第三节 领 导 艺 术

一、领导艺术的概念

关于领导艺术的概念，目前国内外无统一的看法，英国学者罗杰·福尔克认为，企业的整个领导活动本身就是领导艺术；苏联学者波波夫则从领导的主体和客体相统一的角度来论述领导艺术和领导活动规律的关系；而国内一些学者则主张，领导艺术不同于领导科学，领导科学是领导艺术中规范化的结晶，而领导艺术则是在一定知识基础上的领导技能。

有的说领导艺术可分广义和狭义两种：广义的领导艺术包括整个领导，所有领导问题既是科学又是艺术；狭义的领导艺术则指领导者善于熟练而有效地行使领导职能，完成领导任务的技巧。

我们认为，狭义的领导艺术，是人们通常所理解的领导艺术的实在内容，那么，它必须包括哪些要求呢？

（1）领导艺术应着重研究领导者如何在领导实践中创造性地运用领导科学的一般原理、原则和方法去解决问题，因而它的研究范围应划定在与领导者的创造性活动密切相关的领导领域。

（2）领导艺术具体研究领导者如何在领导活动中有效地发挥主观能动性，从而为最优化地实现组织目标提供灵活的技巧和特殊的方法。

（3）正如列宁所说，领导的艺术是从经验中得来的，因而表述的方法，不是传统的逻辑方法，只能是描述的和经验的方法，是由范例到理论的方法。

（4）领导艺术并非领导技术。不能把以电子计算机为中心的现代领导技术与领导者的创造性活动混为一谈。作为领导科学一个组成部分的领导技术，只能为常规领导提供一些先进的技术手段，却不能代替领导者的创造性领导活动。

领导艺术是领导者在分析问题、解决问题时表现出来智慧、才能和技巧。或者说领导艺术是领导者在做领导工作时，为有效地实现领导目标、提高效能而灵活运用的各种技巧、手段和特殊方法。它是领导者的素质、能力在方法上的体现，是领导者智慧、学识、才能、胆略、经验的综合反映。

在这里，我们要特别强调，领导艺术不能简单地等同于领导方法。领导方法是领导者分析问题、解决问题的做法、方式和手段。领导方法是固定的、条理化的，但方法的运用却是灵活的。条件相同的领导者采取同一领导方法进行某项工作，可能会有完全不同的领导效果，这是因为不同的领导者的领导艺术水平不同。领导者怎样根据实际的领导环境、被领导者的状况、任务目标的性质,选择好适当的领导方法,有效地运用这种方法去实现领导目标,这就表现出领导的艺术水平。正如同一乐队演奏同一乐曲会因指挥的不同而产生不同的艺术效果一样,因为不同的指挥,其指挥的艺术水平不同。

二、领导艺术的主要内容

领导艺术是一个十分广阔的领域,具有丰富的内容和多样的形式。它们相互作用,彼此渗透,从而构成了一定理论形态的领导艺术。我们认为,领导的用人艺术、用权艺术及理事艺术是领导艺术的核心,集中反映了领导艺术水平的高低。

(一)用人艺术

毛泽东同志说过,领导者的责任归结起来是两件事:"出主意"和"用干部",前者就是领导者提出和作出决策,后者就是如何用人的问题。

1. 任人唯贤,德才兼备

任人唯贤还是任人唯亲,历来是两条对立的用人路线。我们必须坚持任人唯贤,反对任人唯亲。这里所讲的"贤"者,是指有全心全意为人民服务的强烈愿望,为人正派,不搞歪门邪道,工作勤勤恳恳,并能不断开创新局面的真才实学的人。当然,谁是贤者,其客观依据只能是他本人一贯的实际表现。领导者在选用人才时,应当力求使自己的主观认识符合客观实际,真正做到公正地评价一个干部的全部历史和现实表现。

用人唯贤实际上是一个选才问题,德才兼备是选人的核心。所谓德,是指思想道德品质,主要是就政治素质而言的;所谓才,是指才能和智慧,主要是就业务素质而言。德才兼备,就是说作为一个合格的人才,既要具备一定的政治素质,即有较好的道德品质的修养;又要具备一定的业务素质,即具有较强的才干和专业知识的修养。

全面理解和执行德才兼备的标准,必须反对"重德轻才"和"重才轻德"两种错误倾向。重德轻才,就会把一些品德虽好,但才华平庸的人提拔到领导岗位上来,不利于事业的发展。重才轻德,可能使某些心术不正颇有"歪才"的人得到重用,给组织的利益带来损害。因此,必须强调德才并重。

但在实际工作中,人的德与才可能不平衡。有的人德比较好,才能差一些,有的人才能较强,但德却略逊一筹。这时领导该如何抉择呢?我们认为,德与才相比更要注重德。因为绩优才弱,可以努力提高才,从而达到德才统一;还因为坏人有了才,将会干出更大的坏事。美国著名管理学家德鲁克认为:"人的品德与正直其本身并不一定能成什么事,但是一个人在品德与正直方面如果有缺点,则足以败事。所以人在这一方面的缺点,不能只视为绩效的限制。有这种缺点的人,应该没有资格做管理者。"但是这并不排斥德弱才强的人发挥其长。

2. 知人善任,不拘一格

德才兼备是用人的标准,那么,怎么才能发现德才兼备的人才呢?这里就有一个知人善任的问题。领导者用人的核心问题是知人善任。知人就是要了解人,熟悉人,指的是对人的考察、识别、选择;善任就是要用好人,指的是对人要使用得当,善于发挥人才的作用。知人和善任是相辅相成的两个方面,知人是为了善任,善任必须知人。要搞好知人善任,必须注意以下几点。

(1)察言观行,以行为主。知人意在知心,即人的思想。要了解人的思想,唯有通过其言语和行动。言语是有声思想,行动是有形的思想。不过,言语和行动两者在传达思想的可靠性程度上是不同的。一般来说，由言语表达的思想的可靠性程度较低，由行动所体现的思想的可靠性程度较高。因此，在判断一个人时，应注重观察其行为。我国早就有"听其言而观其行"的著名格言。马克思也告诫我们要"在日常生活中把一个人对自己的想法和品评同他的实际人品和实际行动区别开来"。

以行为主，并不是对人的行为不加辨析地完全相信。人们有些行为是出于知觉自愿，有些行为是为了适应环境的需要，还有一些行为是迫不得已。领导者必须探求下属人员行为的真实的思想动机是什么。这种判断应当以他的其他行为作为依据，并把所有行为联系起来加以分析。

观察人的言行不仅限于被动地观察，还可主动设计一些环境，使其思想得以明显表露出来。如诸葛亮曾经提出七条"知人之道"，即"一曰，问之以是非而观其志；二曰，穷之以辞辩而观其变；三曰，咨之以计谋而观其识；四曰，告之以祸难而观其勇；五曰，醉之以酒而观其性；六曰，临之以利而观其廉；七曰，期之以事而观其信"。这些宝贵经验可资借鉴。

（2）考察领导的历史与现实，以现实表现为主。为了正确、全面地识别人才，在考察人才时，有必要对考察对象的全部工作情况和表现，包括过去的和现在的工作情况和表现做一个全面而又深入的考察。我们不仅仅要考察人才的过去，而且要特别注意考察他目前的工作情况和现实表现。在考察人才时，对历史的考察主要是起参照作用，而决定一个人是否为人才的关键因素是人的现实表现。因此，考察工作的重点要放在现实上，以现实表现为主。总之，这一原则就是要求用全面的、发展的眼光去考察识别人才。

（3）正确看待人才的长处和短处，以长处为主。每个人都有其长处和优点，也有短处和缺点。领导者看人时则应着重看其长处，因为用人无非是为了用其所长，而非其短。

金无足赤，人无完人。任何人都不可能是一个十全十美的人，人才也不例外。如果认为既然是人才，就不应该有缺点，或者说既然某人有缺点，就不可能是人才，这都不是辩证法，而是形而上学。在辩证法看来，任何事物都是一分为二的，人才也不例外，既有优点，也有缺点。领导者在考察识别人才时，对其优点要认识够，对其缺点要认识透。只有这样才能全面、公正地认识人才。

在发掘人的长处时，领导者经常遇到两种阻力。一种是对人的机械分类，如把人分成"好人"和"坏人"，进而把所能想到的优点统统加到某个"好人"身上，把所有恶劣品质统统加到某个"坏人"身上。这是一种十分荒唐而幼稚的偏见。另一种是主观片面地夸大一个人的缺点，无限上纲，而本来不过是鸡毛蒜皮的小事硬说成是原则问题。只有克服上述阻力，领导者才能客观准确地看到人才的长处和短处。

（4）个别考察与群众评议相结合，以群众评议为主。对人才的考察，主要有如下两个途径：一是个别考察，即由组织和人事部门对人才进行一一考察，对每个人写出组织鉴定或决定是否任用；二是通过群众对人才进行评议。无论采取哪种形式，都必须把组织的个别考察与群众评议结合起来，并以群众评议为主。因此，一方面，要打破只对人才进行个别考察的"封闭式"的做法，要对人才作出客观的、公正的评价；另一方面，也要反对脱离组织随意对人才乱说一气的无政府主义，对于群众评议要有组织地进行。领导者要十分注意尊重群众的意见，把群众对人才的评议作为选才用人的一个重要依据。

为了更好地做到知人善任，在考察识别人才时，特别要注意以下两个问题。

首先，要打破论资排辈的观念。论资排辈是封建主义的宗法观念，它要求的是用人以出身论贵贱，以资历定上下。在这种制度下"贤者"闲之，是很难越级而上的，"愚者"却可世袭高位。我国封建社会历史悠久，封建残余思想有相当的影响。用人方面重门第，搞论资排辈还是有一定影响的。例如，用一个有资历的人就是顺理成章，说三道四的也少；要用"无名之辈"，闲言碎语即刻四起，这也不好，那也不行，要求非常苛刻。甚至抓住一点，不及其余。这种观念不破除，怎么能发现大批优秀人才呢？

其次，要破除"嘴上没毛，办事不牢"的观念。什么叫办事牢呢？按此说法，只有老人嘴上才长毛，办事才牢，当然人老经历多、经验多，是可贵的，但是真正有本事，能干出业绩者并不都是老者。事业的发展总是寄希望于青年，人的年龄不以人的意志为转移，所以要特别注意在青年人中发现人才。

3. 扬长避短，用则不疑

领导艺术高超的人常常提出这样的问题，当你认为你的下级工作不得力时，你是否自责过；你的下级有什么长处？交给他的工作是否能发挥他的长处？你为你的下级发挥长处创造条件了吗？如果这些你没有做到，你说你的下级不得力，他会服气吗？事实上，得力和不得力没有一个泾渭分明的标准，用其所长，就得力，用其所短，就不得力。如果硬要你的下级去做他不擅长的工作，那自然难有成效。这时你不满意，他也感到委屈。久而久之，上下级关系能不紧张？如果他的长处得到施展，他对组织的贡献得到承认，自然乐于在你的领导下工作，上下级关系当然和谐。

因此，领导者在使用人才时，就应该把他们安排在最适合发挥其长处的位置上，以便充分发挥其作用。同时要尽量避免不乱点"鸳鸯谱"。例如，有的人善于出谋献策，但不善于交际；有的人社交能力强，但在谋略方面缺乏深谋远虑。对于这两种类型的人才必须分别安排在与其自身素质相一致的位置上，才可能充分发挥作用。前一类人适合做领导的参谋，后一类人则适合于搞公共关系，如果让前一类人搞公共关系，后一类人当参谋，那这种对人才就短避长的使用必然会窒息人才作用的发挥。对人才的使用，只有用其所长，避其所短，才能使人才尽其所能，发挥其应有的作用。

在使用人才的过程当中，领导者要特别注意信用一致的问题。疑人不用，用则不疑。这是用人艺术的高度体现。这里所说的信是信任、相信，只有信任才有力量。上级对下级有多少信任，下级就有多少主观能动性的效能反馈于上级。用人是为了使他发挥作用，充分地作出成绩。所以信任下级放手让下级去干，才有可能充分发挥下级的聪明才智，甩开膀子去干。用人不信任人，这本身就是矛盾的，这种矛盾的存在和发展将会导致积极性的挫伤、工作效能的降低。在这种气氛下，下级不是缩手缩脚，顾虑重重，就是远离领导，甚至远走高飞。信任下级是领导者自信的一种表现，因为用一个人是经过挑选而任用的。用人才，信任这个人才，就要相信他能把事情办好。所以用人则信，不仅是对被用人的相信，而且是自信的表现。

就目前的社会情况看，在领导对下级信任的问题上有三种情况值得注意：①不信任下级而包办代替下属工作；②不了解下属而干预下属工作；③不懂某方面的知识、权谋，却去干预下属。三种情况均是对下属缺乏必要的信任。这三种情况违背了用人不疑的原则。

4. 培养教育，爱护关怀

"养兵千日，用兵一时"。没有对人才的培养，就谈不上对人才的合理使用。凡是领导艺术高超的领导者，都十分重视人才的培养，也都十分爱护关怀人才。重使用、轻教育，或者只使用、不教育，是领导者缺乏战略眼光的表现，也是领导者的失职。除了培养教育外，还要在工作上、生活上对他们给予关心照顾，为他们排忧解难。遇到疾病、生活、家庭等各种困难时，领导者必须在可能的条件下认真给予解决。与此同时，领导者对那些打击、压制人才的人和事要旗帜鲜明地给予处理，这也是爱护、关心人才的表现。

（二）用权艺术

权力是领导的象征，也是领导者行使领导职能的"武器"。如何掌好权、用好权是衡量领导艺术水平高低的重要标志。我们认为领导者用权的艺术，主要体现在以下几个方面。

1. 依法用权，不越不侵

每一位领导者手中都握有一定的权力，但它是有严格权限的。领导者的一切领导行为都只能是在法定的权限范围内活动，否则就会导致对下级侵权和对上级越权的行为，违反了权力规定。越权是任何上级都忌讳和反感的，历史上许多年幼君王长大以后，都要铲除原先的"顾命大臣"之类的王权的实际操纵者。所以，领导者一定不要骄傲自大、飞扬跋扈、目无上级，这是权力规则的基本要求。

领导者也不能随意侵犯下级的权力，因为领导者对下侵权，既是对下级人格的不尊重，会挫伤下级工作的积极性，又会使下级感到无所适从。所谓"有职无权活地狱"的西方谚语，反映的就是这种情况。它还打乱权力运行的正常秩序，引起各种混乱状况和不正的社会风气。在领导集体里，要相互尊重对方的权力，不应对不属于自己职权范围的事随意表态做主，那样会引起领导者之间相互猜疑，关系紧张，也会给思想意识不好的下级人员提供某些"钻空子"的机会，既不利于领导班子的团结，也会给工作造成不必要的损失。

2. 不炫不滥，权治果断

不炫不滥指的是领导者不能炫耀权力和滥用权力。所谓炫耀权力，就是用口头或行为显示自己的权力不可一世，给别人造成一种威吓心理。这种威吓有"效"，然而有"限"，最终将失去领导权威。那些把权力挂在嘴上，动辄"我能把你怎么样"的人，是一种浅薄的表现；滥用权力，则是炫耀权力的必然结果。滥用权力指的是过多地使用权力，在不该用的时候、不该用的地方滥用权力。如领导者发出的指令过多和苛刻，领导者的奖赏惩罚过频过宽，在处理人的问题上不够严谨。滥用权力必然导致领导者陷入事务性的工作，并导致领导行为的失误。

权治果断指的是领导者在行使权力时要坚决果断，不能优柔寡断而贻误大事。领导者行使权力一要谨慎，二要果断，这两方面并不矛盾。在一些关键时刻，领导者的用权果断，往往是导致某项活动成败的关键，如在应对某些突发事件时，领导者果断使用强制权是绝对必要的；同时，用权果断也是维护领导威信的一种手段，那些在重大事件面前犹豫不决、拖泥带水的领导者，很难得到被领导者的信任。

3. 授权留责，适度监控

所谓授权，就是领导者授予直接被领导者一定的权力，使其能在领导的监督下，自主地对本职范围内的工作进行决断和处理。授权后，授权者对被授权者保持指挥与监督检察权，被授权者负有完成任务与报告的责任。

授权是现代管理原理在领导工作中的体现，增大了领导权力作用范围，那么，在授权中应注意哪些事项呢？

（1）权责统一的原则。权责统一不仅是现代管理的基本原理，也是授权的一个重要原则。领导者要明责授权，这就要求领导者逐级明责授权，从而形成一个从上到下权责分明的权责系统。权责必须一致，有责无权必然出现"推诿"和"任人唯亲"；有责无权必然出现"小媳妇不敢做主"的局面。有责无权责任负不了，责大权小责任负不好。

（2）视能授权的原则。这一原则要求权力、能力相适应，能力强，权力就应该大；能力弱，权力就应该小。要根据所授事项的性质、特点和难易程度来选择能力适合的人。力求所选的人与拟授之权和专长对口、能力相当，兴趣相投，职能相近。同时授权应是一个动态变化过程，情况在发展变化，人的才能也不是静止的，所授之权应不断调整。

（3）相互信任原则。相互信任应包含两层意思：一是用人不疑，相信下属；二是要使自己成为下属可信赖的上级。一个领导者如果不相信下属，那就不敢授权于下属，诸葛亮就是这样，他说："吾非不知，但受先帝托孤之重，唯恐他人不似我尽心也！"于是"寝不安息，食不甘味""夙愿忧叹"，最后这颗智慧之星只活了54岁就陨落。领导者要充分发挥下属工作的积极性和创造性，一方面要授权，使下级在一定范围内有一定的自主权；另一方面要和下属建立起充分信任的关系，尊重下属，以诚相待，使自己成为下属可以信赖的上级。

（4）单一隶属的原则。单一隶属原则要求一个人只能对一个上级负责，这个上级授予这个下级的权力是确定的。如果是多头领导和隶属关系不清，则必然无法明确授权。一级授权一级，授权只能是直接上级授予其直接下级，不能越级授权。例如，局长直接领导处长，就不能直接授权给科长或办事员。否则，就会造成矛盾，产生摩擦，影响整个工作。

特别要强调的是，授权没有卸责的意思，授权以后基本职责还在领导者肩上，出了问题领导者应勇于承担责任，这样下属往后就乐意接受你的授权，接受授权后干工作也会放心大胆。领导者还要支持被授权人的工作，不要授权以后又乱加干涉。但是授权又不等于放任不管，对被授权人的工作，领导者仍需监督控制，以免偏离目标方向，或出现滥用权力的现象。

（三）理事艺术

所谓理事艺术，主要是指领导者掌握处事分寸的各种技巧。领导者要很好地处理各种事情，就要讲究方法和艺术。在现实生活中，我们很容易发现同一件事情，不同的领导者有不同的处事方法，其结果自然是不相同的。领导者理事艺术的高低主要表现在以下几个方面。

1. 执行政策与灵活掌握相结合

领导者执行政策，要讲原则，这是对领导者的基本要求。在执行政策过程中必须有相当的灵活性，要具体情况具体分析。灵活不是妄动，不是无原则的乱来，而是基于客观情况，"审时度势"而采取的及时恰当的处置方法的一种才能。

2. 主要矛盾与统揽全局结合

领导工作方方面面，要管的事很多，但要把主要精力集中在主要矛盾方面，要抓中心环节。列宁就说过："管理和政策的全部艺术在于，适时地估计并了解应该把主要力量集中在什么地方。"但在抓主要矛盾时，领导者切不可忽视全局性的工作，因为要对职权范围内的全局负责。有时有些次要矛盾没有处理好，也会影响全局。

3. 明晰性与含糊性相结合

明晰性与含糊性相结合，指的是在领导过程中，领导者对有些事情可以进行定量分析，决不含糊，而对有些事情则不一定要了解得那么清楚，甚至可以"装糊涂"。领导者办事应力求清晰、明确，对与之有关的事情要有清晰的了解，以便正确决策、判断，要不然别人就会送你"昏官"的帽子。但有些事情由于事物本身的特点，不可能弄清晰，或者一下子不可能弄清，甚至弄清后对工作并没有好处，领导者对这些问题可以暂时搁置一下，看见了只当没看见，听到了只当没听到，这对处理某些事情是有好处的。

4. 紧张与松弛相结合

紧张与松弛相结合，指的是领导工作中如何把握好"宽"与"严"的度的问题。在日常生活中，集中、纪律、统一意志是严，民主、自由、个人心情舒畅就是宽；批评、惩罚是严，表扬、奖励是宽。一般来说，任何组织任何时候，这两方面都是缺一不可的。领导不能整天板着脸孔训人，把单位搞得死气沉沉，大家处于极度紧张之中，但领导者也不能一天到晚嘻嘻哈哈，对员工放松要求，甚至大家无所事事。领导艺术高超的领导者，必须善于针对具体情况，掌握好宽严分寸，该紧张时紧张，该松弛时松弛，宜宽则宽，宜严则严，不能绝对化。

5. 惜时如金与等待时机相结合

领导的用时艺术，是领导艺术的重要组成部分。领导者要明确认识到时间对于完成工作的重要性，重视科学地管理时间，充分地利用在职在位的每一秒时间，为企业多做贡献。领导者要有紧迫感，要惜时如金。美国麻省理工学院对 3 000 名经理做了调查研究，发现凡是优秀的经理无不精于安排时间，使时间的浪费减少到最低程度。在工作时，领导又要等候时机，找准最佳机会，"该出手时就出手"。有些问题看起来时间很紧迫，必须马上处理，但那并不是最好的时机。领导者应忍一忍，等一等，不能仓促作出决定。这样做看起来是"浪费"了时间，但实际上为企业的发展赢得了时间，高明的领导者都懂得"何时出击"。

讨论题

1. 领导影响力的来源有哪些？
2. 领导者是否应具备某些个人素质？请举例说明。
3. 选择领导方式应注意什么问题？
4. 按照管理方格理论，最有效的领导方式是哪种？如何实现？
5. 权变理论的实质是什么？请用菲德勒模型分析一个具体例子。

【小测试】

你是当领导的料吗？

做一下这个小测试，看看你更适合发号施令还是接受命令。

1. 上司忽然决定将一个 VIP 项目委派给你，你将做的第一件事是：

（1）马上要求一套规章，然后排除万难竭尽全力地按章行事。

（2）你向上司问一个最后期限，请他做一些必要的说明，然后列出一系列自己该做的事情。

2. 团队工作需即时确定一个召集人。目前的问题是："那么，谁将代表你们团队呢？"——有人这样问。

（1）你的同级别的同事们纷纷推举你来领导这个小组，你取得了压倒性的胜利。

(2) 你马上将食指指向离你最近的人。最好是他或她，反正不要是我，对吗？

3. 某大学职业顾问与你的上司接洽，需要请你公司某人作为嘉宾发言人，前往他们的职业讲坛介绍你们的行业。你……

(1) 立刻将手举得比房间里任何人都高。

(2) 顷刻间将自己藏于桌子后。你的事情已经够多了。你肯定你的上司不会介意让别人去做这种事情。

4. 一个客户来到办公室又踢又嚷，想把每个人的头发揪下来。你怎么办？

(1) 你想是否该打电话给精神病院或警署。最后，你情愿让其他人来提出解决方法。你可不想因为别的事出了岔子而引火上身。

(2) 你判断出该由谁来应付这种情况。如果别人都不在，你会镇静地走向那个可能精神错乱的客户。总得有人出面，不是吗？

5. 当你在办公室的用餐区用餐时，发现你的两位同事正吵得面红耳赤。你……

(1) 事不关己，高高挂起。

(2) 找机会与他们谈一谈。

6. 每天，当你决定穿什么去上班时，你……

(1) 用最新潮的服饰将自己打扮得最时尚。

(2) 穿得像你的上司。

7. 当你接电话、做报告、回电子邮件及准备别的商务文件时，你……

(1) 使它尽可能清晰明了、准确无误，并检查语法和礼仪是否规范。

(2) 尽量使它像对话似的自然。你与人讲话和通信时随心所欲。

8. 无论你如何卖命地工作：

(1) 你永远落在计划之后。你经常到了最后期限还未完成工作，不断要求延长期限。

(2) 似乎永远觉得不够你干的。

9. 在会议中，你常常……

(1) 提问，做报告或提出建议。

(2) 心不在焉。

10. 对于你，一个典型的工作日这样度过……

(1) 对你的工作日如何安排有个大致的概念。你有一个工作清单，一系列的目标，计划到每天、每月、每年。

(2) 你到办公室，差不多刚好准时。你冲到自己桌前，处理目前看起来最紧急或最重要的事情。

第九章 组织设计与组织结构

【课前案例】

金果子公司的组织结构设计

金果子公司是美国南部一家种植与销售黄橙和桃子两大类水果的家庭式企业，由老祖父约翰逊在50年前开办，经过半个世纪以来的发展，公司已初具规模。老祖父10年前感到自己体衰，将公司的管理大权交给儿子杰克。孙子卡尔前两年从农学院毕业后，回到农场担任了父亲的助手。

金果子公司大体上开展三个方面的活动：有相当一批工人和管理人员在田间劳动，负责种植和收获橙和桃；另一些人员从事发展研究，他们主要是高薪聘来的农业科学家，负责开发新的品种并设法提高产量；还有一些是市场营销活动，由一批经验丰富的销售人员负责，他们走访各地的水果批发商和零售商。公司的销售队伍实力强大，而且他们也像公司其他部门的员工一样，非常卖力地工作着。

杰克和卡尔对金果子公司的管理一直没有制定出什么正式的政策和规则，对工作程序和职务说明的规定也很有限。杰克相信，一旦人们对工作有了亲身了解后，他们就应当而且能够有效地开展工作。

不过，金果子公司目前规模已经发展得相当大了。杰克和卡尔都感到有必要为公司建立起一种比较正规的组织结构，杰克请来了他年轻时的朋友比利来帮助他们。比利指出，他们可以有两种选择：一种是采取职能结构形式，下设生产部、销售部和研发部；另一种是按产品来设立组织结构，分为桃事业部与橙事业部，并分别安排相应的生产人员、销售人员与科研人员。

第一节 组织设计

一、组织设计的基本程序和结果

组织设计，亦即组织结构设计，就是对组织结构的组成要素及其之间连接方式的设计，它是根据组织目标和组织活动的特点，划分管理层次、确定组织系统、选择合理的组织结构的过程。

组织设计是为组织目标服务的，其实质是实现组织目标的手段，因此，在进行组织设计时，首先应明确组织目标，然后在此基础上进行组织的分化和整合工作，使组织成为一个既有明确分工又能相互协调的有机整体。

（一）组织设计的程序

组织设计是一个包含众多工作内容的动态的工作过程，为了取得良好的设计效果，需要科学地根据组织设计的内在规律有步骤地进行。组织设计程序的运作是一个流动式的、动态的持续规划过程。组织设计的程序通常如下所述。

1. 确定组织目标，明确基本职能

组织设计首先应该依据组织宗旨确定组织基本目标。组织的宗旨是组织存在的理由。它取决于外部环境的需要。每个组织最初都是为实现某种目标而建立的。组织目标是组织自我设计和自我保持的出发点，也是衡量组织成功与否的标志。组织目标必须满足具有重要性的社会需求。同时，组织成员必须了解组织目标的内容。

组织基本职能是指组织系统在特定的环境中为了保持正常的运转，保证组织生存和发展所必须具备的功能。例如，对于一个企业来说，它的基本职能可以按管理专业分工来划分，可以分为生产管理、技术管理、财务管理、营销管理、人力资源管理等。每一类还可再进行细分，譬如将技术管理分为设备管理、工艺管理等。

2. 分解基本职能和组织目标，建立不同层次的部门

分解基本职能即对组织的基本职能给予细分和归类，并进一步确定各职能的纵向层次的横向跨度，从而确定组织的部门结构。分解基本职能主要包括以下两步工作。

第一步，细分基本职能。由于组织的基本特性，使得某些基本职能的业务活动差别较大，虽都属于同一职能的管理工作，但需要进一步进行专业化分工，形成若干细分职能。例如，现代钢铁联合企业的生产过程，涉及原料、能源、运输、成品出厂和外部协作等多项复杂的管理工作，仅能源就包括风、水、电等十几种能源介质的输送和供应；各种原料和成品的年吞吐量高达数百万吨甚至上千万吨。厂内外运输方式和运输设备多，工作量很大；外部协作范围广、单位多。在这种条件下，生产管理职能只有细化，才能适应生产过程复杂性的要求。因此，原料管理、运输管理、能源管理、设备管理、外部协作管理等领域适宜独立成为同生产紧密相关的几个细分职能。

第二步，合并相关职能。如果某些职能密切相关，不可分割，可以考虑合并为同一职能。或是某一职能的业务工作量较少，工作较为简单，那么这一管理职能就可以和与其紧密关联的其他职能合并。最为典型的例子就是发电厂，它的产出是电能，通过电网直接输送给用户，不必经过市场推销和激烈的竞争就可以实现产品的价值。因此，尽管电力生产企业的销售职能依然存在，但同那些市场营销工作既重要又繁重的企业相比，就变得比较简单且次要了。因此，可将其业务工作并入财务如电价管理等相关基本职能之中。

分解组织目标就是将组织总目标分解到各职能部门和任务单位，各自实现相应的具体目标，同时进行目标之间的协调，形成组织目标系统化。通过组织的目标分解，可以组织和协调各部门共同努力去实现组织目标，而各具体目标又为评估各部门单位的业绩提供了具体的衡量标准。

划分清楚活动和岗位之后，根据组织需要和习惯，选择设计组织的具体结构形态，然后对应每一类任务建立相应的不同层次的部门或机构。在划分部门时，要保证部门之间工作量的平衡分配，并注意避免部门之间职能的重复和遗漏。此外，还需要对纵向、横向部门的工作流程、信息传递方式等做出规定，使组织机构形成一个严密而又具有活力的整体。

3. 职务分析

在分解目标、划分职能的基础上，确定相应职能机构并设置职务，进而进行机构职务分析，又称为工作分析，它是全面了解一项职务的管理活动，是制定职务说明和职务规范的系统过程。具体来说，职务分析就是全面收集某一职务的有关信息，一般从该工作的六个方面进行调查研究：工作内容（what）、责任者（who）、工作岗位（where）、工作时间（when）、如何操作（how）以及操作的原因（why）等，然后将该职务的任务要求进行书面描述，并整理成文的过程。

职务分析的结果是一套职务说明书和职位规范，它是确定职务升迁以及进行职务考评等工作的重要基础条件之一，也是职务设计的最终成果，职务说明书也称为职务描述书，是说明某一职务的性质、责任、权力关系以及资格条件等情况的书面文件，它应该明确、具体，特别是在有关职务的责任和义务方面，从而便于安排适当的人选。职务规范也叫任职资格说明，是对任职责任和条件的具体说明。二者相结合，便构成了针对某一职务的完整、全面、详细的职务说明。相对而言，职务说明书侧重于反映工作定向分析的结果，而职务规范则更集中于对任职人员的分析。

4. 控制管理过程，完善组织结构

组织设计完成之后，便进入了运行状态，在运行过程中，会暴露出许多漏洞和矛盾。因此，必须根据出现的情况对组织结构做出及时调整，使组织结构在运行过程中得到不断修正和完善。

控制管理过程是指为了保证整个组织机构能够按照设计要求正常运行所进行的对管理过程的控制。控制管理过程主要从以下三个方面进行。

（1）组织设计过程的管理控制以组织目标为导向，其标准必须按是否有利于实现组织的总体目标进行确定。当组织机构设计偏离了组织的目标，则必须马上加以修正，从而使得整个组织设计都能够紧紧围绕目标的需要进行。

（2）作为指导组织活动的重要依据，必须建立组织正常运行时的标准程序和方法，以保证组织机构能够按照设计要求正常运作。

（3）制定采取纠正行动的程序。这些程序的确立必须客观，要排除主观随意性因素，确保偏差能够得到客观公正的纠正。这样，当组织运作与标准程序及方法出现偏差时，就可按照该程序进行相应的调整。

可以参考表9-1的内容来了解组织设计的程序。

表9-1　组织设计的程序

程序步骤	任务	阶段图表
确定各级组织目标	确定总目标，进行层层分解	组织目标任务一览表
业务流程设计	设计业务流程，比较，选择总体平衡和优化	业务流程图
设立职位	确立职位划分标准，划分职位进行平衡	职位体系表
规定职位内容	确定职权范围，建立考核指标体系	职位说明书
配备人员	考核人员素质，确定人员数量	在职人员一览表
设置组织机构	确定职位组合形式，设立职能部门，划分权责关系，审议、修改、确定组织形式	职权系统图、组织结构图

资料来源：肖全春. 组织行为学 [M]. 北京：中国发展出版社，2006：274.

在进行组织设计的过程中，势必会对员工行为产生深刻的影响，而员工的偏好是不一样的，故而在进行组织设计时，必须考虑到个体差异。此外，有效的组织设计能在很大程度上提高组织活动的绩效。具体来说，它能为组织活动提供明确的指令，便于组织内部人员之间的合作，使组织活动更具有预见性和秩序性；组织结构有助于减少不确定性，正确确定组织活动的范围及劳动的合理分工与协作，明确员工所关心的问题，对员工的态度产生影响，激发其提高工作绩效，有助于及时总结组织活动的成功经验和失败教训，从而形成合理的组织结构。

（二）组织设计的结果——组织结构图

描述结构的典型办法是通过组织结构图来进行的。图中职位的名称，一般是与其活动相一致的。从顶部自上而下的线条表明其相应的地位。各职位之间的线条用来表明彼此之间法定的正式的作用关系。大多数组织结构图均为等级式的，而且着重强调的是上级与其直接下属间的关系。组织结构图经常附有更详细的说明各职位的任务以及职位间关系的职位描述说明书和组织手册。

组织结构图是组织结构简化了的抽象模型。它不能极其准确地表明组织的实际情况，因而有一定的局限性。组织结构图只能表现出正式组织中的一部分关系，而对非正式组织中的关系无法体现。例如，它不能说明一个上级对其下级所具有的职权的程度，这个上级是否有权雇用或调换下级职位人员。而更重要的是，组织结构图说明不了平级职位之间的相互作用或者组织中属于不同部门人员间的横向关系。由于它不能反映组织中的精细关系，因而常常出现误差；它不能很好地解决非正式的控制和职权问题，在塑造实际的系统时，常常低估各种个人品格的重要性，而且常常过于强调职权系统与交往联络系统间的等同性。

尽管有这些局限性，组织结构图仍为调查研究组织结构提供了一个良好的开端。造成其不够精确的原因是太简化和对组织结构中很多重要方面欠考虑而引起的。

二、组织设计的思路与变量分析

（一）组织设计的思路

组织设计的思路是按照组织目标和任务的需要进行部门划分、机构组建、岗位设立然后再按照岗位的需要选择合适的人员来担负责任、行使权力、落实工作。

1. 自上而下的设计思路

首先必须明确组织目标，根据目标确定组织的基本职能；再以职能细分和归类为依据设置相应的机构，对各机构部门的任务和功能分解，设置相关的职务；最后以必要的职位与各种职务相对应，确定编制，配置合适的人员。自上而下的设计思路如图9-1所示。

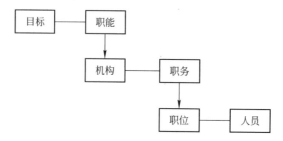

图9-1　自上而下的设计思路

2. 自下而上的设计思路

这种设计思路多适用于设计全新的组织之中。首先，在目标活动逐步分解的基础上，设计和确定组织内开展工作所需要的职位类别和数量，依据职位分析来确定任职人员责任和素质的要求并形成职务规范；其次，依据一定的原则，进行组织的部门划分；再次，对于划分后的部门，还要对其工作内容和数量进行调整，从而达到设计的合理化；最后，根据各部门工作的性质、内容和需要，设计整体组织结构和纵向、横向组织关系，规定各部门之间的职责和权限，从而构成完整的组织结构网络。自下而上的设计思路如图9-2所示。

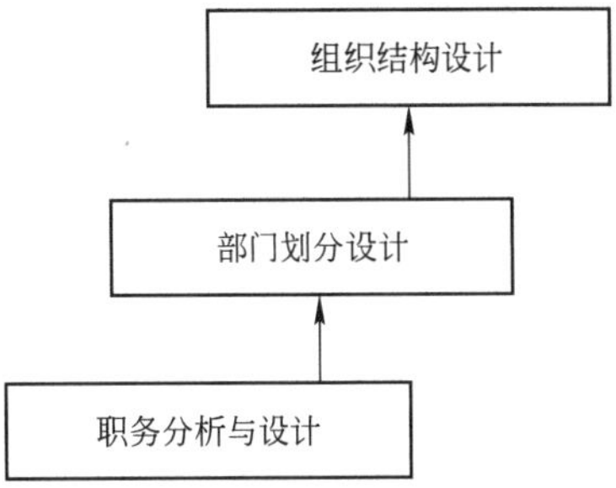

图9-2 自下而上的设计思路

（二）组织设计的变量分析

组织设计的各种变量揭示了与组织相关的重要信息，具体可以分为情境变量和结构变量。情境变量反映了整个组织的特征，包括组织战略、规模、技术、环境等，描述了影响和决定结构变量的组织背景。结构变量则提供了描述组织内部特征的标尺，从而为测量和比较组织奠定了基础。

1. 情境变量分析

现代组织理论认为，组织是开放的系统。一方面环境给组织提供资源，吸收组织的产出，另一方面又给予组织诸多的约束。组织总是处在不断变化的环境之中，一个组织要生存和发展，就必须适应环境，根据所处环境来设计和调整组织结构。同时，组织内环境中的许多因素，尤其是组织战略、组织规模和技术对组织结构有着重要的影响。

1）组织战略

在影响组织结构的众多因素中，组织战略是一个重要的因素。组织结构只是实现组织目标的手段，而组织目标又源于组织的总体战略。因此，组织结构和组织战略是紧密联系的，组织结构的设计和调整必须服从于战略，而同时组织结构影响组织战略。只有如此，组织战略才能更有效地执行，才能取得竞争优势。

最早系统地研究组织战略和结构关系的是美国历史学家艾尔弗雷德·钱德勒（Alfred Chandler），他在深入研究了美国100家大公司长达50年的发展历程后得出结论，组织战略的变化先行于并且导致组织结构的变化。一般来说，组织通常起始于单一产品或产品线生产。简单的战略只要求一种简单、松散的结构形式来执行这一战略。这时，决策可以集中在高层管理人员手中，组织的复杂性和规范化程度都很低。当组织发展壮大后，随之而来的将是发展战略的变化，组织的活动将在既定的产业内不断扩大，向纵向一体化发展。这种纵向一体化的发展战略必将使组织单位之间的相互依赖性增强，从而产生了对更复杂协调手段的要求，这就要求重新设计组织结构，按职能来建立专业化的组织单位。随着组织的进一步发展，进入产品多样化的经营阶段，组织业务活动伸展到不同的行业领域，这时又需要对组织再次调整，以取得高效率。这种产品多样化战略所要求的组织结构必须能够有效地配置资源，控制工作卓有成效，并能保持各单位之间的协调。而组建事业部将能够很好地达到上述要求。由此可见，随着组织战略从单一产品或生产线向纵向一体化再向多样化经营转变，组织结构也必然进行相应的调整以适应变化了的组织战略。

2) 组织规模

组织规模对组织结构具有明显的影响作用。例如，对于一个生产单一产品，只有几十人的小型企业来说，采用直线制的组织结构形式将是最好的选择。而对于一个拥有几千上万人的大企业来说，如果没有复杂而严密的组织结构、健全的规章制度以及分权决策，要使企业保持正常运行、取得高效率是很难想象的。

显然，组织规模直接影响着组织结构的复杂性程度。组织规模增大，意味着人数的增加，组织内的专业化程度提高。这将导致组织内横向差异和纵向差异的扩大，从而使监督、协调和控制的难度加大，组织结构的复杂性程度将会增大。

同样，组织规模也会影响组织结构的规范化程度。随着组织规模的扩大，管理者或者采用加强直接控制的办法，减少管理幅度、增加管理层次，但会造成管理成本的增加；或者采用正规化的、规范化的管理办法，通过制定更加严密的规章制度规范员工的行为。这样就导致了组织结构规范化程度的提高。

最后，组织规模也影响着组织结构中的集权和分权。组织规模扩大，组织内的管理业务量大幅度增加，高层管理者很难直接控制下属的一切行为，就有必要委托他人来加强管理，这样就形成分权。通常情况下，组织规模越大，分权程度就越高。

3) 技术

任何组织都是转换系统，将投入转化为产出，这就必然需要采用某种技术和生产方式。而无论采用什么样的技术和生产方式，都会对组织结构产生一定的影响。组织结构必须与之相适应才能使组织更有效率。

美国著名的管理学家琼·伍德沃德（Joan Woodward）在20世纪60年代初就提出，组织结构因技术而变化。她在对英国南部近100家小型制造企业进行调查后，按"工艺技术连续性"的程度，将企业分为三类，并提出与之相适应的组织结构。第一类是单件生产的企业，即定制生产，由进行定制产品生产的单位或小批生产者组成。与之相适应的组织结构较为简单，管理层级较少，整体的复杂性、规范程度都较低。第二类是大量生产的企业，包括大量和大批生产的制造商，由于这类企业的产品标准化程度较高，为提高效率，组织结构中分工较细、专业化程度高，这就使得组织结构复杂化。同时为了严格管理，必将制定健全的规章制度，组织结构的规范化程度也较高。第三类是连续生产的企业，这类企业所用技术最复杂，如炼油厂和化工厂都属于这类连续流程的生产企业。这类企业工艺技术复杂，组织结构中各管理层级之间差异较小，管理人员和技术人员比例较大，因此其规范化和集权化程度都较低。

4) 组织环境

组织环境（主要指外部环境）是指社会环境、经济环境、技术环境和政治环境。按照环境的不确定性程度，组织所处的环境大致可分为三类：一是稳定的环境，表现为产品或服务在近期内基本稳定、政府有关政策法令连续而稳定、在相关领域中技术创新速度平稳、消费者和竞争者均维持稳定、社会政局稳定等，在这种环境下组织适合采用比较规范化、集权化的组织结构；二是变迁的环境，表现为产品或服务在近期内出现连续性变化、政府有关政策法令发生变化但趋势可以预测、技术创新速度加快但连续性较强、本行业内的竞争态势仍可把握等，在这种环境下的组织虽然仍基本适用规范化和集权化的组织结构，但须加强对环境的关注，适当增强组织结构的弹性；三是动荡的环境，表现为产品或服务经常改变、技术创新日新月异、竞争激烈、政府的政策法令不断出新、消费者的行为和价值取向改变迅速等，处在这种环境下的组织（如家电行业）必须建立畅通的信息渠道、采用分权化的形式，整个组织具有很强的弹性，以对多变的环境做出快速反应。

组织设计的实质是一个过程，是一个"不稳定的思想状态"，是一个随着组织目标、人员、环境等内外条件的变化而变化的动态体系。特别是在现代社会，不同类型、不同时期的组织，有不同的工作内容、不同的工作重点和不同的组织目标，组织的结构也应该随着组织工作内容和组织目标的变化而做相应的调整。

2. 结构变量分析

罗宾斯认为，管理者在进行组织设计时，必须考虑六个关键变量：专门化、部门化、指挥链、管理幅度、集权与分权、正规化。如表9-2所示。

表9-2 组织设计时需考虑的六个关键变量

关键问题	解决方法
分解任务应细化到什么程度？	专门化
对工作单元进行合并的基础是什么？	部门化
员工个人和工作群体向谁汇报工作？	指挥链
一个管理者可以有效控制多少个下属？	管理幅度
决策权属于何处？	集权与分权
原则和规划指导员工和管理者到什么程度？	正规化

资料来源：罗宾斯. 组织行为学精要［M］. 北京：机械工业出版社，2003：174.

1）专门化

专门化是指将工作划分为若干步骤，由一个人单独完成其中的某一个步骤，即个人是专门从事某一部分的活动而不是全部活动。传统的组织设计是建立在劳动分工基础之上的，分工程度越高，工作效率越高。劳动分工使不同工人具有的多种技能得到有效的发挥和利用。对绝大部分组织来说，一些工作不需要培训即可胜任，而另一些工作则需要较高的技能。如果组织不进行劳动分工，所有工人都需要从事制造过程的所有步骤的活动，那么他们必须同时具备开展最容易的工作和最复杂的工作所需的全部技能。那么在很多情况下，高技能的工人往往要去从事低技能的工作，造成资源的浪费，而劳动分工则解决了这个问题。

劳动分工的概念在现代企业组织中已得到广泛的应用，然而随着劳动分工的不断发展，在为组织带来经济效益的同时，由于工作的单一、重复，员工容易感到厌倦、疲劳，从而导致生产率和产品质量的下降、离职率高等问题。罗宾斯将这种现象称为人员的非经济性。劳动分工发展到一定程度之后，人员非经济性会超过专业化分工带来的经济优势。在20世纪60年代，这种情况就出现了。那么，如何克服人员的这种非经济性呢？可以通过加强组织内的工作协作，以提高员工的成就感，或是通过工作的丰富化和扩大化，让员工独立完成一项完整的任务，来激发员工的工作积极性，而不是通过工作范围的缩小来提高生产率。

2）部门化

通过工作专门化将工作细分之后，就需要将这些工作组合起来，以便协调整个工作任务。将工作组合的基础就是部门化。具体来说，有以下五种方式进行部门化。

（1）功能部门化。功能变化反映着组织的目标和行为。作为最常用的一种方法，它主要是指根据所执行的功能进行部门化，功能部门化可用于各种类型的组织。具体方式是将具有相同技能和方向的人安排在同一部门，这样不仅可以提高工作效率，而且也能实现规模经济。

（2）产品部门化。工作任务也可以根据组织生产的产品类型进行部门化。比如，石油行业的三大主要产品原油、润滑油、蜡制油，可将它们各置于一位管理者的管辖之下。由于所有与某特定产品有关的行为都仅由一位管理者指导，故而这种部门化的优点增加了产品业绩责任的明确性。

（3）地域部门化。当公司客户分布在广阔的地域范围内时，这种部门化的方法就很有价值，比如，将营销工作按地域设置部门，分设销售代表。

（4）生产过程部门化。由于不同的环节需要不同的技术，故而在生产过程中可以每个部门负责一个特定生产环节的工作。这种方法为同类行为的归并提供了基础。

（5）顾客部门化。这是指根据企业的特定客户类型进行部门化。比如，比较大的金融机构可根据所服务的对象是公司还是个人进行分类。在当今竞争的环境中，顾客部门化受到越来越多的重视。它的好处是一方面可以更快地掌握顾客需求的变化，更好地做到以顾客为中心，从而提供优质的服务；另一方面也可以使顾客更好地了解企业的产品，从而可以更方便地选择产品。

此外，要注意的是，在实现组织目标的过程中，团队起到越来越重要的作用。团队的采用可以跨越传统部门的界限，使得原来僵硬的部门划分得到补充与完善。

3）指挥链

谈到指挥链时，就不得不先介绍两个相关概念：职权和统一指挥。职权指的是管理职位所固有的发布命令和希望命令得到执行的一种权力。每一个管理职位都具有某种特定的、内在的权力，任职者获得该职位，就可以获得该职位的等级或头衔相匹配的权力。统一指挥是指每一个员工只对应一个直接上级并对其负责。如果统一性被破坏，下属可能要面对来自多个上级的冲突要求或优先处理要求，下属将无所适从，所以必须防止多头领导现象的发生。

4）管理幅度

管理幅度是指一个主管可以有效地管理多少个下属的数量。在很大程度上，管理幅度决定着组织要设定多少层次，所以组织层次与管理幅度密切相关。组织层次是指组织内部纵向管理系统所划分的等级数。一般而言，组织层次与管理幅度成反比关系，在组织人数不变的情况下，管理幅度宽，则组织层次少；反之，管理幅度窄，则组织层次多。具体来说，高层管理者因要处理大量复杂的问题，管理幅度应小一些，而低层管理者的管理幅度可以大一些。古典主义学者主张较小的管理幅度，以便对下属严密控制。在计算机技术广泛应用之前，管理学学者发现，在组织的高层，管理幅度一般为4~8人，低层一般为8~14人。

随着计算机技术的日益成熟和广泛应用，组织中层的职能正逐渐由计算机处理来完成，使得管理幅度变宽和组织层次减少，组织结构也日益由高耸型走向扁平化。例如，1992年，沃尔玛超过西尔斯公司成为美国第一号零售商。管理大师汤姆·彼得斯（Tom Peters）在此之前就预见了这一结果。他说，一个12层级的公司（西尔斯）无法与一个只有3个层级的公司（沃尔玛）抗争。这个例子清楚地说明近年来随着管理幅度的扩大，组织结构呈现扁平化发展的趋势。

越来越多的组织正努力扩大管理幅度，宽的管理幅度有利于公司降低成本，削减管理费用，加快决策速度，更好地为顾客服务。影响管理幅度的因素很多，比如，拥有良好素质的管理者和经验丰富的下属，可以采取更宽的管理幅度开展工作。影响管理幅度的因素还包括：任务的复杂性、任务的相似性、组织文化的凝聚力、工作地点的相近性以及管理者的管理风格等。

5）集权与分权

集权化是组织中的决策权集中于一点的程度，即一个职位所包含的固有的权力。如果一个组织的集权化程度高，就会表现为高层管理者在作决策时不考虑或很少考虑基层员工的意见；相反，基层员工参与度越高，甚至是可以自主地作出决策，就意味着组织分权化程度高。显然，分权化程度高的组织更灵活，主动反应速度更快。

6）正规化

正规化指的是在组织内部，工作实行标准化的程度。工作的标准化程度越高，意味着从事该工作的人对于工作时间、工作手段、工作内容的自主权越低。员工被期望以完全同样的方式投入工作，从而保证稳定一致的产出效果。在高度正规化的组织中，有大量的组织规章制度，明确的工作说明书以及详尽的工作流程。当正规化程度较低时，工作行为相对来说程序化程度会比较低，员工对自己工作的处理权限会比较宽。由于工作中的个人权限与组织对员工行为的规定成反比，所以工作的标准化程度越高，员工自行决定工作方式的权利就越小。工作标准化降低了员工选择工作行为的可能性，也使员工无须考虑其他行为方案。

三、组织设计的权变方法

系统论是20世纪的重大研究成果，权变理论实质上就是这一理念在管理上的应用。权变理论（contingency theory）认为组织内部的状态和过程应随内部、外部需要和要求的变化而变化。根据权变理论，在管理中没有一种固定的绝对正确的管理方法。权变理论的核心思想就是在企业管理中要根据企业所处的内外条件随机应变，做到因时制宜、因地制宜、因人制宜和因势制宜。

随着现代信息技术的快速发展，技术更替的速度大大加快，这将影响管理实践与理论的发展。信息技术的应用改变了企业管理各个环节的原有格局，在新的形势下，企业管理者要权宜应变，对管理模式和手段大胆革新，进行业务流程重组，以提高管理效率。权变理论的精髓在于"变"，而这个变是根据内外环境的变化所做的变，不是一味地求变，为此，权变的关键是管理者能否敏锐地观察到组织内外环境的变化对企业各方面的影响，从而对管理方式和方法进行创新。权变理论对组织结构设计也有一定的指导性。

根据权变理论，企业组织应该是一个有机组织结构，而并非一个决定性的机械结构，所以当环境变化时，组织结构就要不断地变化，从而保证组织与环境的适应性。职能制结构、事业部制结构、混合型结构、柔性结构都有其存在的条件，这些组织结构并不是过时了，只是在不同组织中的生命力是不同的，因为不同的组织所处的环境不同。对我国的企业来说，不能一味地模仿外国的组织形式，而是要认清本组织的环境、本组织自身的特征，创造性地设计组织结构，而不要拿来主义。

第二节 组织结构

一、组织结构的含义

（一）组织结构的定义

组织结构是组织内的全体成员为实现组织目标，在管理工作中进行分工协作，通过职务、职责、职权及相互关系构成的结构体系。组织结构的本质是组织成员间的分工协作关系。组织结构的内涵就是人们的职、责、权关系，因此，组织结构又可称为权责关系，也就是分工协作关系。

（二）组织结构的内容

1. 横向结构

横向结构包括职能结构和部门结构。职能结构指的是组织有多少项业务以及各业务之间的关系；而部门结构指的是组织有多少个部门以及各部门之间的关系。一个企业可能有很多项业务，因此可能有很多个部门，有时一个部门承担一项业务，也可能承担多项业务。业务的数量和部门的数量不一定是相等的。如一个企业有采购、销售、生产、技术、后勤等不同的业务，为此，企业设置了生产部（负责生产业务）、技术部（负责技术业务）、经销部（负责采购和销售业务）、财务部（承担财务管理职能）、人事部（承担人事管理职能）、后勤部（负责后勤业务）等业务和职能部门。其工作任务都是为实现企业的总体目标服务，但各部门的权责关系却不同。

2. 纵向结构

纵向结构包括层次结构和职权结构。层次结构是指管理层次的构成，职权结构是指各层次、各部门在权力和责任方面的分工及相互关系。

二、组织结构的基本类型

（一）直线制

直线制又称单线制，是工业发展初期的一种最简单的组织结构形式。它的特点是组织各级行政单位从上至下按垂直系统直线排列，各级领导者执行全部管理职能，不另设职能机构。其结构如图9-3所示。

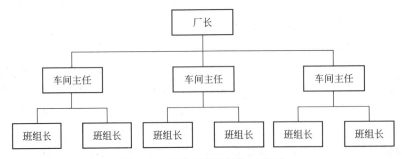

图9-3 直线制组织结构示意图

直线制的优点在于结构比较简单，权力集中，责任分明，命令统一，信息沟通快捷，主管人员有可能按照自己的判断采取随机应变的措施。其缺点是缺乏弹性，容易导致专制。另外，在组织规模较大的情况下，所有的管理职能都集中由一人承担，往往由于个人的知识及能力有限而感到难以应付，顾此失彼，可能会发生较多失误。此外，每个部门基本关心的是本部门的工作，因而各部门间的协调比较差。因此，直线制一般只适用于生产规模较小、产品单一、管理简单、业务性质单纯、没有必要按职能实行专业化管理的小型组织或者是现场的作业管理。

（二）职能制

职能制由科学管理的奠基人泰勒首先提出，并在米德维尔钢铁公司以职能工长制的形式加以试行。它的主要特征是在各级行政领导之下，按专业化分工设置管理职能部门，各职能部门在其业务范围内有权向下级发布命令和下达指示，下级要同时听从上级领导者和上级职能部门的指挥。其组织结构图如图9-4所示。

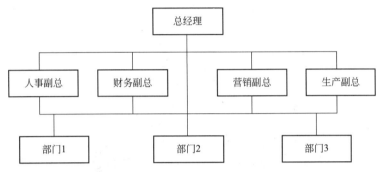

图9-4　职能制组织结构示意图

职能制的优点在于它可以在很大程度上实现职能专业化的优越性。例如，将同类专家归在一起可以产生规模经济，减少人员和设备的重复配置，以及通过给员工们提供与同行们"说同一种语言"的机会而使他们感到舒适和满足。

职能制的缺点在于：违背了组织设计的统一指挥原则，容易导致多头领导，造成管理混乱。组织中常常会因为追求职能目标而看不到全局的最佳利益，没有一项职能对最终结果负全部责任，每一职能领域的成员们相互隔离，很少了解其他职能的人干些什么，因为只有高层管理能掌握全局，所以它得担当起协调的角色。不同职能间利益和视野的不同会导致职能间不断地发生冲突，各自极力强调自己的重要性。职能型结构的另一个缺点是，它不能对未来的高层经理提供训练的机会，职能经理们看到的只是组织的一个狭窄的局部，其职能只涉及部分，而对其他职能的接触非常有限，并不能带来关于整个组织活动的广阔视野。

职能制适用的条件是组织必须拥有较高的综合平衡能力，各职能部门按照综合平衡的结果，围绕一个共同目标进行专业管理。否则，不宜采用职能制。

（三）直线职能制

直线职能制是当前我国各类组织中最常用的一种组织结构形式，它适用于企业、学校、医院和政府机关等各类组织。其结构示意图如图9-5所示。

由图9-5可以看出，直线职能制是一种综合直线制和职能制两种类型组织特点而形成的组织结构形式。这种组织结构形式在各级直线领导者之下，按照分工不同设置相应的职能机构，从事各种专业管理。各职能机构没有对下级的行政指挥权，只对直线领导起助手和参谋作用。该组织形式将整个管理系统中的管理人员分为两类：一类是直线领导者，从上到下实行直线领导，从而能保证统一指挥；另一类是职能管理人员，他们是直线领导在业务管理

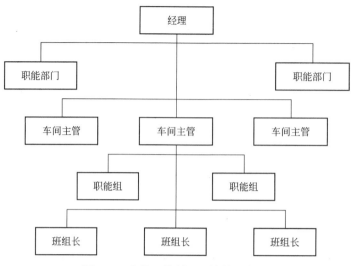

图 9-5 直线职能制组织结构示意图

方面的参谋和助手,以适应业务活动越来越复杂的发展形势。

直线职能制具有许多明显的优点。首先,这种结构分工细致,任务明确,部门职责界限清晰,便于建立岗位责任制;其次,各级领导者都有相应的职能机构做参谋和助手,因而可以克服领导者个人知识范围有限的弱点,使管理组织能够适应日趋复杂化的特点;最后,这种结构能充分发挥组织的集团效率,对外部环境条件变化增强了适应能力。

直线职能制也存在一定缺点,因为按职能划分部门,各部门分管的业务不同,观察和处理问题的角度就不一致,这样就容易在职能部门之间产生一些矛盾和摩擦,协调工作就比较困难;另外,这种组织形式往往容易使管理人员仅重视与自己有关的业务知识学习和能力培养,而忽视对全局性、关键性问题处理能力的培养,这对培养高层次管理人才十分不利。

直线职能制一般在企业规模比较小、产品品种比较简单、工艺比较稳定、市场销售情况比较容易掌握的情况下采用。

(四)事业部制

20 世纪 20 年代,事业部制组织结构由美国通用汽车公司首创。事业部是这种企业的第二级机构,是以产品、地区或客户为依据,由相关的职能部门结合而成的相对独立的单位。其特点在于,每个事业部都有自己的产品和市场,按照"统一政策,分散经营"的原则,实行分权化管理,各事业部独立核算,自负盈亏,彼此之间的经济往来要遵循等价交换原则,对这种组织结构的形状,如图 9-6 所示。

事业部制结构有利于发挥各事业部的积极性、主动性,事业部制结构也使总部人员摆脱了关注日常运营具体事务的负担,使他们能专心于长远的战略规划。与职能型结构不同,事业部形式也是培养高级经理人员的有力手段。各事业部经理们在运营其自治单位的过程中也就获得了丰富的管理经验。事业部制结构的主要缺陷是活动和资源出现重复配置。例如,每一个事业部都可能有一个市场营销部门,而在不采用自治分部的场合,组织的所有市场营销活动都集中进行,其成本远比分部化以后的总花费低得多。因此,事业部制结构的职能重复配置就导致了组织总成本的上升和效率的下降。

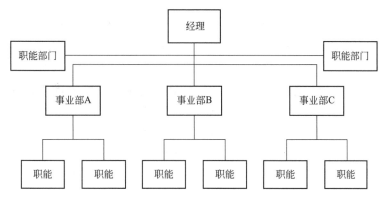

图 9-6 事业部制组织结构示意图

因此，事业部制主要适用于规模大、产品（或服务）种类繁多、生产工艺差别较大、分支机构分布区域广的现代大型企业。

（五）矩阵制

矩阵制结构目前在全球企业已非常普及。其结构如图 9-7 所示。

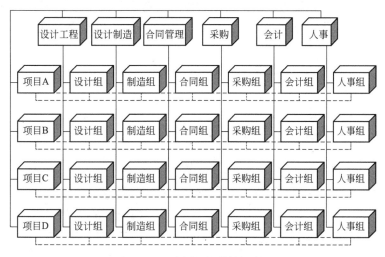

图 9-7 矩阵制组织结构示意图

矩阵制结构的特点是，为了完成一定的任务，如工厂开发新产品或接受一项新的订货任务，可组织一个专门的产品（或项目）小组，来负责研究、设计和试制等工作。为了便于协调各部门工作，该小组一般由各职能部门分别抽调人员组成。这样，产品（项目）小组成员既受原科室领导，又受产品小组领导。各职能科室是固定组织机构，负责日常生产管理，而产品（项目）小组是临时组建的，当专项任务完成之后，小组便可撤销，其成员仍回到原来部门工作。这样，工作过程不是把任务从一个部门转到另一个部门来进行，而是通过不断组建专门小组来完成任务。每个专门小组都有负责人，他直接对企业领导者负责。这样在最高管理者领导之下，既有按职能部门划分的垂直管理系统，又有按产品（项目）划分的横向管理系统，形成一种纵横交错的矩阵结构形式。

矩阵组织结构的优点是：第一，这种组织形式机动灵活，能加快产品开发或完成订货任务的速度;第二,这种形式可以集中优秀人才,形成技术优势,有利于任务的圆满完成;第三,这种形式能克服纵向与横向信息沟通的困难,从而有利于各方协调一致地完成工作任务。缺点主要是机构稳定性差,产品(项目)小组成员都是临时抽调,容易产生临时观念,而影响工作的责任心。

道·科恩宁公司的董事会主席和执行主管威廉·戈金在《哈佛商业评论》中报道矩阵制组织结构的成就时认为:"并非适合于所有的组织,但是却适合于符合下列条件的所有或多数组织:开发、销售和制造很多多样化的但又有相互关联的技术性产品和材料;对每个重要的市场都感兴趣、正在成为多国迅速扩展的全球性业务公司;所处的经营环境具有加速和急剧的变化及强烈的竞争。"

(六)网络结构

20世纪90年代,一个重要的趋势是:一些公司决定只限于从事自身擅长的活动,而将剩余部分交由外部专家(专业机构)来处理。这些网络化组织,有时也称为集成式公司,特别是在一些快速发展的行业,如服装业或电子行业,甚为兴盛。但即使在诸如钢铁、化工这类行业中,一些公司也在向这种类型的结构转变。

网络结构以自由市场模式组合替代传统的纵向层级组织。公司自身保留关键活动,对其他职能,如销售、会计、制造进行资源外取,以将公司或个人分立开,由一个小的总部来协调或代理。在多数情况下,这些分立的组织通过电子手段与总部保持联系。图9-8是这种结构的示意图。

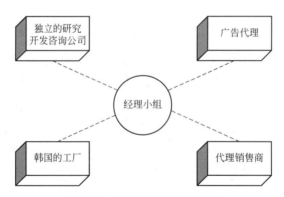

图9-8 网络组织结构示意图

网络结构的优点是令人难以置信的精练,几乎没有上层行政首脑,因为工作活动被承包了,协调是电子化的。但劣势也非常明显。一方面,缺乏可控性。经营运作不在一起进行,管理者必须调整自己以适应这种情况:依靠相互独立的下级承包商来完成工作。当涉及许多不同的分包商时,公司可能会感到质量方面的问题。另一方面,公司已经发现,一旦与分包商就其产品或服务挂钩,他们便有大幅提价的趋势。再有,伴随这种网络结构,识别组织变得很困难,因为随着分包商组合的变化,组织每周都在变化。如果偶尔一个分包商脱离组织、脱离业务并且不可代替,该组织将失去一部分利益。最后一个缺点是员工忠诚度很低。对较大的组织来讲,建立一种有凝聚力的企业文化并不容易。流动率很高的原因在于雇员仅仅被委托负责他们自己的工作或分包商,为了公司的利益他们随时可能被解雇。

网络结构并不是对所有的企业都适用的。它比较适合于玩具和服装制造企业,它们需要相当大的灵活性以对时尚的变化做出迅速反应。网络活动也适合于那些制造活动需要廉价劳动力的公司。

(七) 新型组织结构

1. 无边界组织

20 世纪 80 年代，通用电气公司前执行总裁杰克·韦尔奇提倡并实践"无边界"(boundary less) 的管理理念，主张用一种平面管理代替传统流水线管理，要求组织从内部到外部建立民主、合作、平等、平和、协调、高效的管理氛围与机制。

无边界组织所寻求的是减少命令链，对控制跨度不加限制，取消各种职能部门，代之以授权的团队。管理人员通过取消组织垂直界限而使组织趋向扁平化，等级秩序作用降到了最低限度，个人身份与头衔的地位也一落千丈。这样的组织看上去更像一个粮仓筒，而不是金字塔，最上层的谷粒和最下层的谷粒差别不大。

无边界组织结构突破了组织内部不同职能部门、不同产品系列或经营活动的阻隔，跨越了部门边界的工作流程，使得信息和资源随工作进程在部门之间顺畅流动和快速交接，把被分割的职能重新融为一体。

2. 团队结构

团队结构 (team structure) 的主要特点是打破部门界限，可以快速地组合，重组解散，以促进员工间的合作，提高决策速度和工作绩效。这种结构要求把决策权下放到工作团队成员手中，团队成员应既是全才，又是专才。在小型公司中，可以把团队结构作为整个组织形式。在大型组织中，团队结构一般作为典型的官僚结构的补充，这样组织既可得到官僚机构标准化的好处，提高运行效率，又能因团队的存在而增强灵活性。

实际上，团队工作就是无边界思想实践的代表性模式。无论是"项目团队"，还是"工作团队"，员工可以打破原有的部门边界，绕开中间各管理层，重新组合起来直接面对顾客和组织的总体目标，从而以群体协作的方式赢得组织发展的竞争优势。同时，计算机网络化的发展，也使人们能够超越组织内外的界线进行交流，为这种组织结构形式的存在提供了广阔的空间。

3. 女性化组织

女性化组织 (feminine organization) 的概念是 20 世纪 80 年代初产生的，当时一些组织理论学家开始探索女性的价值观与组织结构之间的关系。他们最主要的发现是，女性偏爱那些重视人际交往和人际关系的组织。

组织社会学家乔伊斯·露丝查德 (Joyce Rothschild) 对女性化组织方面的研究进行了归纳和发展，认为在那些由女性管理并为女性服务的组织中，女性化组织模式运作效果可能会比较好，并建立了具有六个特点的女性化组织的模型，其主要特点如下。

(1) 重视组织成员的个人价值。不会将组织成员看作组织角色的扮演者，而是将其当作个体看待，承认她们有自己的价值和需要。

(2) 非投机性。组织成员之间的关系被看作成员自身价值的体现与维持，而不仅仅是实现组织目标的手段。

(3) 创造一种相互关心的社区氛围。女性化组织成员彼此信任并相互照顾，很像生活在小城镇中的居民，她们的社区感很强，关系较密切。

(4) 重视员工成长。不强调培养专家或开发狭窄的专业技能，而强调不断为员工提供大量新的学习和个人成长的机会,重视拓展成员多样化的技能,增强多种能力。

(5) 事业成功与否的标志是为别人提供了多少服务。不像官僚组织那样,评判成员事业成功的标志是晋升、获得权力和增加薪水。

(6) 分享权力。在传统官僚组织中,信息和决策权是稀缺资源,需要通过等级秩序加以分配。而在女性化组织中,信息资源共享,所有可能受某项决策影响的人都有机会参与这项决策。

综上所述,各种组织结构都是在实践中发展形成的,实际生活中它们常常是互相交叉的。一个组织中可能同时存在多种组织结构形式。这些组织结构都有各自的优缺点,也都只适用于某种特定的环境。一种环境中有效的结构形式,搬到另一种环境中,也许就不那么有效,不存在适合所有环境的最佳结构形式。随着科技的进步、社会的发展以及环境的变化,在实践中还会出现更多新的组织形式。

三、组织结构发展模式分析

随着时间的推移,生产力在不断进步发展,企业的组织结构模式也在相应发生着变化。当企业的成员人数极少,仅有为数不多的几个人时,并不会存在企业组织结构的复杂问题;当企业逐渐发展起来,由小型企业变为小公司,再由小公司变成大公司,进而成为跨国大公司时,在这一过程中,企业组织结构便会经历从低级向高级形式的演进。

西方学者威廉姆森(Williamson)根据钱德勒的考证将公司内部管理的组织形态分为 U 型、M 型和 H 型三种基本类型。与企业组织形式发展相联系,现代企业的内部结构模式大体经历了三种类型变化:一是 U 型结构,即职能型结构,这是一种典型的集权制;二是 M 型结构,即分权型结构,代表模式是事业部制;三是 H 型结构,即控股公司制,这种结构是对 M 型结构的进一步发展,分权更为彻底。核心特点是,母公司以控股的方式协调与各子公司的关系,子公司比事业部具有更强的独立性。

(一) U 型组织结构

U 型组织结构(unity form)又称为一元结构,即所谓的"职能式组织"。它的最大特点是权力集中于企业最高层,实行等级化的集中控制。企业的生产经营活动,按照职能的不同,分成若干垂直管理的部门,每个部门实行职能分工并直接由最高主管协调控制。

U 型组织结构的特征是职能分工和权力集中,反映出企业的第一代创业者喜欢直接操作的个性特征。从更深层次看,集权型的 U 型组织结构的广泛应用,还有技术经济上的原因。当企业的规模还不是很大时,企业自身的内部资金有限,如果分散使用,形成多头投资,就很难抓住市场机遇,形成市场能力。U 型组织结构则有利于企业集中有限的资源,并将其投资到最有效的方面上。此外,U 型组织结构有利于产供销各环节紧密协调。这对于产品相关度很高的企业和实行垂直联合的企业来说,则显得尤为重要。而且,U 型组织结构还能把原材料供应、产成品制造以及销售等不同环节统一到一个企业中来,以克服市场机制所引起的高额交易费用,享受财务、营销等业务方面的规模经济效益。然而,作为组织结构发展模式的最初阶段,U 型组织结构也存在明显的缺陷和漏洞,具体介绍如下。

(1) U 型组织一般只适合于产品单调、技术简单的小规模企业。随着企业规模的扩张,经营环境的复杂,这种金字塔式纵向等级制的结构会很难适应信息技术和社会环境变化的要求。

(2) U 型组织内没有一个可以独立存在的部门。就生产部门而言,生产设备的投资、产品设计与制造以及工艺流程等，工厂不能自行决定，而是需由最高主管部门统一安排与指挥。显然，这种组织结构适应社会各种变化的能力会很弱。

（3）在U型组织内，财务集中控制，各职能部门不是自负盈亏的经济实体，故而没有一个部门可以用清楚简单的方法衡量经济效益，不利于各部门主动性和创造性的发挥。

（4）U型组织要求最高主管是"全能型"人才，需要详细了解每一部门的信息。而随着企业行政机构越来越庞大，各部门的协调也会愈加困难，最高主管很难把注意力集中到企业的长远发展上，从而抓不住整体的大方向与总目标，极易导致企业误入歧途。

（二）M型组织结构

M型组织结（multidi-visional form）又称为多元结构，或"事业部型"组织结构，或多部门分权结构。M型组织结构是企业生产经营不断发展的产物，一般适用于经营多样化、规模大，产品类项多和要求市场反应灵敏度高的企业。其主要特点是：企业的生产经营活动按产品大类或地区的不同划分部门，设立经营事业部；各事业部在公司统一领导下实行独立经营，独立核算，自负盈亏；总公司主要负责研究和制定各项政策，规划公司总体目标，规定价格幅度，并对事业部的经营、人事、财务实行监督，但不插手日常的具体行政事务；各事业部拥有相当的自主权，并可根据生产经营活动的需要建立自己的管理职能部门。

M型组织结构使得各事业部能在独立自主与实施中央控制之间取得均衡，公司最高管理层能集中精力于企业重大问题的决策，各事业部能及时调整经营方向和产品结构，对各种压力做出反应，通过联合化与专业化相结合，企业可经营多种产品，进而形成一个大企业集团。而每个事业部可集中生产经营有优势的拳头产品，各事业部经理能从整体利益出发去安排组织本部工作，并诱使各事业部之间的比较与竞争，增强团队合作精神。同样，M型组织结构也存在一些缺点，具体介绍如下。

（1）公司与事业部各自设立众多的职能机构，规模过于冗大，趋向官僚体制。

（2）M型组织结构的每一个事业部并非真正独立自主，如果事业部片面追求本部门的利润，就会导致共享财产过度滥用。

（3）总公司领导如果不注意协调事业部之间的关系，则容易导致事业部之间因竞争而进行人员、信息、技术等方面的争夺；也易滋生部门本位主义，用局部利益替代长远的整体利益。

（三）H型组织结构

H型组织结构又称控股型组织，较多地出现在由横向合并而形成的企业之中，这种组织结构使合并后的各子公司保持了较大的独立性。它通过母公司对子公司的参股和控股形成更大程度的分权制组织结构。H型组织结构可以由生产经营完全不同产品的多个独立企业组成，主要以产权关系为纽带，通过股权的渗透结成利益共同体。可以说，H型组织是分权组织结构的一种创新。

最高决策层只通过资金参与管理所控公司，无须为公司的具体细节分神，这是H型组织结构的一个显著特点。由于总部对各子公司高层主管的能力相当清楚，且总都能在财务方面控制子公司，所以，总部被称为"内部银行家"和"内部投资人"，实现资金运用的优化，而且可以利用外部的增股，不断收集社会上的闲散资金，以发展自己的事业。但是，这种结构的子公司往往独立性过强，缺乏必要的战略联系和协调，运用起来会存在一定的难度。

讨论题

1. 什么是组织？组织有哪些特点与作用？
2. 组织理论有哪些？
3. 什么是组织结构？组织结构的定义包括哪些关键要素？
4. 请描述一般组织结构的设计方式，并各举一例进行说明。
5. 组织结构有哪些类型？

【小测试】

你更喜欢哪种组织结构？

目的：这个自我评估旨在帮助你理解一个组织结构如何影响该组织员工的个人需求和价值观。

说明：个人价值观会影响到你在不同组织结构中的舒适程度。你可能会喜欢具有清晰规范的组织结构或者没有一点儿规范。你可能会喜欢每个员工都可以制定重要决策的公司或者公司的所有决策都交给高层。阅读下面的描述，指出具有哪种特征的组织结构是你喜欢的。结束时，运用本书附录中的评分表查看结果。这个自我测评必须独立完成，这样才能够避免社会比较而了解你的真实想法。班级讨论的焦点是在组织结构设计的因素以及它们与个人需求和价值观的联系。

组织结构倾向评分

我喜欢在这样的组织结构下工作	一点儿也不喜欢	少许喜欢	有些喜欢	非常喜欢
1. 人的职业发展有几个层级，通向更高的职位和职责	☐	☐	☐	☐
2. 执行工作时，员工的自由度几乎不受规则限制	☐	☐	☐	☐
3. 工作责任下放给执行工作的员工	☐	☐	☐	☐
4. 监督者有几个下属，因此他们的工作更紧密	☐	☐	☐	☐
5. 决策大多数由管理者执行以保证行动的一致性	☐	☐	☐	☐
6. 工作被清晰地界定，每个人负责的工作都非常清楚	☐	☐	☐	☐
7. 员工有权利参与讨论，但是管理者制定大部分的决策	☐	☐	☐	☐
8. 工作被广泛地定义，或者根本没有定义	☐	☐	☐	☐
9. 每个人的工作与高层管理者的计划是紧密联系的	☐	☐	☐	☐
10. 大多数的工作由不受监督的团队执行	☐	☐	☐	☐
11. 通过员工的非正式沟通，而不是正式规范进行工作	☐	☐	☐	☐
12. 管理者有很多下属，因此他们不能仔细监督每个人	☐	☐	☐	☐
13. 每个人都对目标、期望和工作规范有清晰的了解	☐	☐	☐	☐
14. 高层管理者制定总目标，但是每天的决策留给一线团队	☐	☐	☐	☐
15. 即使在一个大公司中，CEO 距离最底层也只有 3~4 层	☐	☐	☐	☐

第十章 组织文化

【课前案例】

西南航空公司"员工第一"的组织文化

在美国西南航空公司的组织文化中,"员工第一"的信念对于激发员工的工作积极性起着至关重要的作用。公司董事长 Herb Kelleher 认为信奉顾客第一的企业是老板可能对员工做出的最大背叛之一。公司努力强调对员工个人的认同,如将员工的名字雕刻在特别设计的波音737上,以表彰员工对西南航空公司的突出贡献;将员工的突出业绩刊登在公司的杂志上;访问员工等。通过这些具体的做法让员工认为公司以拥有他们为荣。美国西南航空公司不仅是泛泛地强调重视员工整体,更有对每个员工个人的关注。美国西南航空公司认为,公司所拥有的最大财富就是公司的员工和他们所创造的文化,人是管理中第一位的因素。

让员工享受快乐,成为热爱和关心工作的"真正"的员工。"在西南航空我们宁愿让公司充满爱,而不是敬畏。""不仅仅是一项工作,而是一项事业。"从这一系列口号中可以看出美国西南航空公司组织文化的特质。在其员工培训中强调员工应当"承担责任,做主人翁""畅所欲言",在组织文化中真正引导员工形成一种主人翁意识,让其认为公司的发展也就是个人的发展,促使员工愉快地投入到工作中去。

资料来源:刘亚洲. 餐巾纸上的伟大公司 [J]. 东方企业文化,2012 (1):49-50.

第一节 组织文化的内涵

无论从宏观还是微观角度来讲,文化因素对组织行为都具有重要影响和巨大的意义。组织文化是组织成员在认识和行为上的共同理解,它贯穿于组织的全部活动,影响组织的全部工作,决定组织中全体成员的精神面貌和整个组织的素质、行为和竞争能力。对组织文化的研究,将有助于我们对组织成员乃至整个组织行为的理解、预见和把握。

一、组织文化的定义

什么是组织文化?是指决定组织行为方式的价值观或价值系统,它是组织成员共有的价值和信念体系。这一体系在很大程度上决定了组织成员的行为方式。它代表了组织成员所持有的共同观念。正如每个人都有其独特的个性一样,一个组织也具有自己的个性,这种个性称为"组织人格""组织气氛"或"组织文化"。相对于国家文化、民族文化、社会文化而言，组织文化是一种微观文化。任何一个社会存在的由人组成的具有特定目标和结构的集合体，都有自己的文化。政府部门有机关文化，学校有校园文化，军队有军队文化，对于作为生产经营主体的企业，都有其特定的企业文化。

早期的公司文化（corporate culture）的研究者特伦斯·E.迪尔（Terrence E. Deal）和艾伦·A.肯尼迪（Allen A. Kennedy）在《企业文化》一书中指出："我们把文化描述为'我们在这种环境中做事的方式'。"他们认为，每个企业乃至组织都有一种文化，文化对组织具有极强的影响。他们认为，文化决定了游戏的规则。定义中的文化是一种无形的、隐含的、不可捉摸而又理所当然（习以为常）的东西。但每套组织都有一套核心的假设、理念和隐含的规则来规范工作环境中员工的日常行为。不管是高级管理阶层，还是一线员工，只要有人违反这些规则，他就会受到大家的指责和严厉的惩罚。遵守这些规则是得到奖酬和向上流动的基本前提。

Edgar H. Schein 把组织文化描述为"一套基本假设——一个特定组织在学会处理适应外界和整合内部问题时，发明、发现或发展出来的假设——这些已被实践证明行之有效，因而被认为是正确恰当的，也因此被传授给新进成员，作为理解、思考和感觉那些难题的正确方法"。沙因并没有把组织所做的每一件事都视为其文化的一部分，他的观点更偏重心理方面。沙因的基本假设在其他地方被以许多种方式重新编写和重新演绎——最近的一种是克里斯·阿吉里斯的"使用中的理论"。

创造和发展企业文化的关键在于该组织所推崇的价值观。沙因承认单个人物能使这些价值观逐渐形成，并推进成为整个公司的文化——这引发了对于创立公司文化的英雄人物，从亨利·福特（Henry Ford）到 IBM 的托马斯·沃森（Thomas Watson）的浓厚兴趣。沙因认为，组织文化决定了组织价值观以及在此价值观下的组织行为，而且深刻地隐含在组织深层的东西，要了解它是非常困难的。通过对组织构造、信息系统、管理系统、组织制定的目标和规章以及组织中的传说等物质层面的分析，能够推论得到的文化信息是有限的。

可以看出，有些人对文化的定义主要强调文化的内在因素，即价值观方面，如德伦西·E.迪尔；而有些人的定义则比较宽泛，既包括内在价值观，又包括外在的、表象化的文化，如 Edgar H. Schein。事实上，文化的本质是一定群体所共有的、具有相对稳定性的价值观，这种价值观可以通过一定的形式外化，形成现象文化，如习俗、语言等。综合来说，组织文化代表了一个组织内各种由员工所认同及接受的信念、期望、理想、价值观、态度、行为准则，能使员工凝聚在一起，帮助他们了解公司的政策；组织文化是组织成员的思想观念、思维方式、行为方式以及组织规范、组织生存氛围的总和，既是一种客观存在，又是对客观条件的反映。组织文化代表了组织中不成文的、可感知的部分。

我们认为，组织文化是指在组织长期发展过程中形成的，对组织的存在和发展起着巨大作用的，以价值观念为核心内容的组织精神、行为方式与组织文化网络等的集合体。组织文化对于一个企业的成长来说，看起来不是最直接的因素，但却是最持久的决定因素。组织文化理论兴起于 20 世纪 80 年代初，它是随着企业文化研究的不断深入而出现的。1985 年，美国出版了 3 本专著，即《组织文化》《赢得公司文化的控制》《组织文化与领导》。这 3 本著作的出版，标志着人们由企业文化的研究扩展到了对组织文化的研究。在这些著作中，作者们探讨了组织文化的根本职能、组织文化的发展和形式、组织变革和与组织变革相关的文化变革过程等问题，使组织文化形成了较为完善的理论体系。

二、组织文化的结构和内容

（一）组织文化的结构

通常，人们一般认为组织文化分为三部分：一是精神文化部分，二是制度文化部分，三是物质文化部分。我们认为组织文化的结构应包括物质文化、行为文化、制度文化和精神文化四个部分。见图10-1。

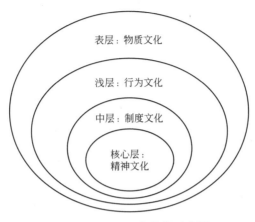

图10-1　组织文化结构示意图

1. 物质文化层

物质文化层也叫组织文化的表层，是由企业全体员工创造的能够从表面体现出来的产品和物质设施设备等构成的表层文化。它主要包括生产的产品和提供的服务、组织环境等。

（1）产品和服务。企业生产的产品和提供的服务是企业生产经营的最终成果，它是企业物质文化的首要内容。产品文化包含有：产品的整体形象、产品的质量文化、产品设计中的文化因素。

（2）组织环境和容貌。环境和容貌是物质文化的重要组成部分。环境主要是指各种物质设施、厂房建筑以及职工的生活娱乐设施。容貌是文化的表征，是体现组织个性化的标志。它包括名称、标志、空间结构、布局等。

2. 行为文化层

行为文化层，是指组织成员在生产、生活、学习、娱乐过程中产生的文化现象。它包括组织经营、宣传教育、人际交往的活动、文娱体育活动中产生的文化现象。它是组织精神和价值观在人行为上的折射。从成员结构上看，企业行为文化主要包括领导者行为、模范人物行为、组织成员行为等。

（1）领导者行为。领导者是组织的灵魂。组织文化主要是由领导者设计的，它深深烙上了领导者的个性、志趣情操、精神状态、思维方式和目标追求。领导者行为决定了组织文化的健康与优化的程度，决定了组织成员对其组织的信心程度，也决定了组织的发展。有什么样的领导者，就有什么样的组织和什么样的组织文化。领导者是组织文化的设计者、倡导者、推动者、发扬者，也是"组织文化的旗手"。

（2）模范人物行为。在具有优秀文化的组织中，最受人尊重的是那些集中体现了组织价值观的模范人物。这些模范人物使组织价值观"人格化"，他们是组织成员学习的榜样，他们的行为常常被组织成员作为仿效的行为规范。

（3）组织成员行为。组织成员是组织的主体，组织成员的群体行为决定组织整体的精神风貌和组织文明的程度。因此，组织成员群体行为的塑造是组织文化建设的重要组成部分。

3. 制度文化层

制度文化居于组织文化系统的中层，是具有本组织文化特色的各种规章制度、道德规范和职工行为准则的总称，包括领导体制、组织结构、规定与纪律以及生产经营中的交往方式、行为准则等，也称为一种强制性文化。制度文化以规章制度的形式对组织中的个体行为进行明确规范，对新进入组织的成员提出明确要求，使之按照组织的既定规则行事，最终形成与组织一致的行为习惯。

4. 精神文化层

精神文化相对于物质文化、行为文化和制度文化来说，是一种更深层次的文化现象。在整个组织文化系统中，它处于核心地位。

组织精神文化，是指在组织发展过程中，受一定的社会文化背景、意识形态影响而长期形成的一种组织精神和价值观念。它包括组织精神、管理哲学、组织道德、组织价值观念、组织风貌等内容，是组织意识形态的总和。它是物质文化、行为文化、制度文化的升华，并决定着组织文化的表层、浅层和中层。

（二）组织文化的内容

为了准确地识别和解释组织文化的内容，需要进一步对组织文化的构成要素进行分析和推断。这些组织文化的要素，可以被研究但很难准确地对其定义。一家公司的颁奖典礼和另外一家公司相同却可能会有不同的意义。组织文化的一些典型、重要、可观测的构成要素是经营目标和价值观、礼仪和仪式、故事和语言等。

1. 组织的经营目标和价值观

组织的价值观，就是组织对事物特定的行为方式或存在的终极状态的判断和选择。反映了组织关于什么是最重要的，什么是应该的，什么是应当抛弃的评价标准。组织的价值观是一个体系，是对一系列关键特征的重视程度。在组织实践中，组织的价值观常表现为组织对组织宗旨、组织精神、经营理念、组织作风、人员价值等的价值判断。具体来讲，组织的价值观就是组织内部管理层和全体员工对该组织的生产、经营、服务等活动以及指导这些活动的一般看法或基本观点。价值观体现了员工对组织各项活动重要性的认识，从而使组织的活动有一定的侧重点，使成员对组织存在的意义有新的诠释，它包括组织存在的意义和目的、组织中各项规章制度的必要性与作用、组织中各层级和各部门的不同岗位上人员的行为与组织利益之间的关系等。每一个组织的价值观都会有不同的层次和内容，成功的组织总是不断地创造和更新组织的信念，不断地追求新的、更高的目标。

2. 礼仪和仪式

礼仪和仪式是组织文化的重要表征。这是指构成一个特别事件，并经常重复的精心设计、周详计划的活动。这些活动能够表达并强化组织特定的价值观。仪式是塑造和祝贺那些使价值观行为具体化的英雄模范人物的特殊机会，是员工学习组织价值观的机会，是组织成员之间分享重要理念的联系纽带。

组织的仪式多种多样，归纳起来，主要有四种类型。进阶仪式便利了员工向新的社会角色和地位的转化；增进仪式会产生更强的组织承诺感并提高员工的地位；复兴仪式反映了那些改善组织效能的训练和发展活动；整合仪式产生了员工之间共同的纽带和良好感情，增进了员工对组织的认同感。下面我们通过典型案例来揭示管理者是如何利用仪式来强化组织价值观的。

在海尔集团，采用内部竞争上岗制度，空缺的职务都在公告栏中统一贴出，任何员工都可以参加应聘。这是一种进阶仪式，为员工提供了向新的角色和地位转化的机会，体现了"人人是人才，赛马不相马"的人才价值观。

麦当劳每年一度的重要事件是在全美国范围内进行竞赛未选拔最优秀的汉堡烤制团队。这项比赛使所有的连锁店重视制作汉堡包的每一个规范程序。这种内部竞赛是一种复兴仪式，其作用在于向全体员工强化重视汉堡包质量的麦当劳的"Q.S.C.V"精神，以及组织重视团队绩效的价值观念。

3. 故事

故事是经常在组织员工中共享和传递的，或者向新员工讲述的关于组织中发生的真实事件的详细叙述。许多组织中流传着很多故事，它们的内容许多是与组织创建者、英雄模范人物以及违反组织制度、裁减劳动力等组织重要事件有关，而且可能加入些虚构的细节。这些故事能够起到借古喻今的作用，通过反复宣传、传递故事，可以使组织的价值观保持长久活力，并且为全体员工提供一种共享的理念，一种行为规范。

下面是用故事来塑造组织文化的典型案例。

在大庆有这样一个故事：大庆化肥厂大检修时，一名徒工不小心把螺丝刀掉进压缩机进气管，当时他如果不说，谁也不会知道，但这名徒工经过激烈的思想斗争，如实地向班长汇报了，全班工人连续奋战了3个多小时，才用磁铁把螺丝刀吸上来。事后党支部一方面批评了这名徒工做事不慎，造成了事故隐患；另一方面又肯定了他说老实话，避免了毁机重大事故的发生，使"三老四严"的作风得到了发扬。正是这"三老四严"的精神，使上万名单兵作战的采油工，不分白天黑夜，不论风霜雨雪，自觉、认真、踏踏实实地工作在辽阔的油田。

在海尔创业时期，在企业亏损的情况下，张瑞敏利用消费者来信，操作了"砸76台冰箱事件"。他让全厂职工轮流参观76台不合格的冰箱后，由生产这批产品的直接负责人亲手砸毁这些冰箱。当冰箱在生产者的锤子下变成一堆废铁时，张瑞敏和职工们都流下了眼泪。接着张瑞敏又宣布：从他到所有管理人员全部受罚。从此，全厂职工从这个故事中悟出了一个简单而又深刻的道理：质量是企业的生命，生产劣质产品等于砸自己的饭碗。从此，"质量高于利润"成了海尔人为贯彻"名牌战略"而自觉认同的经营理念。

4. 语言

许多组织使用谚语、口号、隐喻或其他形式的语言向组织成员传递特定的含义。通过语言的学习和重复使用，有助于员工接受和坚持组织的价值观。

使用语言来塑造组织文化的精彩案例如下。

IBM使用隐喻"野鸭子"来描述公司所需雇员的类型。"野鸭子"表明"你能使野鸭子驯服，但永不能让已驯服的野鸭子再变野"。

通用电气公司的经营理念是："我们最重要的产品是进步。"

杜邦公司的经营宗旨是："通过化学的方法为改善生活而生产更好的产品。"

海尔集团在其自身发展的过程中，用一系列口号来表明海尔对服务、人才、质量、品牌的价值判断，如：

海尔精神：敬业报国，追求卓越；
海尔作风：迅速反应，马上行动；
海尔管理模式：OEC 即日事日毕、日清日高；
海尔名牌战略：要么不干，要干就干第一；
海尔质量观：高标准、精细化、零缺陷；
海尔营销观：先卖信誉、后卖产品；
海尔服务观：顾客永远是对的；
海尔人才观：人人是人才，赛马不相马。

5. 物质象征

物质象征是组织的器物特征。组织价值观的物质象征主要包括：组织标志，组织创造的产品，产品的广告、包装，组织的建筑物，生产环境，办公室的大小和装饰，高级管理人员的额外津贴，人员的服饰等。物质象征可以告诉员工：组织中谁是重要人物，组织倡导的价值观是什么，什么样的行为是恰当的。

用物质象征来强化组织文化的典型案例有：

海尔集团的八封乾泉和五龙钟塔，一方面寓意着海尔人"生生不息，追求卓越"的企业精神和"顺天、应时、兼有人和"的哲理；另一方面让人在目视钟塔时产生时不我待的急迫感、危机感，唤起海尔人奋斗不止的雄心。

三、组织文化的特征

组织文化是整个社会文化的重要组成部分，既有社会文化和民族文化的共同属性，也有自己的不同特点。由于文化的层次不同，其所具有的功能、担负的任务、所要达到的目的也不同。组织文化作为一种子系统文化，其特性主要包括以下几方面。

1. 民族性

每个民族都面临着不同的经济条件和社会环境，形成了独特的民族文化。组织文化的生长以同质的民族文化为基础，并相互影响、相互渗透，使一个特定的社会组织的组织文化呈现出民族性特征。例如，我国的组织文化必然带有中华民族文化的烙印。

2. 实践性

每个组织的文化，都不是凭空产生或依靠空洞的说教就能够建立起来的，它只能在生产经营管理和生产经营的实践过程中有目的地培养并形成。同时，组织文化又反过来指导、影响生产实践。

3. 独特性

现实存在的各种规模和类型的组织，他们处在不同社会环境的历史文化背景之中，在各具特色的实践活动过程中，创造了各自区别于其他组织的思想意识、价值观念和行为准则，并不断实现功能上的组合。无论哪一个组织，由于其行业、规模、市场、社会文化背景、组织风格、管理方式、领导和员工素质、环境等的不同，其组织文化必然充分体现组织的个性特征。

4. 时代性

组织的运作是在一定的时空条件下进行的，不能不受到当时当地政治、经济和社会文化的影响与制约。组织文化产生在特定时代的大背景下，它必然是时代精神的反映。当代的组织文化渗透着现代经营管理的种种意识，如市场经济意识、竞争意识、效益和效率意识、顾客第一意识、战略管理意识、公共关系意识等。

5. 可塑性

由于组织文化是组织内全体员工共有的文化，组织文化不像传统组织管理把人当作一种消极被动的客体，而是把人当作组织管理中积极主动的主体，通过组织员工共同拥有的价值观念进行内在的控制，使之按照共同价值标准监督和调整自己的日常行为。因此，组织文化既注重主体行为的自觉性、主动性，注重群体心理的培养，千方百计地挖掘主体内在的巨大潜能，激发每一个员工的创造精神，又强调个体行为和群体行为相统一，从而构成团结协作的组织整体。

6. 整体性

组织文化包括了价值观念、经营准则、道德规范、传统作风等精神因素。这些因素不是单独地在组织内发挥作用，而是经过综合的系统的分析、加工，使其融合成为一个有机的整体，形成整体的文化氛围。因此，组织文化寻求在组织内部形成一种共同的目标信念、价值观念、行为准则和道德规范，将个人的目标和追求融于组织的整体目标之中，使组织成员的个体观念逐渐向整体观念过渡，将组织成员在目标一致、利益一致的基础上，紧密地结合为一个整体，自觉地协调局部利益与整体利益、目前利益与长远利益的关系，并产生巨大的向心力和凝聚力，形成一个整体的力量。

7. 综合性

组织文化的根本任务，就在于探索组织各种管理要素的优化组合和动态平衡。组织本身是一个综合性很强的群体，要使这个综合体发挥出整体优势和整体功能，仅仅停留在对组织的某个侧面、某个层次的研究是不够的。而组织文化的着眼点恰恰是组织的综合管理，它全方位地研究组织，并力图阐明组织内部各要素与各子系统之间的内在联系。组织文化的任何一个要素都不可能单独地存在和发挥作用，它只有与其他各要素相互联系、相互影响、相互渗透，不断实现功能上的组合并转化为员工的实际行动，才能达到激励员工的主动性和创造性，增强组织凝聚力、向心力和持久力的目的。

最新研究认为，下面七个方面的特征是组织文化的本质所在。

(1) 创新与冒险。组织在多大程度上鼓励员工创新和冒险。

(2) 注重细节。组织在多大程度上期望员工做事缜密、善于分析、注重细节。

(3) 结果定向。组织管理人员在多大程度上集中注意力于结果而不是强调实现这些结果的手段与过程。

(4) 人际导向。管理决策在多大程度上考虑到决策结果对组织成员的影响。

(5) 团队导向。组织在多大程度上以团队而不是个人工作来组织活动。

(6) 进取心。员工的进取心和竞争性如何。

(7) 稳定性。组织活动重视维持现状而不是重视成长的程度。

以上每一种特点都表现为一个组织成员对组织所持的共同感情、在组织中做事的行为方式、组织成员应有的行为方式从低到高的连续带。

第二节　组织文化对组织行为的影响

近年来，关于组织文化的讨论方兴未艾，主要是越来越多的企业认识到了组织文化的效用。组织文化对于员工行为的影响作用似乎越来越重要。现代组织渐渐拓宽了控制幅度,使组织结构趋于扁平,引入了工作团队,降低了组织的制度化、形式化程度,授予员工更大的权力,这些都要求一种强有力的组织文化来提供共同的价值观体系,从而保证组织中的每个人都朝同一个方向努力。一般认为,组织文化的作用是可以使组织的运作更加成熟,使员工更投入工作,为组织带来利润和效能。

我们认为,强有力的组织文化是制度化、形式化的合理替代物。制度化、形式化的规章制度是可以规范员工行为的。组织中高度的制度化、形式化可以带来可预测性、稳定性、秩序性和行为的一致性。而强有力的组织文化同样也能达到上述目的。因此,应该把组织文化和制度化、形式化视为达到同一目的的两种不同方式。组织文化越强,管理人员就越可以减少制定规章制度来规范员工的行为。当员工接受了组织文化时,那些规章制度就内化(internalization)在他们心中了。组织文化在组织中具有导向、规范、凝聚、激励、稳定、创新等多种功能。

一、组织文化的导向作用

组织文化的最大功能便是强调组织目标和个人目标的一致性,强调组织成员的价值观,信念和行为准则的共同性。组织文化的导向功能主要是从两方面来发挥的。一是直接引导成员的性格、心理和行为。员工的个性、态度和感知存在差异,员工的需求也多种多样,通过口号、故事、仪式来倡导组织价值观的过程,正是引导和塑造员工的态度和行为符合组织目标和需要的过程。二是通过整体的价值认同来引导组织成员。良好的组织文化使成员潜移默化地接受本组织共同的价值观。一种强势文化可以长期引导组织成员为实现组织目标而自觉地努力奋斗,有如汽车的方向盘。后者是更为重要的一方面。

二、组织文化的规范作用

组织高度的规范化可以带来可预测性、秩序性和行为的一致性。同样,组织文化也能达到上述目的,因此,应该把组织文化和制度规范看作凝聚、协调和控制员工行为的两种不同方式。而且,组织文化所倡导的价值观,如果能内化为员工的价值观,即组织的价值观、信念和行为准则,如果能成为员工思想意识的一部分,那么,制度规范要求的行为,或者制度规范不能面面俱到的难以控制的员工行为,就能够成为员工自觉自愿的行为。即倡导健康的适应性的组织文化,可以使组织的强制控制变成员工的自我控制和自我协调。

可见,组织文化带来了无形的、非正式的、许多不成文的行为准则,人人自觉接受文化的规范和约束,心甘情愿地依照价值观的指导进行自我管理和自我控制,这种自我管理在很大程度上弥补了单纯的规范带来的不足与偏颇。例如,迪士尼员工总是那么吸引人,整洁,漂亮,带着迷人的微笑为顾客热情周到地服务,不是偶然的,而是迪士尼公司努力追求、长期倡导的结果。强势的组织文化,再加上正式的规范制度的支持,就保证了迪士尼员工行为的高度统一。

三、组织文化的凝聚作用

组织文化是一种社会黏合剂,它通过为组织的成员提供言行举止的标准,而把整个组织整合起来,强势的文化使组织成员发展出一种集体认同感并知道该如何相互合作以有效地工作。组织文化决定着人们如何在组织中相互沟通、相互协调、相互合作,什么样的行为是可接受的,什么是不可接受的,它使组织成员不仅仅重视自我利益,更考虑到组织的利益。

组织文化正是以种种潜移默化的方式,来沟通人们的思想感情,融合人们的理想、信念、作风和情操，培养和激发人们的群体意识。在特定的文化氛围之下，组织成员通过自己的切身感受，树立对本职工作的自豪感和使命感，对本组织的认同感和归属感，把自己的思想、感情、行为和整个组织联系起来，从而使组织产生一种强大的向心力和凝聚力，发挥出巨大的整体效应。

四、组织文化的激励作用

所谓的激励，就是通过外部刺激，使个体产生出一种情绪高昂、奋发进取的力量。在良好的组织文化氛围中，每个人的贡献都会及时受到肯定，而不会被埋没。这样，成员就时时受到鼓舞，处处感到满意，有了极大的荣誉感和责任心，自觉地为取得更大的成功而努力。

心理学的研究表明，人们越能认识行为的意义，行为的社会意义越明显，越能产生行为的推动力。心理学家费约在实验室对三组大学生进行试验，要求他们用右手指拉起久布氏测力计上悬挂的重达3.4千克的砝码。对第一组被试者不说明任何理由，对第二组被试者，要求他们表现自己的最高能力，对第三组被试者，则告之这种活动与一种社会性的重要任务有直接关系，拉砝码的时间影响工厂、住宅送电的效果。结果显示，在三种不同动机下，坚持拉砝码的平均时间差别很明显，这三组的平均指标是 1∶1.5∶2。在社会动机驱使下，被试者表现出较强的耐力和坚持性。

倡导组织文化的过程，正是帮助员工形成强烈的使命感和持久的驱动力，从而调动积极性的过程。因为积极向上的价值观念和行为准则本身，就是员工自我激励的参照标准，通过对照自己的行为找出差距，可以产生改进工作的驱动力。同时，组织共有的价值观，又是一种强大的精神支柱，能使员工产生认同感、归属感和安全感，起到相互激励的作用。

五、组织文化的稳定作用

任何一个组织文化都是组织在长期发展中逐渐积累而成的，都继承了本民族、本地域、本组织中的文化精髓，与前期的文化具有共通性，所以在发展过程中具有连续性。另外，组织文化在继承前期文化的基础上形成，所以也具有较强的稳定性，组织文化不会因组织结构的改变、战略的转移或产品与服务的调整而随时变化。在一个组织中，物质文化的变化最快，而精神文化比物质文化具有更多的稳定性，核心价值文化又比制度文化更具稳定性。

组织文化是组织稳定发展的良药。由于组织文化具有相对的稳定性和连续性，一经建立，则进入了整个组织生活和成员的内心深处，持续而稳定地发挥作用。即使企业出现重大的人事变动，企业照样稳健前进，经久不衰。例如，日本的松下电器公司，松下幸之助虽已逝世，但松下的企业精神照样发挥作用，不因松下本人的逝世而受到影响。

六、组织文化的创新作用

由于组织文化在形成过程中吸收了其他文化的先进成分，所以任何一个组织文化都会不断进步、发展提高。组织文化随着历史的积累、社会的进步、环境的变迁以及组织变革逐步演进和发展。强势、健康的文化有助于组织适应外部环境和变革，而弱势、不健康的文化则可能导致组织的不良发展。改革现有的组织文化、重新设计和塑造健康的组织文化过程，就是组织适应外部环境变化、改变员工价值观念的过程。组织文化发展中的一个重要特征就是创新性，时代在变化，环境条件也在变化，任何一个组织在发展过程中都会遇到新的问题，所以要求组织不断变化适应环境，不断创新组织文化，赋予全体成员以创新动机，提高创造能力，引导创新行为，从而能应对环境对组织的压力，取得独特的创造成果，保持组织永远的生命力。

文化的功能具有整合性。上述企业文化的六大功能，在实际中并不是单独表现出来的，而是整体发挥作用。

第三节　组织文化建设

组织文化是多种多样的，在不同的市场经济模式下，有不同的组织文化模式；在不同的国度，不同的文化背景下，也存在不同的组织文化模式，如日本的"松下文化"，美国的"IBM文化"；即使在同一国度，也会因组织的历史、组织的性质、人员的构成等方面的不同，而形成不同的文化模式，如我国的"海尔文化""宝钢文化"都有各自不同的内涵。重要的是管理者要深入分析本企业的具体情况，塑造适合自身特点的文化内涵，并进行强化，以维持组织文化的活力，而且还要根据客观环境和战略的变化，调整或重塑组织文化，以保证组织文化对组织发展的作用。

一、组织文化的创建

从文化的形成机制看，文化是组织的共同目标、组织的创始人、现实条件和传统心理相互作用的产物，是学习和创新的结果。

组织的文化有的已相对定型，比较系统，是一种强势文化；有的尚未定型，未形成系统，是一种弱势文化。对于前一种情况，组织文化建设的重点，应放在如何维持适应性的组织文化，或重塑非适应性的组织文化；对于后一种情况，组织文化建设的重点应该是根据组织的战略、环境、历史背景、民族文化背景，创建和维持适应性的组织文化。

根据国内外组织实践经验，组织文化的创建应注意以下两个方面的问题。

（一）正确地确定组织文化的内容

组织文化要配合组织战略和环境的需要，要为促进组织发展服务。因此，创建组织文化，必须客观分析组织的现实条件、历史传统和目标战略。

首先，必须认识到历史发展的趋势及文化的渐进性，结合国家、组织的目标和战略考虑组织文化内容。生产方式、生活方式的变化和进步必然导致人们心理和行为模式的发展和变异，文化的渐进是一个客观规律。目前在我国，人们的生活方式，从贫穷保守向富足自由转化，企业也从生产型、执行任务型向自主经营、自负盈亏方向转化，组织文化的塑造必须适应这种转化，必须适应组织目标和战略的要求。

其次，必须根据组织的物质基础、生产性质、员工素质来确定组织文化的内容。例如，投资大且回收期较长的基础性产业，如钢铁、煤炭行业，一般需要远见卓识、深思熟虑、严谨的态度和作风；生产日用生活消费品的企业，则要求灵活、快速应变的作风；而高科技公司，技术进步速度快，则需要倡导创新、冒险的企业文化。

最后，必须借鉴其他民族企业的优秀文化特点，发扬本企业的优良传统，创新本企业的文化模式。企业，尤其是老企业，常常有些优良的好传统，如艰苦奋斗的传统、干部参加劳动的传统、与职工打成一片的传统。企业赖以生存的民族也有其优秀的文化，如中华民族勤俭敬业的创业精神，刻苦耐劳、坚韧不拔的意志品质，诚信不欺、义以天下的传统美德。美国文化的独立意识、创新意识。日本文化的集体价值观、终身雇佣制、"和为贵"及团队精神。因此，要对自己民族文化，其他民族、其他企业的文化，本企业长期形成的文化进行辩证分析，取其精华，弃其糟粕，创新和塑造本企业的文化系统。

（二）高层领导者是组织文化的创建者

组织文化常常是由高层领导者倡导、发展和加强的。高层领导者的价值观、信念和行为方式直接影响着组织的价值观、信念和行为方式。许多成功的公司，其领导倡导的价值观，制定的行为准则，常常激励着全体员工，使公司具有其文化特色，并成为组织区别于其他组织的精神象征。如微软公司的文化在很大程度上是其创始人比尔·盖茨的形象。盖茨本人进取心强，富有竞争和创新精神，这些特点也正是他所领导的微软的特点。公司高层领导者是组织文化创建者的例子还有许多：如索尼公司的盛田昭夫；松下电器公司的松下幸之助；服务与创新文化的倡导者美国贝尔电话公司总裁费尔；海尔公司的张瑞敏；北京开关厂厂长黄国诚等。

高层领导者通过描述组织价值观的愿景，并通过日常行为、仪式故事、物质象征在组织内对愿景进行沟通，并通过正式的组织结构和系统把组织文化制度化，来塑造独具个性的组织文化。员工是通过观察领导者的行为来学习组织价值观、信念和行为方式的，倡导并坚持组织价值观的领导者可以激发员工高度的信任和尊重，这不仅是因为他们倡导和表述的价值观，更是因为他们在坚持价值观中所展现的勇气、决心和自我牺牲精神，领导者可以利用这种尊重和信任来激励员工追求优异的绩效。当领导者为组织价值观做出了个人牺牲时，将对员工产生更强的引导和激励作用。

二、组织文化的塑造和完善

组织文化的建设是在一个已经存在某种价值观念及行为习惯的组织中进行的，从实质意义上讲，它是一个以新的价值观念和行为方式战胜旧的价值观念与行为方式的过程，是一个充满矛盾和冲突的过程。因此，根据具体情况创建组织文化以后，必须坚持宣传，反复实践和规范管理，才能维持组织文化的活力，才能使新的价值观念及行为方式成为员工自觉、自愿的行为。

（一）通过制度规范，强化组织文化

文化的演进是一个缓慢的过程，而且一些价值观念和行为方式的改变是比较困难甚至是比较痛苦的。如平均主义、小富即安，不求有功但求无过等价值观念已经根深蒂固地内化在一些企业员工的头脑中。因此，组织的高层领导者一旦确认了组织文化的合理性和必要性，就要在宣传教育的同时，制定相应的政策、规范和制度，实施奖惩措施，强制性地要求员工实践新的文化，在实践中转变员工的价值观念和行为模式。

制度规范是组织通过一定的组织形式和各种规章制度，要求员工遵守的程序、规则和行动准则，它是组织文化的基础和载体。通过制定和实施制度规范，可以强制和约束员工的行为，矫正不符合组织文化的行为，使员工对组织文化所强调的价值观念和行为模式，有一个恰当的基本的理解。

例如，海尔确立了"用户永远是对的"理念及"海尔真诚到永远"的全方位承诺后，便制定了"国际星级一条龙服务"机制、"30秒顾客速查档案"和"24小时服务到位""无搬动服务"等一系列制度规范加以保证。建立了"名牌战略"和"高标准、精细化和零缺陷"的质量方针后，便建立相应的OEC管理法即日清日高管理系统，全面、全方位、全过程地对每人、每天、每件事进行控制清理。与"人人是人才"的理念相对应的是相应的"赛马机械"，倡导"自主班组管理"，实行"三工并存，动态转换""岗位轮换"等办法，实行"公开、公平,公正"的自由竞聘措施,建立"干部红黄榜""三工轮换栏"等有形系统加以促进。抑恶扬善的制度规范步步到位,确保了"海尔文化"内化为员工的行为模式。

（二）高层管理者身体力行,培植组织文化

塑造价值观,需要领导者躬亲实践他所倡导的价值观,诚恳踏实、持之以恒地献身于这些价值观,并应辅之以非比一般的坚韧去强化这些价值观。高层管理者应通过自己的身体力行,把组织的价值观和行为准则渗透到组织中去。

培植组织文化,不能靠一两个最高管理者,关键是领导群体必须统一观念,统一行动。美国联合航空公司任命爱德华·卡尔逊任总裁后,面对公司年亏损5 000万美元的局面,卡尔逊提出了实行现场管理的准则。他一年旅行20万英里和公司员工聊天,听取意见,现场指导工作,改善上下级关系,他还坚持最高层15名成员都这样做,组织的高层管理者平均65%的时间在现场调查和管理。

（三）反复宣传,加强培训,帮助员工适应组织文化

员工适应组织文化的过程,是一个不断调整自己原有的价值观和行为模式以适应组织倡导的价值观和行为规范的过程,也可称为员工的社会化过程。员工的社会化过程包括三个阶段：原有状态阶段、碰撞阶段、调整阶段。

在原有状态阶段,每个人已经在学校、工作群体中形成了自己的一套价值观、态度期望和行为习惯,当组织创建新的文化体系或新员工进入组织之后,就开始了碰撞阶段,在这个阶段,如果员工的价值观和组织文化相符,员工很快能适应组织文化,但是如果员工的价值观、期望和组织文化的现实有差异,员工就必须从以前的价值观中摆脱出来,进入社会化过程的调整阶段,变革自己的价值观以适应组织的价值观和规范。第三阶段是一个长期的潜移默化的过程,调整的结果会影响员工的工作绩效、对组织目标的承诺,或对工作现状的失望,甚至会辞职。

要维持组织文化的活力,必须通过相应措施来对员工进行社会化,帮助员工适应组织文化。

第一,在甄选过程中,保证所聘员工的价值观与组织价值观基本一致。甄选过程是一种双向选择,组织在识别那些有知识、有技巧、有能力来做好组织工作的求职者的同时,应给求职者提供一些组织的信息,双方都应考虑价值观相互适应的问题,也就是说甄选过程筛选掉那些对组织的价值观构成威胁的人,保证所聘员工与组织文化相适应。如康柏计算机公司对求职者加以精心考察,以保证他们有能力适应团队取向式的文化,为了尽可能筛选掉性格孤僻、自高自大的求职者,求职者要接受来自各个部门、资历不同的15位主持人的面试。

第二,加强培训,强化员工的社会化过程。组织文化的培训应重点放在改变原有状态、树立新的价值观方面。通过培训,可以使员工进一步理解组织文化的作用,诚心接受组织的价值观和行为规范。如三洋公司的新员工都必须通过5个月的强化训练,受训者同吃同住同学习,他们必须学会三洋的做事方式：如何着装,如何与上级和顾客沟通等。通过培训,组织尽力把员工塑造成合格的适应组织文化的员工。

第三,广泛宣传,反复灌输,使组织文化内化为员工自觉的行为。组织可以用多种方式向员工传递组织文化。要利用故事、仪式、英雄模范人物、物质象征和语言来强化员工对组织价值观和行为模式的认同。还要利用广播、内部有线电视、组织内刊物、公告栏等各种媒

体进行强制灌输,反复宣传。如北京—松下彩电显像管有限公司每逢星期一清晨,全体人员参加升国旗仪式,"BMCC(公司简称)要精诚一致向国际竞争挑战!"在副总理的带领下,员工们响亮地朗读着 BMCC 的目标和十大精神。

三、组织文化发展的趋势

组织文化是由一些相对稳定的要素组成的,一旦形成就成为指导公司中所有人员行为的指南。但是它又必须与时代的发展紧密相连,根据环境、竞争条件的改变而随之进行变革。总的来说,未来的组织文化将会有以下几种发展趋势。

(一)"双赢"的组织文化

"协作竞争、结盟取胜、双赢模式"是美国著名的麦肯锡咨询公司提出的 21 世纪企业发展的新战略。这是一种适应新经济需要的网络型的战略,其特点是优势企业抱成一团,目的是把竞争对手挤垮,或者使对手实力受创。虽然其责权关系是宽约束,但从本质上讲,它是企业界组织制度和经营机制的一种创新。自 20 世纪 80 年代以来,这种战略从形式到内容,都发生了巨大变化,结盟、兼并、接管的事例层出不穷。这是经济发展及经济全球化的必然结果。这给组织文化发展提出了新的要求,即企业重组后组织文化怎样融合的问题。因为企业联合、兼并的过程中,不能只从经济和财力方面考虑问题,更重要的是要注重文化方面的差异。一般来说,各个企业都有自己的文化特征,创业历史、发展目标、经营理念、所处环境、队伍素质等各有不同,所形成的组织文化也必然各具特色、互有差异。如果没有组织文化的融合,就会出现"貌合神离,形连心不连"的现象。所以,只有做到取长补短、扬优避劣、达成共识,形成"结盟取胜、双赢模式"型的组织文化,企业才更具生命力、凝聚力和竞争力。要做到这一点,必须注意以下两个方面:首先,要遵循从实际出发的原则,根据联合兼并企业的不同情况区别对待;其次,双方都应注意克服排斥对方的自大心理,加强相互的了解与交流,吸纳对方文化的精华,发展成为经过融合后更为优秀的组织文化。

(二)不断学习的组织文化

20 世纪末最成功的企业是学习型组织,它不仅仅被视为业绩最佳、竞争力最强、生命力最强、最具活力,更重要的是使人们在学习过程中,逐渐在心灵上潜移默化、升华生命的意义。随着知识经济的到来,企业组织形式向扁平式的灵活方向发展,随着其管理的核心为发挥人的主观能动性,实现从线性思维到系统思维和创造性思维的转变,对个人及企业的知识水平提出了更高的要求。彼得·圣吉在《第五项修炼》中强调"系统思维和创造性思维根源于知识及知识的灵活运用和潜能及智慧的开发"。可见,学习对组织的持续发展至关重要,新经济环境下最成功的企业仍然会是学习型组织,学习型组织在组织文化建设中将进一步受到关注。但是要注意学习过程中的个人和团体的搭配问题,搭配的状况不同就会对企业产生不同的结果:个人及团体都不断学习及搭配良好,会对企业产生一股强大的发展动力,从而推动企业的迅猛发展;个人及团体都不断学习但是搭配不好,"个性"太强,反而不利于企业的发展。

(三)与生态文化有机结合的组织文化

生态文化是一种新型的管理理论,它包括生态环境、生态伦理和生态道德,是人对解决人与自然关系问题的思想观点和心理的总和。生态文化属于生态科学,主要研究人与自然的关系,体现的是生态精神。而组织文化则属于管理科学,主要研究人与人的关系,体现的是人文精神,但是本质上两者都属于一种发展观,运用系统观点和系统思维方法,从整体出发进行研究；都强调科学精神，即实事求是，努力认真地探索；从狭义角度来看，都是观念形态文化、心理文化，而且都以文化为引导手段，以持续发展为目标。组织文化发展的诸多方面，需要以生态文化与之相结合。因为第一，大部分企业在组织文化建设过程中，重视了人的价值，却忽视了对周边环境的影响，为环境的恶化及末端治理付出了沉重的代价；第二，现代消费群更青睐绿色产品，企业也想通过"绿色浪潮"提高产品的生态含量；第三，企业要实现可持续发展，"生态化"是其必由之路，生态文化融入组织文化后不仅可扩大组织文化的外延，而且有利于企业树立良好形象。

（四）有独特个性的组织文化

企业形象直接与企业的兴衰、优劣相联系，企业的知名度与美誉度有机结合构成了企业在公众中的形象。良好的知名度与美誉度，是企业一笔巨大的无形资产。企业精神的鲜明个性和特色，是企业在众多竞争对手中脱颖而出、吸引公众注意力的重要法宝。例如，北京同仁堂的"济世养生""炮制虽繁必不敢省人工，品味虽贵必不敢减物力"；杭州胡庆余堂的"戒欺"；还有宁波雅戈尔集团的"装点人生，服务社会"；大连燃料总公司的"燃烧自己，温暖他人"等，这些企业精神的口号既有行业特点，又有独具的文化底蕴。企业精神的概括和提炼，在表达上，将会越来越体现共性与个性的统一，突出个性，不求其全，但求其特，求其有独具的文化魅力。

（五）"人企合一"的组织文化

价值观是组织文化的核心，而"英雄人物"则是企业价值观、企业精神的人格化。在"英雄人物"中有"共生英雄"的提法，值得重视。何为"共生英雄"？"他的心在企业，企业在他心中"，这就是企业"共生英雄"的概括。这样的人，与企业同呼吸、同成长、同发展、共命运。优秀的组织文化建设，就是培养越来越多的"共生英雄"。创造、构建这样的文化氛围，对于发挥员工的主动性、积极性、创造性极为重要。因此企业要努力培育"生死与共"的价值观，使企业全体员工增强主人翁意识，做到企业精神与企业价值观的人格化，实现"人企合一"。

（六）以人为本的组织文化

商业化管理的本质特征是以物为中心，以全面追求利润最大化为目标，忽视人的因素，在管理上着迷于铁的纪律、绝对服从和至高无上的权威。这里，劳资之间变成了纯粹的雇用与被雇用关系。著名学者杨振宁说："21世纪企业的竞争是人才与科技的竞争，是中国超越发达国家的主战场。"组织文化绝对不是片面地发掘职工体力，更重要的是发掘职工的智力资源，更注重人的因素。况且，组织文化理论的本质特征是倡导以人为中心的人本管理哲学，反对"见物不见人"的理性管理思想，主张将培育进步的组织文化和发挥人的主体作用作为企业管理的主导环节。所以，企业不能再受商业化的束缚，在组织文化建设中，要把精力投向人，大力加强"人"的建设。

组织文化在新的经济、社会、竞争环境中将会有越来越多新的内涵，对于企业而言，重要的是不断积累，不断创新，不断前进。

讨论题

1. 什么是组织文化？
2. 组织文化的结构和内容包括哪些？

3. 组织文化的特征有哪些?
4. 组织文化对组织行为的影响是什么?
5. 组织文化的塑造和完善途径是什么?

【小测试】

你的企业文化偏好是什么?

目的：这个自我评估旨在帮助你确认最符合你个人价值观和假设的企业文化。

说明：阅读企业文化偏好量表，圈出描述你喜欢工作的组织的选项，然后利用本书附录A的答案计算你的得分。这个评估不是为了度量出你对每种企业文化的偏好，而只是度量众多通行文化的少数偏好。同时，记住这些企业文化本身没有好坏之分，重点是你与这些文化有多契合。独立完成这个练习，以便你在没有考虑社会比较的情形下真实地评估自己。课堂讨论将集中于求职者与组织价值观契合的重要性。

企业文化偏好量表

我会更愿意在这样的组织中工作	
1a. 员工以团队形式在一起工作	1b. 生产出备受尊崇的产品或服务
2a. 高层管理人员强调工作场所的秩序感	2b. 组织倾听客户的诉求并迅速对其需求做出反应
3a. 公平对待员工	3b. 员工不断地搜寻更高效率的工作途径
4a. 员工能迅速适应新的工作环境	4b. 公司领导者努力使员工高兴
5a. 高层管理者会得到特殊的福利	5b. 当组织完成业绩目标时员工会感到自豪
6a. 表现最好的员工获得更多的酬劳	6b. 高层管理者受尊崇
7a. 员工有规律地完成工作任务	7b. 在行业中创新性最高
8a. 员工在遇到任何个人问题时能够得到帮助	8b. 员工遵守公司条例
9a. 总是在市场上试验新想法	9b. 期待所有员工投入110%的努力达到巅峰业绩
10a. 能迅速通过市场机会获益	10b. 总是让员工知道组织的动态
11a. 能迅速回应竞争威胁	11b. 高层管理者敲定大多数决策
12a. 管理使得所有东西都在控制之中	12b. 员工互相关心

第十一章 组织变革和组织发展

【课前案例】

新官上任三把火

这个典故源于三国演义，故事的主人公就是大名鼎鼎的诸葛亮。

新官上任的第一把火，是火烧博望坡。

曹操派出了夏侯惇、于禁、李典等率十万大军来攻打刘备。诸葛亮在此时还没有参与过一次战争，以前他的威名，只是传说，诸葛亮在这么生死攸关的时候接受命令，这也是自己出山第一次打仗，当然是只可以胜不可以败了。诸葛亮接受了任命，就连夜出城，观察地形，然后策划攻退敌人的方法。诸葛亮用赵云诱敌，关羽和张飞伏兵博望坡，用一把火一烧，就把夏侯惇杀得尸横遍野，血流成河。

新官上任的第二把火，是火烧新野。

火烧博望坡之后，曹操甚是恼怒，亲自率军五十万进攻刘备。诸葛亮用坚壁清野的方针，把曹操的先头部队曹仁骗入新野，至夜，赵云等人放起了火，烧败曹仁。烧得曹操怒火中烧，火冒三丈。

新官上任的第三把火，是火烧赤壁。

通过前面两次战役的失败，曹操痛定思痛，决定一鼓作气地挥军南下，指望一战成功消灭刘备。没有想到的是，结果反而被诸葛亮和周瑜联手烧了一把火。诸葛亮让刘备联合孙权抗击曹操。孙刘联军在赤壁严阵以待，"遥想公瑾当年，小乔初嫁了，羽扇纶巾，樯橹灰飞烟灭"。这一把火让曹操损失惨重，再也没有统一中国的自信了。

新官上任三把火，奠定了三国分立的基础，也成就了诸葛亮的丰功伟业。

第一节 有计划的组织变革

一、组织变革的动因

变革的动因，也可以称为变革的动力，是指驱动变革并努力去实施变革的因素，它来源于人们对变革的赞成和支持。组织变革的动因来自多个方面，包括组织规模及组织年龄、发展阶段对组织变革的影响，组织战略、组织文化、组织的规章制度以及领导者的个性特征和领导风格等对组织变革的影响。对这些影响因素进行划分，我们发现组织变革是由组织内外部因素共同作用的结果。

(一) 组织变革的外部动因

组织变革与外部环境息息相关。组织变革的外部动因主要来自外部环境，外部环境包括制度环境、市场环境、科技进步等。组织外部环境的变化会对组织的运营活动产生影响，也会对组织运营提出新的要求。

1. 政治环境的动因

政治环境是对组织带来直接影响的主要因素。国家政治局势是推动组织变革的最为重要的因素，会对各类组织形成强大的变革推动力。政治环境主要包括国家、政党及地方政府颁布的各项政策、法规、法令、条例等，其对组织的影响主要表现为约束性，即规定组织能做什么不能做什么，各类组织在开展工作过程中必须以不触犯这些规定为前提。如果组织对政治环境的约束性和适应性不足，将直接影响组织的正常活动。研究发现组织间与外部政党的关系同组织变革的速度正相关，即当组织与外部政党关系和谐时，组织变革更加容易。对于我国的企业组织来说，分析研究政治环境尤为重要，因为我国处于转型时期，市场经济体制下的法制与计划经济体制下的政策并存，政府各项方针和政策的制定与调整构成国内政治环境的主要内容。各类组织必须注意分析政府在不同阶段的具体的方针和政策，如修订宪法、确立"两个一百年"的目标、和谐社会、伟大中国梦等，这些都是影响组织生存的政治环境。

2. 经济环境的动因

组织的生存与发展需要物质支持，同时，组织的存在也在推动经济的发展。组织与经济的密切关系使经济环境成为推动组织变革的重要动因之一，如经济体制、经济发展水平、国民收入、价格、储蓄、负债和信贷等都会影响组织的发展。中国改革开放40多年来，我国在政治、经济等方面发生了巨大的变化。美国学者罗斯顿根据他的经济成长阶段理论，将世界各国的经济发展归纳为五种类型：传统经济阶段、经济起飞前的准备阶段、经济起飞阶段、迈向经济成熟阶段、量消费阶段。凡属前三个阶段的国家称为发展中国家，而处于后两个阶段的国家则称为发达国家。不同发展阶段的国家在组织发展方式上也有所不同。我国目前正处于经济起飞阶段：市场规模进一步扩大、企业组织投资机会增多、市场交换成为企业的根本活动、信息竞争将成为市场竞争的焦点。因此，企业组织应当注意经济起飞阶段市场中的变化，把握时机，主动迎接市场的挑战。

3. 社会文化环境的动因

社会文化是社会环境的组成部分之一，社会文化环境是影响组织生存发展的诸多社会环境变量中最复杂、最深刻、最重要的变量。社会文化环境是指在一种社会形态下已形成的信念、价值观念、宗教信仰、道德规范、审美观念以及世代相传的风俗习惯等被社会所公认的各种行为规范。它主要由特定的价值观念、行为方式、伦理道德规范、审美观念、宗教信仰及风俗习惯等内容构成，它影响和制约着人们的消费观念、需求欲望及特点、购买行为和生活方式，对企业组织的营销行为产生直接影响。任何企业组织都处于一定的社会文化环境中，企业组织的营销活动必然受到所在社会文化环境的影响和制约。为此，企业应了解和分析社会文化环境，针对不同的文化环境制定不同的营销策略，组织不同的营销活动。

4. 技术环境的动因

技术环境是推动组织变革的外部因素之一。机械化、自动化及计算机技术的普及对组织管理产生了广泛的影响，成为组织变革的重要推动力之一。20世纪80年代以来，全球范围内新技术迅猛发展，改变了人们的生活方式及其消费需求，从而对企业或组织的营销战略、营销过程和营销技术构成重要影响。为此，企业或组织必须关注技术创新步伐，分析技术变化带来的市场机会或威胁，探讨研究技术创新对企业营销战略的影响作用，关注政府对技术创新的规制及其社会影响等。当前，一个国家经济增长速度，在很大程度上与重大技术发明采用的数量和程度相关；一个企业的盈利状况也与其研发费用的投入程度相关。所有企业特别是本身属于技术密集型的企业或处于技术更新较快的行业中的企业，必须高度重视当今的科技进步和这种进步将对企业经营带来何种影响，以便及时地采取变革措施以不断促进技术创新，保持竞争优势。随着科学技术的发展，特别是电子信息技术、现代办公自动化技术和网络技术在组织中广泛应用，促使社会各类组织呈现以下变革趋势：组织结构趋于扁平化、网络化，即组织结构从金字塔型向扁平型发展，更加具有有机性、灵活性和适应性。

（二）组织变革的内部动因

组织内部环境也是处于变化之中的，有些变化对组织而言是有益的，而有些变化对组织而言是有害的，当后一种变化日益积累，成为组织发展的阻力时，变革便是必不可少的。

1. 组织职能的动因

职能是组织存在的依据，组织是职能的载体或承担者。因此，组织职能的变化必然引起组织结构的变化。比如，我国政府过去对社会经济生活实施了广泛的、直接的强制性管理，各国营企业的产供销人财物等微观管理权都统归于政府，造成以政代企、政企不分的现象，这种经济管理职能决定了政府机关中必然要设置大量的按经济行业和产业划分的经济管理部门。随着经济体制改革的进行和市场机制的逐步形成，政府必须通过简政放权、转变职能来适应自身职能的转变，这就使得政府组织机构变革成为必然。

2. 目标和价值观的动因

组织的目标反映组织的价值观和对客观环境的判断，是组织战略的凝聚点，而组织战略则是由组织的内外因素构成的函数，如环境和机会，内部的能力和资源，管理部门的兴趣、愿望以及社会责任等。因此，组织目标的重新制定或修正，都将引起组织的变革。美国战略思想家柯林斯说："我们必须了解这一点，即使利益丝毫未变，组织像目标一样，也可能在一夜之间发生变化。"组织价值观的变化也具有同等重要的意义。因为组织的价值观是组织的灵魂要件以及组织活动的动力源泉和理性后盾，而目标的制定或修正本身是组织价值观念体系平衡的结果，价值观念方面的变化必然引起目标的变化，并通过组织目标的变化对组织变革发生强烈的推动作用。值得强调的是，价值观念在许多条件下构成组织变革的原动力，它往往对组织变革提供长期和持久的推动力。

3. 组织成员的动因

在组织变革中，人的因素起着重要作用。对于许多研究者来说，谈到组织变革的动因就会想到组织变革的时间和变革内容都是由管理者决定的。如果组织的管理者和员工敢于接受挑战，能够对外界环境的变化做出及时反应，具有创新精神，那么在领导者和员工的推动下，组织变革更容易发生。组织成员的工作态度、期望、价值观等方面发生的变动都会引起组织的变动，例如，组织成员要求更多的个人发展机会，组织成员民主思想意识增强以及组织成员工作责任感增强等，都会引起组织的变革。经常发生的人事变动及影响包括两种情况。一是高层次领导人的变动对整个组织的影响。不同的领导人总要采用不同的施政策略或领导方式，因此他总要对组织结构提出自己的特殊要求。组织高层管理人员的变动，或者他们的管理理念、对客观条件的认识发生变化,都会促发一场组织结构的变动。其主观认识的变化,会通过调整战略方案进而改变组织结构,也可能直接实施改革以消除原有组织结构中的各种消极矛盾因素。在行政组织中也有类似情况,各级政府行政首长更换后也常调整机构。比如在西方国家,随着政府首脑的更换,经常发生政府机构的增减裁并。二是人员素质的变化对组织的影响。以高质量员工为基础的组织将是一个精干、高效的组织,以低素质的人员为基础的组织必然是一个臃肿低效的组织。当中层和基层管理人员的素质普遍提高,内部管理资源增加的时候,组织的管理幅度可以相应增加,管理层次相应减少。另外,组织结构中规定了管理人员在组织中的地位与作用,组织结构的变革自然要改变他们在组织中的既有角色。当这种变化损害到他们自己及其所在部门利益的时候,他们就有可能反对变革;反之,他们就会全心支持。

4. 专业人士的动因

专业人士不一定是组织的固定成员,也不一定拥有正式的职务和身份,有的甚至是"局外人"。他们凭借自身掌握和擅长的知识、理论和方法,对所在组织的弊端以及组织变革的意义、步骤和前景作出科学的分析和论证,从而大大提高组织变革的前瞻性、合理性、可行性和可操作性。正是从这个意义上说,专家是推动组织变革的特殊动力。特别是日趋发达的网络社会和电子时代,更强调以知识和人才为中心的管理,更强调发挥组织内外有关专家学者在组织变革中的智囊作用。

二、组织变革的类型和目标

(一) 变革对象与变革方式

组织变革的类型可以从组织变革的对象和组织变革的方式两个维度来进行区分。组织变革的对象阐明是什么在发生变革;组织变革的方式是指变革的方法问题。

根据变革的影响范围不同,组织变革的对象大致可以分为四类:个体任务、组织程序、战略方向和组织文化。组织变革的四类对象不是孤立的,而是相互联系和相互影响的。一个组织的变革,可能涉及上述某个方面,也可能涉及所有对象。

(1) 个人任务变革。个人任务变革是经常发生的、自发性比较强的变革类型。泰勒的科学管理思想强调,通过简单化、规范化、程序化和专业化提高工作效率。目前公司和政府机构实行全面质量管理运动、持续改进流程以及工作效能建设等活动,都与个人任务变革存在紧密的关系。针对泰勒科学管理思想的局限,人群关系学派和有机工作设计思路强调工作的丰富化、扩大化和技能的多样化来提高工作满意度及工作效率。

(2) 组织程序变革。管理者总是希望通过改变基本的组织程序来提高组织效能。虽然我们无法考察大多数企业所发生的每一项程序变革,但可以归纳出最重要的几项程序变革——控制、奖励、评估及决策。控制的实质是要保证行为活动得以按照计划实现,组织范围内控制系统的变革会对员工所做的实际工作产生重要影响。奖励程序的变革是最能影响组织机构效能和成员行为的,因此,奖励程序也是组织变革的重要对象之一。而要使奖励机制成为有效的变革对象,就必须对评估体系进行变革,业绩评估体系的变革会引导和改变员工的工作方向,塑造业绩导向的组织文化。

(3) 战略方向变革。绝大多数给人们留下深刻印象的组织变革是从组织的总体方向上开始的。在这一层面,变革最难驾驭,而它所造成的影响则可能更为深远。有时候,我们把这种发生在战略方向上的组织变革称为组织的战略转型。詹姆斯·汤姆森提出,一个组织能做的不仅仅是对环境需求、机遇以及压力作出反应，它还可以主动利用环境，建立自己的领域，而领域由自己所标榜的主张构成。领域之所以重要是因为它表明了企业的形象，反映了企业是做什么的，为哪些人提供服务。改变领域意味着试图改变企业的形象，完成企业的转型。飞利浦公司是沿着整体方向成功完成转型的典型代表，它通过产品多样化的方式完成了转型。从飞利浦公司的案例可以看出，从战略层面发生的组织变革往往意味着改变其产品服务客户或其终极者的组合，通常还意味着改变公司的结构管理方式，甚至其整体自我形象。

（4）组织文化变革。1982年管理专家彼得斯和沃特曼在其著作《追求卓越》中指出，所有经营良好的企业都有一个共同点：对于其价值机制有一个共同的认识，知道企业代表什么。在此基础上，很多研究专家发现了几条能够体现卓越组织特征的理念：一是能够将公司愿景同日常决策和工作联系在一起的、明确的、共同的认识；二是领导层始终如一地传达、加强这种认识和价值观；三是员工被看作宝贵的资产，员工保持对外部事物的关注；四是管理人员了解为了实现战略目标需要什么才能，这些才能在什么地方可以增加产品价值；五是建立起一个能够使员工对环境变化作出迅速、积极反应的组织结构；六是良好的评估工作以加强共同的价值观；七是所有成员都一致认同全面目标战略和价值观。上述理念反映了卓越组织的核心价值理念、行为方式。在沃特曼等人所提观点的基础上，现在很多组织都希望通过对组织核心价值观、组织文化的变革来达到追求卓越、实现基业长青的目的。

（二）技术层面变革与管理层面变革

组织的变革常常发生和作用于组织的技术层面和管理层面。组织的技术层面包括业务技术和管理技术，是指组织改进现有的或创造出新的产品、生产流程、服务方式等业务技术和管理技术，包括开发新技术或是对原有技术的改进和完善；管理层面包括管理流程、组织结构、制度、文化等，是指组织把新的管理方法、新的管理手段、新的管理模式等新的管理要素或是新的要素组合引入组织的管理系统，使得组织的制度、架构、管理流程、文化等发生变化。管理层面的变革与技术层面的变革相比体现出两个特点，一是相对于技术层面，管理层面所发生的创新与变革频率更低；二是由于环境变化的诱因不同，管理层面的变革与技术层面的变革的过程不尽相同。

（三）适应性变革与转型性变革

适应性变革是组织为了应对外部环境变化，在技术、管理层面不做根本性变化基础上的一种适应性调整；转型性变革则是指组织在技术或管理层面所发生的根本性改变。通常，适应性变革是组织为应对外部环境而采取的渐进式变革的一种应激反应，是渐进式且相对比较缓和的，并且通常在组织局部发生或集中于某些具体的目标；转型性变革则是在外部环境发生突变（如组织技术环境或制度环境的剧烈变化）或组织内部关键要素或内部环境因素发生突变（如组织战略、组织目标、主要管理人员及管理风格的转变）时，组织"以新代旧"的变化，这种变化通常是在整个组织内部甚至是组织与组织间层面发生。一般来说，适应性变革通常是非计划性的，而转型性变革由于会对组织内部环境要素或组织管理造成巨大影响，通常需要组织资源的投入，因此多是由具体的战略触发和推动形成，是有事前计划的。

三、组织变革的内容和过程

（一）组织变革的内容

组织变革涉及组织系统的方方面面，总体来说它涉及三个相互关联的方面：一是组织职能的变革，二是组织结构的变革，三是组织人员的变革。

1. 组织职能的变革

组织职能是指在一定的社会发展时期，组织所要承担的责任和在社会各领域所发挥作用的总和。组织职能会随着社会的发展变化或组织目标的变化而发生转变。以社会公共组织为例，公共组织的职能是管理国家事务和社会公共事务，但是具体到某个公共组织，其职能是具有历史性的，是随着时间和环境的变化而不断变化的。公共组织的职能是公共组织的机构设置、职位编制、管理方向、管理范围等的决定性因素，公共组织职能的变革涉及职能重心的变革、职能方式的变革、职能关系的变革。

早期的政府组织，其职能相对单一，主要承担军事保卫、军事镇压、政治统治等政治性职能。随着生产社会化的程度不断提升，政府组织的职能逐渐渗透和扩展到了社会生活的各个领域，这些职能更具有公共性、服务性、管理性的特点。由于政府无力承担这些越来越繁重的公共管理职能，促使各种非营利的公共组织迅速成长并发展起来。公共组织最早是以承担国家政治事务为职能重心的，之后为了适应社会经济发展的要求，以及促进公共组织合法性基础的发展，公共组织逐渐承担起对经济、社会、科教、文化等社会公共事务的管理，并且把职能重心从政治事务调整到社会公共事务上来。

在履行职能的具体方式方面，各类组织经历了由人治方式到以经济手段、法律手段、教育手段为主的变革过程。在传统的政府组织中，领导者主要是以个人的主观愿望、情感好恶等施政，缺少法律对政府管理的范围、权限、方式、行为等作出规定或限制，或者虽然有某些规定，但是对政府组织实际上并不存在事实上的约束力。过去政府组织在履行自身职能时，主要靠行政权力强制实施。随着社会市场化、法治化的要求越来越高，推动民众平等意识、法制意识、民主意识、权利意识不断提高，迫使当代公共组织在履行自己职能时必须减少主观随意性，其公务行为必须找到法律依据，在法律范围内行使职权，承担职责，并且尽可能少地使用行政手段，而更多地使用法律手段、经济手段、教育手段来管理社会公共事务。

政府职能转变就是要使政府由全能型向治理型转变，精简后的政府无法承担大量复杂的社会事务，而市场也无法解决公地悲剧问题，所以需要新的组织填补由此产生的真空地带。在一个成熟社会中，非营利组织已作为社会部门与政府部门、商业部门构成支撑社会的两极，共同促进社会的繁荣和发展。在全球经济一体化、国内经济高速发展的时代，我国非营利组织已开始呈现出生机和活力，在国家事务中发挥了巨大的作用。共同承担了国家从前扮演的一些角色，填补因政府能力不足而存在的真空领域。如政府的扶贫计划，只能解决一般性的贫困问题，而面对一些特殊性的问题、特殊性的需要，很难作出特殊安排，而非营利组织所关注的往往是政府难以顾及的或是政府工作的薄弱之处，非营利组织可在这方面发挥自己的优势。非营利组织也可以为政府决策提供来自各个方面的不同声音和意见，为政府做出正确决策提供准确的基础资源，帮助政府建立起民主的管理机制。

2. 组织结构的变革

随着社会不断进步发展，过去旧的组织结构已经无法适应新的组织发展方向，甚至在一定程度上桎梏了组织目标的实现，因此，需要对组织结构进行调整，以期组织继续朝健康的方向发展。组织结构变革是指通过改变组织中的构成要素及其相互关系，进而改变组织中的资源配置、部门间的协作方式以及人与人之间相互关系的一种有计划的组织调整。著名管理学大师彼得·德鲁克指出，组织变革多是有缜密计划的，经过周密的考虑，有目标地去改变组织内的系统设置或人事机构，以期最大限度地提高组织的效能。组织结构变革主要有两个导向，即横向和纵向。

从横向结构来看，在公共组织中，行政组织的规模和数量都呈下降趋势，而非营利组织的数量和规模却在上升。在市场经济条件下，政府对市场和市场主体的管理方式以宏观调控为主，管理手段也由以往的以行政手段为主转到以经济、法律手段为主。由此政府把一部分职能交给市场，由市场自己进行调节，另一部分职能则交给介于政府和市场之间的非营利组织，而只保留那些市场和非营利组织无法承担的职能。政府职能的调整与相对减少，必然导致政府组织的规模和数量的减少，使政府真正成为一个有着强大调控能力的"小政府"。

从纵向结构来看，公共组织结构变革趋向扁平化。在科技高速发展、环境变化速度不断加快的今天，简化组织结构的管理层次被认为是势在必行的举措，组织结构扁平化日益成为人们关注的焦点。扁平化结构的高速运行需要现代信息技术来提供重要的功能支持，信息技术的改进，使组织中的中层管理人员上通下达，高层管理意图被快速传递到底层，底层信息又通过信息技术快速反应给高层，管理人员可以更多地应用电子邮件、计算机会议、视频会议等形式来支持组织成员之间、各部门之间或各组织之间的信息传递和意见交流。在这种情况下，许多原来由管理人员去执行的任务，交给了非人格化的信息系统去完成，因此，组织的等级层次数量减少了，上层和下层之间的通信节点和环节削减了，但每一通信渠道的信息传递量却增加了。每一中间管理节点对下层的监控范围扩大了，组织高层领导与下层负责人之间的合作与协调关系得到了加强。信息技术对组织结构的影响是巨大的。

3. 组织人员的变革

企业凭借规范、科学、有效的人力资源管理获得竞争优势，公共组织通过广泛引入信息化，对组织业务流程进行了标准化、合理化、科学化的改造，使公共组织行为进一步规范、透明。由此也引发了职能运行管理区域以及行政人员行为方式等方面的改革。组织人员行为方式的转变主要体现在以下三个方面。

第一，创新型社会、创新型国家的构建对社会各类组织提出了更高的要求，例行性工作的自动化趋势越来越强，使管理能力的好坏与知识和能力的发挥成正比关系，知识就是力量在信息社会的管理活动中得到生动的体现，知识和技能既是工作人员维持自身生存的基本条件，也是胜任管理工作的基本要求。传统体力操作型组织人员正在向知识技能型组织人员转变。

第二，在传统的工业社会，我们曾经通过分工提高了组织的生产效率。随着科技的进一步发展，组织管理中的事务性工作可以借助以计算机为主体的现代化办公系统，利用网络信息技术再造工作流程后，集成化、模块化、无缝隙化、一体化的工作流程模式，要求组织成员必须具有综合业务处理能力。因此，组织当中的工作人员必须借助网络学习、组织学习以及传统的继续教育、多技能培训等多种学习形式促进自身向综合多功能型方向转变。

第三，人力和知识是信息社会工作的核心，知识型、综合型和高素质的组织成员，越来越不满足于被动受命的地位，他们要求更多地参与组织的决策，对自己的工作进行自我控制，并更多依靠责任心来自我约束。他们由清晰、简洁、共同的目标紧密结合在一起，形成团队网络职能部门，将作为资源技术和人员的基地及标准的提供者而存在。不同的职能部门，不再是按照序列进行工作，而是同时工作，团队则负责项目从开始到任务完成的全过程，网络信息技术可以保证团队成员的全方位沟通和团队与团队之间的信息交流，从而有利于提高公共组织的绩效。

（二）组织变革的过程

组织变革是一个复杂的、动态的过程，学者们通过构建理论模型对组织变革的过程进行了详尽的描述。其中比较有代表性的是：勒温变革模型、系统变革模型和约翰·科特组织变革模型。

1. 勒温变革模型

勒温的变革模型是组织变革模型中最具影响的模型之一。他认为组织变革过程包含解冻、变革、再冻结三个阶段。解冻阶段的核心目标在于创设变革的动机。鼓励员工改变原有的行为模式和工作状态，采取新的适应组织战略发展的行为与态度。为了做到这一点，一方面，需要对旧的行为与态度加以否定；另一方面，要使各个层面的员工认识到变革的紧迫性和重要性，可以拿自己企业与竞争对手加以比较，找出差距和解冻的依据，帮助各层次员工"解冻"现有态度和行为，迫切要求变革，愿意接受新的工作模式。此外应注意创造一种开放的氛围和心理上的安全感，减少变革的心理障碍，提高变革成功的信心。变革阶段是一个学习过程，需要给员工提供新信息、新行为模式和新的视角，指明变革方向，实施变革，进而形成新的行为和态度。这一步骤中应该注意为新的工作态度和行为树立榜样，采取角色模拟、名师指导、专家演讲、群体培训等多种途径。勒温认为变革是个认知的过程，它由获得新的概念和信息得以完成。在再冻结阶段，利用必要的强化手段，使新的态度与行为固定下来，使组织变革处于稳定状态。为了确保组织变革的稳定性，需要注意使员工有机会尝试和检验新的态度与行为，并及时给予正面的强化；同时，加强群体变革行为的稳定性，促使形成稳定持久的群体行为规范。

2. 系统变革模型

系统变革模型从更宏观的层面解释了组织变革过程，阐明变革过程中各种变量之间的相互联系和相互影响关系。在这个模型中包括输入、变革元素和输出三个部分。输入部分包括内部的强项和弱项，外部的机会和威胁，其基本构架是组织的使命愿景和相应的战略规划。企业组织用使命表示其存在的理由，愿景是描述组织所追求的长远目标，战略规划则是为实现长远目标而制定的有计划变革的行动方案。变革元素包括目标、人员、社会因素、方法和组织体制等。这些元素相互制约、相互影响。组织需要根据战略规划，组合相应的变革元素，实现变革的目标。输出部分主要指变革的结果，根据组织战略规划，从组织、部门群体、个体三个层面，增强组织整体效能。

3. 约翰·科特组织变革模型

约翰·科特是研究领导与变革管理的专家，他认为组织变革失败，往往是由于高层管理部门犯了以下错误：没有建立变革需求的急迫感；没有创设负责变革过程管理的有力指导小组；没有确立指导变革过程的愿景，并开展有效的沟通；没能系统设计获取短期利益；没能对组织文化变革加以明确定位等。科特的研究表明，成功的组织变革有 70%~90% 是由于变革领导有效，还有 10%~30% 是由于管理部门的努力。科特为此提出了指导组织变革规范发展的八个步骤，即建立急迫感、创设指导联盟、开发愿景与战略、沟通变革愿景、实施授权行动、巩固短期利益、推动组织变革、定位文化途径等。

四、组织变革的阻力及其对策

（一）组织变革的阻力

组织变革虽能促进组织的发展及成员工作和生活条件的改善，但变革意味着破旧立新，必然会伴随着不同思想观念的交锋，带来利益关系的调整和一定的风险与动荡，付出一定的代价，因而会使有些人感到不适，成为组织变革阻力。阻力既可能是公开的或隐蔽的，也可能是即刻的或滞后的。公开的和即刻的阻力是最容易对付的，更大的挑战是处理那些隐蔽的和滞后的阻力。一般来讲，出现的阻力直接表现为：业务开拓不力，工作效率持续降低；损失浪费一天天加重，经济效益滑坡；要求离职调动的人数增加；发生争吵，人际关系趋于紧张，内耗加重；工作被动应付，没有主动性和积极性，消极怠工；提出许多变革将导致无法工作的似是而非的理由；对组织中不论什么事情都抱着一种无所谓的态度。以上现象都会对组织工作和组织的发展产生重大影响，必须引起管理者的高度重视。若想使其放弃原有的态度与习性而适应新的变化，有时的确是很困难的，即使事实证明他们的行为与目前的环境不适合，他们也会以各种方法来反对变革。而有时反对某种变革，并非有真正正当的理由，实际上是因为内心莫名其妙的恐惧。

1. 技术因素造成的阻力

人们是基于什么原因而反对组织变革呢？传统的看法认为，技术的因素可能是最基本的理由，错误地认为技术的改变与进步将会导致他们失业。哈佛大学教授约翰·科特和施莱辛格对组织的变革和发展遭受阻力的原因分析后指出："从狭隘的私利出发，不顾组织的集体利益；不明了变革的意义，对发动变革者缺乏信心；对变革的后果与变革者的估计不同；顾虑自己的技能和知识过时。"《有效管理者》的作者杜拉克认为，阻碍组织变革的关键在于经理人员理智上可能知道变革的需要，但是感情跟不上，不能作出相应的转变，有时又为了面子问题，认为今天的变革，意味着他们过去决策的错误。

2. 人性与社会的因素造成阻力

劳伦斯的研究认为，人们反对变革的理由，与其说是技术的，不如说是人性与社会的因素，人们之所以抵制变革，不外乎是认为变革威胁了他们的安全，减少了他们的经济收益，影响他们对所处环境的感觉、情绪与文化的价值。人们处事习惯于固定模式和习惯方式，安于现状，对变革有一种天然的抵触情绪，这是人类惰性的表现。在组织管理中，人们已习惯于原有的管理制度、作业方式和行为规范，变革会使他们感到不习惯、不舒服、不自然，会打破原有心理的平衡。所以，他们宁愿抱残守缺，也不愿尝试变革，从而成为变革的阻力，使组织丧失变革的最佳机遇，增加变革的成本。另外，组织和群体都由其内部固有的机制保持稳定性，面对变革，会发挥反向的平衡作用以维持其稳定，有时即使个体想改变他们的行为，群体规范也会给予一定的限制。

3. 地位和利益关系造成的阻力

组织变革涉及利益关系的调整，或增加人们的利益，或损害人们的利益，影响到组织内部长时间建立起来的权力和利益关系。有时人们可能在口头上是拥护变革的，生怕被人扣上一顶守旧派的帽子，但当变革触及切身利益时，出于对自身安全的自卫，也会反对变革。比如，变革之后，有可能导致他的权力缩小，在组织中的地位降低，或劳动强度加大，工作的自由度减弱，或要求他重新学习新的技术和知识，甚至有可能导致他失业时，他们会不愿变革。这也是变革中发生正面冲突的主要原因。来自利益方面的阻力是最顽强的和最富有破坏力的，对此应当始终保持高度的警惕。因为一般来说，当组织变革所带来的预期收益低于预期成本时，人们就会对变革持反对态度。

4. 心理预期造成的阻力

心理预期的阻力主要指对变革缺乏心理预期，担心变革失败。有时人们之所以反对变革，是因为对未来的发展趋势缺乏清醒的认识，对环境给组织造成的压力认识不足，总觉得组织目前所处的环境还相当不错，认为组织变革多此一举，不合时宜，对变革缺乏一种应有的紧迫感。对于组织的变革，人们有时也会抱有矛盾的心态，既希望通过变革使自己的组织和部门工作做得好一点，发展得快一些，工作的条件和环境好一点，收入也高一些；又对组织的变革产生某种恐惧感，害怕既得利益的失去和现有条件的改变，因而自觉或不自觉地对组织的变革进行抵制，成为组织变革的阻力，甚至在行为上表现出工作不积极和阻碍组织工作正常进行的现象。变革会产生不确定型，不确定性因素使人产生紧张和忧虑。变革的意义在于"新"，即通过变革给组织带来某一方面的新观念、新技术、新设备、新结构、新环境、新任务、新行为、新格局、新利益、新结果。但新的东西总是人们所不了解和不熟悉的，而对不了解和不熟悉的东西人们通常会产生程度不同的隐晦的不安全感，从而对变革持一定的观望和保留态度。这种不安全感一般与守旧或稳妥的意识相联系，表现为由于担心变革可能带来的消极影响和前途未卜，比如失控、矛盾、冲突、后遗症，因而对改革不轻易认可。加上行政组织变革的复杂性，人们很难在变革付诸实践之前证明改革是有益的，更难对自己从变革中获得的预期收益进行精确计算，这容易造成人们产生不安心理，对变革产生疑虑，进而形成消极态度和抵触性行为，妨碍和制约变革的顺利进行。

（二）减少阻力的路径选择

变革取得成功的关键在于，尽可能不要让反对变革的因素发挥作用，最大限度地缩小反对变革的力量，使变革的阻力尽量降低。其基本对策有以下几个方面。

1. 客观分析变革的动力与阻力的强弱

变革的动力和阻力并不是各自分开的，而是相互作用和影响的，形成一个错综复杂的力场，并在不断地保持着动态平衡。对此，美国社会心理学家勒温提出运用"力场分析"的方法研究变革中的阻力，其要点是将组织中支持变革与反对变革的所有因素，采用图示法进行排队，比较其强弱，然后采取措施，增强支持因素，削弱反对因素，推动变革前进。力场分析法的理论基础是：对于任何一项变革，都存在动力与阻力两种对抗力量，前者可以发动并维持变革，后者则阻止变革发生或进行。当两种力量对等处于均衡时，组织不进不退，保持原状；当动力大于阻力时，变革发生并向前发展，而阻力大于动力时，变革受到阻碍，甚至有可能倒退。

2. 精心设计方案，加强变革宣传

运用科学的理论和方法认识现实中的问题，制定合理而完善的方案，是保证变革成功的基本前提。一些自治变革未能取得成功的一个重要原因，是没有一个科学并行之有效的变革方案。同时，变革前的宣传工作十分重要，它可以起到稳定剂和告示牌的双重作用。让人们在变革前就进行充分的沟通与讨论，这既有助于宣传变革的意义，清除人们的误解，又有助于制定合理的变革方案。第一，组织全员应对变革形成共同的认识，认清变革的必要性和重要性，在组织内形成要求变革的强大力量，促使人们自觉去变革；第二，培养对组织变革的强烈归属感，领导者通过各种形式和途径在组织中形成"变革是我们自己的事，我们每个人都是变革中的一分子"的归属感,把"要我改",变成"我要改";第三,力争组织变革的目标与组织的共同目标最大限度地重合或协调,便于有效影响组织成员的态度与行为;第四,利用组织中良好的规范对抵制变革的个别成员施加压力,迫使他们遵从组织行为。尽量避免采取强硬措施,以免引来更强烈的抵制。

3. 进行人事调整,做好组织保证

实践证明,各类组织在发动变革之前都需要对组织中某些关键性职位进行人事调整,以便从宏观的组织体系上保证未来的改革与发展能够顺利进行。但同时这种人事调整范围不易过宽,以期最大限度地减少因改革和发展而带来的震荡。同时,应注意提高普通工作人员对组织变革的参与程度。社会心理学研究表明,参与组织管理和变革活动有多方面的作用,既可以吸收和集中普通工作人员的智慧,又可以增强其心理满足感和成就感,减少思想阻力,从而促进变革顺利进行。普通工作人员参与变革活动包括共同选择和拟订变革方案,共同分享情报资料,及时将进展情况、取得成绩和存在问题公之于众,并加强思想交流和信息沟通,对出现的问题尽量采取民主协商的方式解决,从而尽量降低组织变革的阻力,推动变革前进。

4. 强化革新行为

强化的主要方法是对表现出新态度、新行为的团体和个人给予积极的宣传和充分的肯定。组织的宣传和肯定对于新态度、新行为的继续存在和扩散效用是十分重要的,其具体方法包括公开表扬、宣传报道、物质鼓励、提职提薪等。对在组织变革中作出了突出成绩的团体或个人,还应当给予特别的宣传和肯定。在这方面,组织对变革的态度和倾向性,尤其是组织高层领导人的公开的变革态度和倾向性,往往是克服或抑制变革阻力的一个重要因素。在变革阻力较为强大且持久,而组织又必须进行某种变革的情况下,组织将不得不接受现实的压力,放弃较高的目标期望值,以降低目标的方式来换取有限目标的实现,即折中妥协。这比完全不能实现变革目标还是进了一步的。在实践中,折中妥协一般表现为组织迫于某一种情境压力而放弃某一目标,同时作为交换,而坚持和强调另一目标。折中妥协是完全必要的,在实际过程中,绝大多数组织的变革都存在这一现象,只是折中妥协的程度和方式不同而已。

第二节 组织发展

一、组织发展的动因分析

组织发展的动因,就是各种类型推动组织变革的力量。推动组织变革与发展的动因或者动力是非常复杂的,它是一个综合范畴,包含诸多方面。

(一) 外部环境

外部环境的改变无疑是推动组织发展的重要原因之一。组织多是开放性的生态系统,必然要受到外部环境的深刻影响,无论是一般的社会环境、具体的工作环境,还是团体社会环境,都会不同程度地直接或间接地影响到组织结构和功能的变化,推动着组织的变革与发展。特别是当今世界,环境瞬息万变,环境的这种变化,对组织产生了持续的冲击和影响。如中美贸易战爆发,立刻影响到全球的经济发展进程,世界各地的各类型企业都受到不同程度的影响，对我国企业更是影响深远，激发我国企业走内涵发展的道路，增加产品附加值，增强技术创新。经济环境的改变又推动了政府组织的变革，政府要努力为企业创造好的营商环境，为企业提供更多的便利条件。

（二）组织职能

职能又称功能、职责，主要回答主体"应该做什么"的问题。就行政组织而言，行政职能是由"相关政治权力主体按照一定的规则，经由一定的过程，通过多种表达形式实现彼此价值观念和利益关系契合"决定的。职能的存在，带来了结构的存在，职能与结构是组织研究中的一对基本矛盾。功能决定结构，结构影响功能。如果组织职能烦冗，其组织结构必然是庞大的；有所为有所不为的宏观调控职能，必然有优化、简洁、明晰的组织结构与之适应。组织职能是组织结构设计的依据，一般情况下，组织承担的职能越多，其结构就越庞大和复杂，这就决定了组织职能转变与组织重构有着密不可分的关系。如政府职能转变决定了政府组织结构的配套改革，换句话说只有政府职能真正改变，才有政府机构的真正改革，同时也只有作为政府职能载体的政府机构进行改革，政府职能的转变才能得以实现。

（三）组织目标

组织的目标反映组织的价值观和对客观环境的判断，是组织战略的凝聚点，而组织战略则是组织的内外因素，如环境和机会，内部的能力和资源，管理部门的兴趣、愿望以及社会责任等的一种函数。因此，组织目标的重新制定或修正，必将推动组织的变革与发展。美国战略思想家柯林斯说："我们必须了解这一点，即使利益丝毫未变，组织像目标一样，也可能在一夜之间发生变化。"组织价值观的变化也有同等重要的意义。如公共组织价值观是公共组织的灵魂要件以及公共行政活动的动力源泉和理性后盾，而目标的制定或修正本身是组织价值观念体系平衡的结果，价值观念方面的变化必然引起目标的变化，并通过组织目标的变化，对组织变革发生强烈的推动作用。值得强调的是，价值观念在许多条件下构成组织变革与发展的原动力，它往往对公共组织发展提供长期和持久的推动力。

（四）组织人员

组织发展与组织人员变动密切相关，人事变动会影响到组织的变动。组织人员可以分为两种类型，一种是领导者，另一种是被领导者。领导者的变动对组织将产生较大影响。不同的领导人总要采用不同的施政策略或领导对策，因此他总要对组织结构提出自己的特殊要求，比如在西方国家随着政府首脑的更换，经常发生政府机构的增减裁并。我们也有类似情况，各级政府行政首长更换后，也常调整机构和组织的发展策略。同时，组织人员素质是对组织产生影响的重要因素。组织人员的素质本身既是组织发展的果，又是组织发展的因。组织发展的很多技术和方法都是以提高成员的素质和能力为目的的；反之，人员素质的提高又进一步推动着组织向前发展。以高素质的人员为基础的组织将是一个精干高效的组织，以低素质的人员为基础的组织，必然是一个臃肿低效的组织。我们把具有特殊技能或专业、精深技能的人才称为专家。在这里专家并不一定就是组织的固定成员，也不一定拥有正式的职务，但他们丰富和先进的知识、理论和方法，有助于他们对组织的弊端以及组织变革的意义、步骤和前景做出科学的分析和论证，从而大大提高组织变革的前瞻性、合理性、可行性和可操作性。因此，专家是推动组织变革的特殊动力，特别是在日趋发达的网络社会中，更强调以知识和人才为中心的管理，更强调发挥组织内外有关专家学者在组织变革中的智囊作用。

(五) 科学技术

随着当代科学技术日新月异的发展，特别是电子信息技术、现代办公自动化技术，尤其是网络技术在组织中的应用，电子商务、电子政务的出现和普及，推动着组织不断发展，具体有如下表现。第一，组织功能多元化。信息化系统的应用和实施将改变传统组织单一的管理功能，从而使组织的功能多元化，即由过去一元的管制功能向服务、管理、消费三种功能并存转化。第二，组织结构形态趋于扁平网络化，即组织结构从金字塔型向扁平型发展。肯德基的组织结构以扁平型著称，世界上很多企业效仿肯德基的组织结构形式。信息技术的运用打破了原有部门之间的物理界限，这在一定程度上破解了传统组织部门之间条块分割、等级森严的格局，使组织的结构形态由高耸向扁平转化成为可能。第三，组织运行程序的开放化。信息化的实施是以现代信息技术和网络技术为依托，以统一的电子服务平台为基础的。信息技术带来的最大影响之一，就是缩短服务提供者与接受者之间的距离，使组织的运作处于开放状态。组织的这种开放状态将有利于消除信息鸿沟，缩小信息富人和信息穷人之间的差距，照顾信息弱势群体，缩小信息财富拥有者之间的差距，使得每一个人都具有获得电子服务的权利，改变组织运作的封闭状态。第四，组织运作的智能化。信息化的建设不仅仅是传统柜台式服务向网络化服务的简单移植，同时还涉及信息技术对组织机构的重组和对服务的整合，涉及组织运作方式的变革，即由原来的技能化运作方式转向智能化运作方式。在信息社会，信息化为行政组织运作内涵的智能化奠定了技术基础。第五，运作结果的高效化。信息化的推进对提高组织的管理水平和组织的服务职能有着重要作用，组织通过网络平台，在政府与政府之间、政府与社会之间、政府与公众之间建立了信息交流互动，实现信息共享以及资源整合的功能，从而推进了组织管理的信息化，改善了各类服务内容，提高了组织的服务质量和效率。

二、组织发展的方向和策略

当今社会，不论企业还是政府，组织变革的一个重要主题都是向着创新的方向发展。奥地利著名政治经济学家熊·彼特于 1912 年在其成名之作《经济发展理论》中对创新的概念作出了界定，提出创新是生产函数或供应函数的变化，或者说是把生产要素和生产条件的"新组合"引入生产体系。组织行为学权威罗宾斯教授则把创新看成形成一种创造性思想并将其转换为有用的产品服务或作业方法的过程。因此，组织创新是一种更具体的组织变革，是组织变革的高水平阶段。所有的创新都包含变革，但是并非所有的变革都涉及新产品、新观念、新思想的产生。在组织创新领域，目前技术创新和管理创新备受关注。

(一) 技术创新

技术创新概念的提出已有 70 多年的时间，因其是一个涉及面广而又十分复杂的过程，所以尚未形成一个严谨统一的定义。大部分研究人员倾向于采用以下的定义：技术创新是一个从新产品或新工艺设想的产生到市场应用的完整过程，它包括新设想产生、研究、开发、商品化生产到推广等一系列的活动。这个定义比较全面地说明了技术创新的含义，即技术创新是一个科技、经济一体化的过程，强调了技术创新的最终目的是技术的商品化应用和新产品的市场成功。技术创新包括四个要素：创新者、创新机会、创新环境和创新支持系统。

从管理决策的角度看，技术创新是一种多阶段的决策过程，是从新产品或新工艺设想的产生到市场应用的完整过程，包括新设想产生、研究、开发、商业化生产到推广等一系列活动，具体包括：①机会识别阶段。即弄清市场需要，并且基于对当前经济与社会环境的正确分析，使新思想和技术可行性相结合。②思想形成阶段。对所形成新技术思想进行评价，决定该技术创新是否值得继续投入资源，把创新项目推向下一阶段。③问题求解阶段。新思想形成与设计概念产生，提出需要解决的问题，从而投入人力、物力、财力去寻求解决方法。④问题解决阶段。问题可以通过发明解决，获得发明专利，也可以采用他人发明或已有技术解决问题，称为模仿或仿造。⑤批量生产开发阶段。技术创新活动主要解决批量生产的工艺技术以及降低成本和满足市场需求的问题。⑥新技术应用与推广阶段。新技术新产品首先得到应用并向市场推广，少数新产品得以畅销和顺利回收技术创新的投资。

（二）管理创新

管理创新是组织创新的重要形式，是指创造一种新的更有效的资源整合范式，这种范式既可以是新的有效整合资源以达到企业目标和责任的全程式管理，也可以是新的具体资源整合及目标制定等方面的细节管理。这样，管理创新至少可以包括下列情况：提出新经营思路并加以有效实施，创设新组织机构并使之有效运转，提出新管理方式或方法，设计新的管理模式，进行一项制度的创新。

组织创新可以首先理解为组织变革的过程。管理是通过有效资源配置以实现组织既定目标，组织形式的变革与创新是管理创新的重要组成部分。企业家领导的组织管理变革的过程，正是寻找适合于本企业需要的、行之有效运转灵活的新型组织管理形式的过程。那么什么样的组织更利于创新呢？有人认为大企业更有利于创新的出现，也有研究人员认为小企业也具有创新的优势。从研究来看，企业规模大小并不决定创新能力的高低，小而简的结合是企业创新的主题，而大企业则有许多弊病，容易限制创新的实施。

三、组织学习和学习型组织

（一）组织学习

组织学习是一个包括个体、团队和组织等多层次的概念，个体、团队和组织层面的学习行为是相互关联的。组织学习的概念最早由马奇和西蒙等提出，随后哈佛大学教授克里斯·阿吉里斯于1977年提出了最为经典的定义：组织学习是组织设计中发现错误，通过重新构建组织以修正错误的过程。组织学习以个人和团队层次的学习为基础，但并不是个人和团队层次学习成果的简单叠加。Kim表明个体通过观察、评估、设计、执行的学习循环过程，影响组织的共同心智模式，进而影响组织层面的学习。同时，组织学习也体现为探索新知识的个体学习，通过前馈学习的过程影响团队和组织层面的学习，通过反馈学习影响个体和团队层面的学习。通过团队学习把个体能力转化为组织记忆，将个体学习有效地转换为组织学习。组织学习层次的互补性表现为三个层次的知识转化，即个体知识、团队知识与组织知识之间的转化，个人知识是知识转化的基础，团队和组织层次的隐性和显性知识是个人知识的升华，而团队知识是个人向组织隐性和显性知识转化的中介。组织学习加快了知识转化的速率，促进了原有知识基础的更新。

组织学习的特征主要体现在三方面。

一是组织学习的阶段性与过程性。许多学者从整个组织行为的层次来看待组织学习。有学者认为，组织学习来自组织与其环境之间的适应性和操作性交互作用，它既包括组织被动适应现实的过程，也包括适应组织、积极促进组织与其环境相匹配的过程。一个学习能力强的组织，会不断地变革自己，以便更好地收集、管理和应用知识。组织学习是组织不断努力地改变，或重新设计自身以适应不断变化的环境的过程，是组织的创新过程。组织是一个系统，组织对环境的反应是组织的学习行为，组织整体与环境的交互作用是组织学习的具体过程。

二是组织学习的对象主要集中于外部知识的应用与学习新知识。21世纪是知识大爆炸的世纪，信息技术是知识的载体，知识通过信息进行传递。一个组织通过信息加工过程而学习，那么它的潜在行为就会变化。当组织中某个单位获得了可能对组织有用的知识，组织就进行了学习。组织学习过程可以分为知识的产生、知识的扩散和知识的利用三个阶段。个体、团体与组织层次上的知识加工过程，也是组织内部的信息加工过程。

三是组织学习的效果主要侧重于组织的创新性与对组织绩效的改善，以达成提高组织竞争力的目的。人们在组织中得到扩展，产生其需要结果的能力，不断培养新的思考方式，不断激发集体的愿望，通过学习提高组织的绩效。组织学习就是组织中人与人之间正式或非正式的集体探索和实践过程，是一种文化现象，组织学习是组织中许多人共同进行的集体学习现象，也是提高组织效能的有效措施。

（二）学习型组织

与组织学习密切相关的另一个概念是学习型组织。关于学习型组织的含义，目前并没有一个统一的界定。俄罗斯学者丽贝卡·维斯托夫认为，学习型组织创造了这样一种文化，这种文化鼓励成员学习和冒险，而不仅仅是"头痛医头、脚痛医脚"。学习型组织鼓励单环学习和双环学习，既解决当前问题又考虑未来的潜在问题。美国学者戴维·嘉文把学习型组织定义为擅长创造、获得和传递知识，擅长改变它的行为来反映新的知识和远见卓识。阿伽奥格鲁等土耳其学者认为，学习型组织支持知识传递，鼓励学习，利用知识对成员提供支持，创造适合永久发展的环境，鼓励成员拥有个人能力，善于将成员的潜力用于组织的永久发展。英国学者帕特里克·舍宾认为，学习型组织通过便利个体成员的学习并且利用这种学习来提高自身的知识，并增进对自身以及对自身环境的理解。约瑟夫等英国学者指出，学习型组织是那种认识到组织成员的重要性，支持成员充分发展，创造一个利于成员学习环境的组织。美国学者佩德勒认为，学习型组织是指那些为所有成员的学习提供便利，并且不断改造组织本身以实现其战略目标的组织。加拿大学者伊顿·劳伦斯把学习型组织定义为，学习对于组织的成员是持续的创造性过程，通过组织自身的不断发展、变化和转型来回应人们的需要和愿望。沃特金斯等美国学者指出，学习型组织是指一个组织能够通过不断学习和改造自身来增强组织的创新和成长能力。

理论界一方面认为组织学习与学习型组织之间存在密切的联系，另一方面又指出二者的内涵存在重大差别。关于学习型组织，立陶宛学者把学习型组织定义为：它通过创造一个有利于进行组织学习的环境，使组织学习成为可能。尹科夫曼等美国学者指出，学习型组织是指组织通过不断学习来增强其在未来持续发展的能力；美国学者迪克森认为，如果一个组织为其所有成员提供了便利的学习条件，并且通过学习使得组织本身得到改造，那么这个组织就可以被称作学习型组织。上述学者都强调将组织作为学习的主体，通过学习来汲取知识和培养能力。从这个意义上说，组织学习与学习型组织的基本理念是一致的。

组织学习与学习型组织的差异表现在：首先，从国外学者的研究历程来看，组织学习的概念至少能追溯到20世纪60年代，而学习型组织的概念则是从20世纪90年代才开始在世界范围内兴起的，是对组织学习概念的深化和发展；其次，就内涵而言，组织学习强调的是组织的"学习过程"，而学习型组织强调的是学习的"组织类型"。新加坡学者宋安认为，组织学习强调过程，主要指组织进行学习的一系列活动。学习型组织则较少强调导致学习的行动，而更多强调以学习为特征的组织特性和组织结构。

对于任何组织而言，学习型组织的定位不是可有可无的"需要"，而是必不可少的"必需品"。学习型组织营造了一个环境，在这一环境里，人们能够创造他们真正想要的结果，他们能为了整体的目标而共同学习。一个组织能够始终保持竞争优势的唯一办法在于未来拥有比竞争对手更快学习的能力。这一竞争优势能通过将组织转型为学习型组织来实现。构建强大的学习能力对于知识密集型组织和处于高度竞争环境中的组织来说是至关重要的。因为学习型组织被这些组织视为竞争优势的源泉。沃森等美国学者认为，组织升级成为学习型组织的目的在于提升组织的能力，以便更好地规划组织的未来。学习型组织是组织得以生存、适应和应对不确定性的关键所在。既然知识是组织有价值的资源，那么，创造和保持组织的竞争优势在很大程度上就取决于组织的知识以及组织创造知识的能力。因此，能够获得独一无二知识的组织学习或者学习型组织就有利于组织保持竞争优势，有利于提高组织的绩效。学习型组织能迅速而有效地适应这个快速变化的世界。它们具有在竞争中保持领先的最佳能力。它们拥有更强的适应性、更加灵活、更不会骄傲自满，更愿意尝试和创造新知识、更重视重新思考目的与手段、更侧重开发成员的学习潜力，从而也就更具有战略竞争力。

管理学者彼得·圣吉提出了创建学习型组织的关键要素：培养成员的自我超越意识，改善心智模式，形成共同愿景，培养团队学习和运用系统思考，这就是他所提倡的五项修炼，其中强调了组织中团队成员之间怎样在个人自我超越的基础上进行团队学习。

讨论题

1. 组织变革的阻力有哪些？
2. 如何克服组织变革的阻力？
3. 组织发展的重要意义有哪些？
4. 组织学习与学习型组织的异同。

【小测试】

你能容忍变革吗？

一、成长与失去：星巴克组织变革的背景

星巴克（Starbucks）是美国一家连锁咖啡公司的名称，1971 年成立，为全球最大的咖啡连锁店。自 1971 年成立以来，星巴克一直处于健康、快速的发展轨道。星巴克在一路高歌猛进中渐渐滋生了傲慢情绪。在"增长、增长、增长"的经营思维下，虽然星巴克的门店在继续增长，但"野蛮"生长下所隐藏的危机也在不断累积。例如，多年来，星巴克在发展门店之前都会做好相应的投资，先建立烘焙工厂和配送体系。但随着大量的新店不断投入运营，有效跟上投资的步伐几乎成了天方夜谭。而且为了迅速扩建门店，在至关重要的门店选址方面没有经过认真评估，对新招聘的咖啡师也没有进行足够的培训，缺乏管理技能的咖啡师也被不断晋升到门店经理的岗位上来。此状况让过去公司赖以生存和发展的顾客体验状况不断恶化，星巴克品牌内涵的某些内在特质在慢慢流失，企业的根基在开始动摇。

2007 年秋天，在舒尔茨发出备忘录 6 个月后，没有看到公司及门店有任何实质性的改变，他的失望逐渐演变为愤怒。舒尔茨担心有一天星巴克最终失去重拾魔力的机会。星巴克的盈利状况持续恶化，2008年的第一财季（2007年第四季度）成为星巴克自上市以来表现最糟糕的一个季度。在舒尔茨看来，星巴克必须得进行一次"手术"，但还不需要更换心脏的手术。2007年12月，霍华德·舒尔茨下定决心重返首席执行官岗位，重新执掌星巴克公司。

二、艰难抉择：变革历程

（一）成立变革团队

舒尔茨想到了星巴克的现任首席董事，彭尼公司的首席执行官兼董事长麦伦·乌尔曼，让他来担任顾问。乌尔曼强烈建议引入外部顾问来公司一起工作，并且他推荐了合作多年的纽约凯克斯公司。凯克斯的负责人吉姆·芬格罗斯及其两名同事共同组成了外部顾问团队帮助舒尔茨推进重返星巴克后的变革工作。于是星巴克人力资源部的副总裁切特·库奇纳德成为变革团队中的一员。变革团队中还有一名特殊的成员，在1995—2006年曾经负责星巴克全球传播工作，一位说话直率、风趣幽默、聪明机智的女人——Wanda Herndon。

（二）变革沟通

变革团队向与会者宣布了公司的三项战略革新。

第一，改善星巴克美国本土零售业的现状，立即放缓过去迅速开店的步伐，还要经过评估关闭一些表现不佳的门店。

第二，重燃顾客对星巴克的依恋之情。

第三，立即开始制定夯实企业根基的革新策略，严格地重新审视领导团队，探索新的运营模式，寻找各种方式大幅削减成本，改善服务。在经过与各个层级不同职能的人员不断的沟通、讨论后，2008年3月4日，星巴克召开了世界各地领导者200多人参加的为期3天的全球高峰会。借助外部专家顾问的力量，星巴克重新确立了自己的愿景：成为永续发展的伟大公司，在全球创建最著名和最令人尊重的品牌，以激发和孕育人文精神而闻名于世。

（三）实施变革措施

公司为改变星巴克糟糕的经营管理状况，逐步调整了领导团队，聘请年仅32岁的信息技术天才担任首席信息官，任命从未担任过财务负责人但已经在公司工作多年、熟悉金融的管理者担任首席财务官，领导团队的重组为星巴克的变革注入了活力。为了让门店最为基层但却直接决定顾客满意度的咖啡师能够真正掌握相应的服务技能，2008年2月26日这一天所有门店停业专门为135 000名咖啡师提供培训。为了回归星巴克的核心价值，重拾良好的顾客体验，星巴克进行了一系列基于提升顾客体验感觉的产品研发与优化行动，为了提高内部运营效率，星巴克对供应链管理进行了重组，同时还投巨资更新了IT系统。

（四）阵痛与微笑：重获新生

对星巴克而言，2008年是危机重重的一年，也是变革的一年。在舒尔茨的领导下，星巴克实施了一系列的变革，为此付出了超过5亿美元的成本。星巴克的股价最低时跌到了不到8美元。但是经过变革后，到2009年6月股价回升到了14美元左右。自2008年星巴克实施变革以来，其股价在2013年最高超过了80美元，5年间增长了10倍！

经过一系列变革，星巴克重新拥有了自己企业文化所倡导的创造力和规范、创业精神、精确流程、纪律以及创新之间的平衡。在舒尔茨看来，更为重要的是星巴克人重新获得了信心。星巴克人相信即使面临困难，在动荡的过程中，只有坚守自己的价值观，才能稳步前进！

附录 A
部分小测试参考答案

第二章 个性与行为

【小测试】 气质测试

测试结果分析：

把各个类型的得分按以下题号分别计算出来。

胆汁质：3 6 9 14 17 21 27 31 36 38 42 48 50 54 58

多血质：4 8 11 16 19 23 25 29 34 40 44 46 52 56 60

黏液质：1 7 10 13 18 22 26 30 33 39 43 45 49 55 57

抑郁质：2 5 12 15 21 24 28 32 35 37 41 47 51 53 59

※记分方法：

A. 如果某一项，或两项的得分超过 20，则为典型的该气质。

B. 如果某一项，或两项的得分在 20 分以下，10 分以上，其他各项分数较低，则为该项一般气质。

C. 若各项得分均在 10 分以下，但某项或几项得分较其余几项为高（相差 5 分以上），则为略倾向于该气质（或几项的混合），如果略偏黏液质型，多血质—胆汁混合型。其余类推，一般来说，正分值越高，表明该气质越明显；反之，分值越低越负，表明越不具备该项气质特征。

第三章 态度、价值观与行为

【小测试】 罗克奇价值观调查

测试结果分析：

一些研究证实，RVS 价值观在不同的人群中有很大的差异，相同职业或类别的人（如公司管理者、工会成员、父母、学生）倾向于拥有相同的价值观。例如，一个研究比较了公司经营者、钢铁业工会的成员和社区工作者，结果表明 3 组人的价值观有很多是重叠的，但是，这 3 类人群也存在显著的差异，如下所示。

经营者		工会成员		社区工作者	
终极价值观	工具价值观	终极价值观	工具价值观	终极价值观	工具价值观
1. 自尊	1. 诚实	1. 家庭安全	1. 负责	1. 平等	1. 诚实
2. 家庭安全	2. 负责	2. 自由	2. 诚实	2. 世界和平	2. 助人为乐
3. 自由	3. 能干	3. 快乐	3. 勇气	3. 家庭安全	3. 勇敢
4. 成就感觉	4. 雄心勃勃	4. 自尊	4. 独立	4. 自尊	4. 负责
5. 快乐	5. 独立	5. 成熟的爱	5. 能干	5. 自由	5. 能干

社区工作者的价值偏好与其他两种人存在很大的差异，他们认为平等是最重要的终极价值观，而公司经营者和工会成员却分别将这种价值排在第 14 位和第 13 位。

社区工作者将"助人为乐"排在工具价值观类型里第 2 重要的地位，其他两类人都将它排在第 14 位。

这些差异是很重要的，因为经营者、工会成员和社区工作者对公司所做的事情有不同的兴趣。当公司经营者与其他两类人中的股东坐在一起谈判或讨论有关公司的经济和社会政策时，他们可能从各自偏爱的不同的个人价值观出发……在那些个人价值观相当复杂的公司里，要想对某个具体问题或政策达成一致意见可能是相当困难的。

第六章 人际沟通与人际关系

【小测试】 积极倾听技巧的清单

如下所示是 15 个问题的正确答案，是根据倾听理论得出来的。(1) 否；(2) 否；(3) 否；(4) 是；(5) 否；(6) 否；(7) 否；(8) 否；(9) 否；(10) 否；(11) 否；(12) 是；(13) 是；(14) 否；(15) 是。为了确定你的得分，把错误答案的个数加起来，乘以 7，再用 105 减去它，就是你的最后得分。如果你的得分在 91~105 分之间，那么你有良好的倾听习惯；77~90 分的得分表明还可以提高；要是你的得分不到 76 分，那么你是一个很差劲的倾听者，在此项技巧上就要多下些功夫了。

第七章 激励的基本理论

【小测试】 你的公平敏感性 评分标准：

将你在下列项目的得分累加起来：1b，2a，3b，4a 和 5b，你的总分将会在 0~50 分之间。研究者将公平的敏感度分成 3 组，定义如下。

仁慈者：他们宁愿自己的产出/投入比低于其他人。

公平敏感者：他们希望自己的产出/投入比是平等的。

特权者：他们宁愿自己的产出/投入比高于其他人。

根据 3 500 多份反馈回来的材料，研究人员发现低于 29 分的可被归类为特权者；29~32 分者为公平敏感者；32 分以上者则为仁慈者。

这些又意味着什么呢？

第一，并非所有的个体都是公平敏感者；第二，公平理论的预言在公平敏感者一组中是最正确的；第三，仁慈者们实际上宁愿较低的产出/投入比，并且与其他两组相比趋向于提供更多的投入。

第八章 有效的领导

【小测试】 你是当领导的料吗？评分标准：

计算得分：

1. a-5　b-0　　2. a-0　b-5　　3. a-0　b-5
4. a-5　b-0　　5. a-5　b-0　　6. a-5　b-0
7. a-0　b-5　　8. a-5　b-0　　9. a-0　b-5
10. a-0　b-5

分析：

0~15，你天生是块做经理的料。你的 LQ（leadership quotient，领导商数）在职场里高高在上。你看起来是领导，感觉是领导，而且做着领导的事。你周围的人也很清楚这一点。

20~35，你有领导的素质，但你崇尚在安全的范围内挥舞你的长袖。你能应付责任、你能做决策，但你不想天天做这些事。既然你已身在半途，你可能愿意作为某些项目的牵头人，但你必须确保该项目能让你有选择让贤的权利。

40~50，你向往稳定的生活，而非有风险。因此你更喜欢听从命令而不是执行命令。你可充分发挥你的能力，在同事的权力斗争中充当和事佬。正如太多的厨子做不出好汤，太多的领导会将部队引入歧途。你是那个将你公司带向成功的部队中的一员。不过，如果你忽然决定要使生活更有挑战性，你可试着找一下你生活中的哪些地方需要改变。

第九章 组织设计与组织结构

【小测试】 你更喜欢哪种组织结构？评分标准：

评分说明：使用下表把数字分配给每个你圈出的答案，把数字填入表中对应的每个陈列项的后面。比如，你认为"一点儿也不"符合描述项1（个人的职业发展……）就在后面写下"0"。在分配所有15个描述项后，加总分数以估计你对高层级、正式化、集权化的偏好程度。然后通过加总所有量表，计算出总分。

对于描述项 2, 3, 8, 10, 11, 12, 14, 15	对于描述项 1, 4, 5, 6, 7, 9, 13
一点儿也不 = 3	一点儿也不 = 0
少许 = 2	少许 = 1
有些 = 1	有些 = 2
非常 = 0	非常 = 3

高层级（H） $\quad \overline{(1)} + \overline{(4)} + \overline{(10)} + \overline{(12)} + \overline{(15)} = \overline{(H)}$

正式化（F） $\quad \overline{(2)} + \overline{(6)} + \overline{(8)} + \overline{(11)} + \overline{(13)} = \overline{(F)}$

集权化（C） $\quad \overline{(3)} + \overline{(5)} + \overline{(7)} + \overline{(9)} + \overline{(14)} = \overline{(C)}$

总分（机械式） $\quad \overline{(H)} + \overline{(F)} + \overline{(C)} = \overline{合计}$

解读你的分数：三种组织结构维度以及总分按照如下定义，其中包括基于一组 MBA 学生的样本得到的每个维度高中低水平的分数范围。

组织结构维度和定义	解释
高层级：在该维度上得分高的人倾向于在有着多层级且管理跨度较窄（每个主管负责较少员工）的组织中工作	高：11~15 中：6~10 低：低于 6
正式化：在该维度上得分高的人倾向于在工作被清晰定义且仅需有限判断的组织中工作	高：12~15 中：9~11 低：低于 9

组织结构维度和定义	解释
集权化：在该维度上得分高的人倾向于在决策主要被高层管理层掌握而非分配给低层员工的组织中工作	高：10~15 中：7~9 低：低于7
总分（机械式）：在该维度上得分高的人倾向于在机械组织中工作，反之在该维度上得分低的人倾向于在有机组织结构中工作。机械结构有着较窄的管理跨度以及高度的正式化和集权化。有机结构有着较宽的管理跨度，低正式化以及分散化决策	高：30~45 中：22~29 低：低于22

第十章 组织文化

【小测试】 你的企业文化偏好是什么？评分标准：

评分说明：在下面每条线上，如果圈了描述项，就写一个"1"，如果没有，就写一个"0"，然后汇总每个子量度的分数。

控制文化：$\dfrac{}{(2a)}+\dfrac{}{(5a)}+\dfrac{}{(6b)}+\dfrac{}{(8b)}+\dfrac{}{(11b)}+\dfrac{}{(12a)}=$ ——

绩效文化：$\dfrac{}{(1b)}+\dfrac{}{(3b)}+\dfrac{}{(5b)}+\dfrac{}{(6a)}+\dfrac{}{(7a)}+\dfrac{}{(9b)}=$ ——

关系文化：$\dfrac{}{(1a)}+\dfrac{}{(3a)}+\dfrac{}{(4b)}+\dfrac{}{(8a)}+\dfrac{}{(10b)}+\dfrac{}{(12b)}=$ ——

响应文化：$\dfrac{}{(2b)}+\dfrac{}{(4a)}+\dfrac{}{(7b)}+\dfrac{}{(9a)}+\dfrac{}{(10a)}+\dfrac{}{(11a)}=$ ——

解读你的分数，这些企业文化也许能在许多组织中找到，但是它们代表了许多可能的组织文化中的四类。同时，记住这些文化本身没有好坏，每一个都在不同的情境中有效。四种企业文化按照如下定义，其中包括基于一组MBA学生的样本得到的每一个维度高中低水平的分数范围。

组织文化维度和定义	分数解析
控制文化：这种文化重视高级主管领导组织的角色，它的目标是保持每个人列队并处于控制之下	高：3~6 中：1~2 低：0
绩效文化：这种文化重视个人和组织绩效，并争取效力和效率	高：5~6 中：3~4 低：0~2
关系文化：这种文化重视培养和安宁。它把开放式交流、公平性、团队合作以及分享看作组织生活中最重要的一部分	高：6 中：4~5 低：0~3
响应文化：这种文化重视与外界环境保持同步的能力，包括保持竞争力和发现新的机遇	高：6 中：4~5 低：0~3

参考文献

[1] 王晶晶. 组织行为学 [M]. 北京：中国统计出版社，2001.
[2] 朱秀文. 管理学教程 [M]. 天津：天津大学出版社，2004.
[3] 许芳. 组织行为学原理与实务 [M]. 清华大学出版社，2007.
[4] 顾琴轩. 组织行为学 [M]. 上海：上海人民出版社，2015.
[5] 张国才. 组织行为学 [M]. 北京：中国财政经济出版社，2001.
[6] 曹威麟，洪进. 组织行为学 [M]. 北京：北京大学出版社，2015.
[7] 魏国江，李碧珍. 组织行为学 [M]. 厦门：厦门大学出版社，2009.
[8] 聂永有. 组织行为学 [M]. 上海：立信会计出版社，2009.
[9] 段万春. 组织行为学 [M]. 北京：高等教育出版社，2010.
[10] 田也壮. 组织行为学 [M]. 北京：高等教育出版社，2013.
[11] 胡宇辰，蔡文，杨建锋，等. 组织行为学 [M]. 上海：复旦大学出版社，2012.
[12] 陈国海. 组织行为学 [M]. 北京：清华大学出版社，2018.
[13] 单大明. 组织行为学 [M]. 北京：机械工业出版社. 2004.
[14] 郁阳刚. 组织行为学 [M]. 北京：清华大学出版社，2010.
[15] 张爱卿. 组织行为学 [M]. 北京：机械工业出版社，2013.
[16] 郭玉锦，王欢. 网络社会学 [M]. 北京：中国人民大学出版社，2005.
[17] 彭聃龄. 普通心理学 [M]. 北京：北京师范大学出版社，2012.
[18] 俞国良. 社会心理学 [M]. 北京：北京师范大学出版社，2006.
[19] 李国杰，刘云忠，李育良，等. 现代企业管理辞典 [M]. 兰州：甘肃人民出版社，1991.
[20] 刘豪兴. 社会学概论 [M]. 北京：高等教育出版社，1992.
[21] 罗肇鸿，王怀宁，刘庆芳，等. 资本主义大辞典 [M]. 北京：人民出版社，1995.
[22] 陆雄文. 管理学大辞典 [M]. 上海：上海辞书出版社，2013.
[23] 樊建芳，张炜，黄琳. 组织行为学 [M]. 杭州：浙江大学出版社，2009.
[24] 段锦云. 管理心理学 [M]. 杭州：浙江大学出版社，2010.
[25] 刘永芳. 管理心理学 [M]. 北京：清华大学出版社，2008.
[26] 袁凌. 组织行为学 [M]. 长沙：湖南大学出版社，2008.
[27] 崔丽娟，王小晔，赵鑫. 皮格马利翁的象牙雕像：人格和社会心理学的故事 [M]. 上海：上海科学技术出版社，2005.
[28] 郭毅，阎海峰，傅永刚. 组织行为学 [M]. 北京：高等教育出版社，2000.
[29] 王永泉，方宏，李桃，等. 组织行为学 [M]. 长沙：湖南大学出版社，2015.
[30] 肖全春. 组织行为学 [M]. 北京：中国发展出版社，2006.

[31] 勒庞. 乌合之众：大众心理研究 [M]. 王浩宇, 译. 北京：北京联合出版公司, 2016.

[32] 于建嵘. 当前我国群体性事件的主要类型及其基本特征 [J]. 中国政法大学学报, 2009 (6)：114-120.

[33] 赵玉芳. "群体身份对个体的影响" 专题简介. 心理技术与应用 [J], 2017 (5)：257.

[34] 徐选华, 周声海, 汪业凤, 等. 非常规突发事件应急决策冲突消解协调方法 [J]. 控制与决策, 2013, 28 (8)：1138-1144.

[35] 谢庆红, 崔兴文, 付晓蓉, 等. 渠道成员冲突之后的信任修复机制研究 [J]. 科研管理, 2017, 38 (10)：102-110.

[36] 谢庆红, 王嘉馨, 江柱忠. 渠道冲突后第三方介入对关系修复的影响 [J]. 科研管理, 2018, 12 (39)：162-170.

[37] 刘亚洲. 餐巾纸上的伟大公司 [J]. 东方企业文化, 2012 (1)：49-50.